Durchstarten mit Swift

1. AUFLAGE

Durchstarten mit Swift

Stefan Popp & Ralf Peters

Beijing · Cambridge · Farnham · Köln · Sebastopol · Tokyo

Kommentare und Fragen können Sie gerne an uns richten:
O'Reilly Verlag
Balthasarstr. 81
50670 Köln
E-Mail: kommentar@oreilly.de

Copyright:
© 2015 by O'Reilly Verlag GmbH & Co. KG
1. Auflage 2015

Bibliografische Information Der Deutschen Bibliothek
Die Deutsche Bibliothek verzeichnet diese Publikation in der Deutschen Nationalbibliografie; detaillierte bibliografische Daten sind im Internet über *http://dnb.ddb.de* abrufbar.

Lektorat: Volker Bombien, Köln
Fachliche Begutachtung: Christopher Kohlert, Garching und André Wösten, Günding
Korrektorat: Friederike Daenecke, Zülpich
Satz: III-satz, Husby, www.drei-satz.de
Umschlaggestaltung: Michael Oreal, Köln
Produktion: Andrea Miß, Köln
Belichtung, Druck und buchbinderische Verarbeitung:
Druckerei Kösel, Krugzell; www.koeselbuch.de

ISBN 978-3-95561-884-1

Dieses Buch ist auf 100% chlorfrei gebleichtem Papier gedruckt.

Inhalt

Vorwort   IX

1   Einführung **1**
 Swift   1
 Objective-C ohne C?   3
 Vorteile von Swift   3
 Die Plattform kennenlernen   5

2   Xcode und Co. **7**
 Installation von Xcode   7
 Die wichtigsten Einstellungen   8
 Eine Übersicht   11
 Shortcuts, die das Leben erleichtern   20
 Der Editor   22
 Navigationsmöglichkeiten   23
 Hilfe!   24

3   Die ersten Schritte **27**
 Einen Playground erstellen   27
 Variablen und Konstanten   32
 Benennung   33
 Kommentare   34
 Zahlen und Zeichenketten ausgeben   35

4   Kontrollstrukturen und Schleifen **39**
 if-else   39
 switch   43
 Schleifen   47
 for-Schleife   48
 for-in-Schleife   50

while-Schleife 51
do-while-Schleife 51
Sprunganweisungen 51
Logische Operatoren 53

5 Hello World **57**
Ein iOS-Projekt erstellen 57
Die ersten UI-Elemente hinzufügen 60
Der erste Start im Simulator 64
Outlets und Actions hinzufügen 67
Ein bisschen Code muss sein 70

6 Datentypen und Funktionen **73**
Datentypen 73
Zahlen 73
Funktionen 77
Type Aliases 87

7 Enumerationen und Strukturen **89**
Aufzählungen 89
Strukturen 94

8 Klassen und Objekte **105**
Wichtige Unterschiede und Gemeinsamkeiten 105
Deklaration und Instanziierung 106
Methoden 107
Statische Variablen und Methoden 107
Konstruktoren 108
Failable-Konstruktoren 113
Destruktoren 114
Properties 115
Lazy Properties 115
Vererbung 116
Zugangskontrolle 122

9 Container, Mutability und weitere Sprachelemente **129**
Arrays 129
Dictionaries 131
Funktionen als Datentyp 134
Funktionen als Rückgabewert 136
Nested Functions 137

Type Casting 137
Subscripts 141
Optionals 142

10   Protokolle und Extensions **147**
Protokolle 147
Methoden 148
Properties 150
Mutating 151
Konstruktoren 152
Delegation 153
Vererbung von Protokollen 157
Protokolle mit Extensions adaptieren 158
Protokolle und Container 158
Mehrere Protokolle adaptieren 159
Optionale Methoden und Properties 160
Extensions 164
Operatoren überladen 167

11   Generische und funktionale Entwicklung **171**
Closures 171
Verzögerte Berechnungen 179
Such- und Sortierfunktionen 182
Generics 185

12   Von der Idee zur ersten App **193**
Überlegungen und Ideen 193
Projekt anlegen 194
Mit Core Data Daten strukturieren 195
UI vorbereiten 200
Quellcode aufräumen 213
Den Fetched Results Controller anpassen 213
Den Fetch-Request anpassen 215
Die Run-Entität erstellen und speichern 216
Timer erstellen und Zeit formatieren 219

13   Die App um GPS erweitern **223**
GPS-Koordinaten integrieren 223
Letzte Formatierungen des RunTimer View Controllers 228
Die letzte Anpassung des RunTimer- und Master View Controllers 229
Das MapKit Framework einbinden 229

Lust auf mehr? 239
Abschließendes 239

14 Wie geht es weiter? **241**

Index **245**

Vorwort

Dies ist ein Buch über Swift, eine neue Programmiersprache von Apple, die 2014 vorgestellt wurde. Binnen Stunden nach der Veröffentlichung gab es Tausende Artikel, registrierte Domains und zahlreiche Videos rund um Swift. Nicht zuletzt damit sorgte man für eine Art Goldrauscheffekt in der Entwicklergemeinde. Auch wir, die Autoren, witterten unsere Chance, auf diesen Zug aufspringen zu können und überlegten uns Möglichkeiten Wissen zu schaffen, ohne aber an der Qualität zu sparen. Zu unserer Überraschung stellten wir nach kurzer Zeit fest, dass es kaum Material in deutscher Schrift und Sprache gab und dann meist auch nur Kopien der von Apple veröffentlichten Entwicklerdokumentation. Für uns war von Anfang an klar, dass wir mehr als andere anbieten wollten. Wir wollten etwas Besseres und vor allem etwas Verständliches, etwas, bei dem man nicht zwischen Tausenden nutzloser Zeilen verloren geht. Wir gründeten zu diesem Zweck unseren eigenen Blog *Swift-Blog.de* und veröffentlichten zunächst eine kleine Tutorialserie, in der wir für Anfänger Grundlagen der Softwareentwicklung mit Hilfe von Swift erklärten.

Wir fingen an, die Texte mit kostenlosen Videotutorials zu begleiten. Zu unserer Überraschung wurden viele Leute sehr schnell auf uns aufmerksam und binnen Tagen hatten wir mehrere Tausend Besucher pro Tag auf unserem Blog und über 1.000 Abonnenten auf YouTube. Als unsere Smartphones nicht mehr aufhörten zu vibrieren, weil im Sekundentakt die E-Mails in die Postfächer schossen machten wir uns auf die Suche nach der Ursache für die plötzliche Explosion. Nicht zuletzt der Newsseite *iPhone-Ticker.de* verdanken wir, dass viele Menschen auf uns aufmerksam geworden sind.

Ein Buch?

Manch einer mag sich fragen, warum man ausgerechnet ein Buch schreiben möchte, wenn man bereits eine Plattform hat, die funktioniert. Manch anderer fragt sich auch, warum man in der heutigen Zeit überhaupt noch Bücher schreibt, wenn man an jeder Ecke zu jedem Thema Informationen findet. Vielleicht erinnern Sie sich an das unangenehme Gefühl, einen Vortrag für die Schule oder für die Arbeit vorbereiten zu müssen, das ständige Gefühl, dass man etwas falsch beschrieben oder gar etwas vergessen hat. Und mit jeder Minute, die verstreicht und Ihren Abgabetermin näher rücken lässt, werden Sie nervöser und suchen, schreiben und korrigieren immer mehr. Denn eins ist klar: Ist der Zeiger einmal angekommen, ist das, was Sie bis dahin geschafft haben, in Stein gemeißelt und Ihr Name steht unwiederbringlich auf dem Buch-Cover. Ein im Internet veröffentlichter Artikel ist dagegen schnell abgeändert und Videos binnen Stunden aktualisiert. Aber zu welchem Preis?

Gerade in den ersten Wochen nach der Veröffentlichung von Swift traf man immer wieder auf gleichwirkende Artikel, schlecht erklärte Tutorials sowie Massen an neuen Internetseiten, die allesamt behaupteten, hundert Mal besser zu sein als die anderen. Doch unter diesem Druck etwas zu veröffentlichen, damit man der Erste ist, vergaß man eins: sich Zeit zu nehmen, Swift zu lernen und vor allem zu verstehen, damit man seine Erfahrung verständlich weitergeben kann. Denn nicht zuletzt sind die Worte, die Sie jetzt lesen, nicht mehr von uns editierbar und niemand wird Ihr Exemplar heimlich nach erfolgter Korrektur im Schlaf austauschen. Aus diesem Grund haben wir uns dazu entschieden, für Sie ein Buch und keine Tutorialserie zu schreiben, um von uns selbst ein hohes Maß an Qualität und Recherche abzuverlangen.

Zielgruppe

Dieses Buch richtet sich primär an Umsteiger und Wiedereinsteiger die bereits Erfahrungen mit der Softwareentwicklung haben. Für uns war es dennoch wichtig, auch Einsteigern die Chance zu geben Swift zu lernen. Zu diesem Zweck haben wir – soweit es uns möglich war – alles vereinfacht erklärt. Swift selbst ist zudem eine sehr junge Sprache, die aber bereits jetzt viele bewährte Paradigmen und Design Pattern von anderen Sprachen nutzt. Da wir sicher sind, dass nicht all unsere Leser diese kennen, haben wir auch hier entsprechende Einführungen und Erklärungen hinzugefügt.

Beispiele und Fehler

In den meisten Büchern werden Beispiele über viele Seiten aufgebaut und ergänzt. Da man hierbei leicht den Überblick verlieren kann, war es uns wichtig, dass die überwiegende Anzahl aller Beispiele für sich alleine testfähig ist. Bis auf den Programmcode, den wir in unseren Praxiskapiteln kodieren, sind alle Beispiele im normalen *Playgrounds* ausführbar. Wir werden *Playgrounds* demnächst kennenlernen und uns in diesen überwiegend aufhalten. Beispiele, die zusammenhängend sind, wurden von uns entsprechend mit Hinweisen versehen. Bitte verzeihen Sie uns, wenn Beispiele einmal nicht funktionieren. Häufig sind es nur kleine Fehler, die einem beim Abtippen passieren, aber gerade beim Erstellen dieses Buches kam es auch sehr häufig vor, dass Apple grundlegende Elemente der Sprache selbst verändert hat. Dies führte nicht zuletzt dazu, dass auch wir eine nicht unerhebliche Anzahl an Seiten neu schreiben mussten, was für etliche Tage Kopfschmerzen und auch Frust sorgte. Man sollte aber hierbei stets im Hinterkopf behalten, dass Swift eine sehr junge Sprache ist und noch nicht die Reife von C oder Java über mehrere Jahrzehnte erlangen konnte.

Um über aktuelle Fehler oder Nachrichten rund um dieses Buch informiert zu sein, können Sie uns gerne auf unserer Internetseite für dieses Werk unter *www.swiftbuch.de* besuchen. Wir würden uns freuen, wenn Sie uns unter der E-Mail-Adresse *autoren@swiftbuch.de* auf Fehler in diesem Buch hinweisen.

Videotutorials

Unser Blog wäre nicht so erfolgreich geworden, wenn wir keine Videotutorials produziert hätten. Gerade Dank dieser Möglichkeit haben wir einen Weg gefunden, um Sie mit noch mehr Informationen zu versorgen. Ob es nur ein Tipp am Rande ist oder ein Vertiefung für ein bestimmtes Thema, ein Videotutorial kann für viele Menschen ein Lämpchen angehen lassen, wo auch das dritte Buch nicht hilft. Aus diesem Grund war es für uns von Anfang an klar, dass wir begleitend zu diesem Buch eine Videotutorial-Reihe erstellen, in denen wir die Grundlagen von Swift Stück für Stück erklären und auch vertiefen. Gerade in Hinblick auf den späteren Einstieg in die App-Entwicklung kann für die meisten Leser unsere kostenlose Einsteigerreihe sehr interessant sein. Wir laden Sie herzlichst dazu ein, unsere Videoreihe unter *Swift-Blog.de* zu verfolgen, und freuen uns über Kritik, Anregungen und Wünsche in unserem YouTube-Kanal oder per E-Mail an *tutorials@swift-blog.de*. Wie Sie sicherlich erahnen, sind die Themen mit diesem Buch verdrahtet und wir sind überzeugt, dass Sie mit der Kombination aus diesem Buch und den Videos ein schönes und qualitativ hochwertiges Referenzwerk besitzen.

Struktur dieses Buches

Dieses Buch besteht aus 14 Kapiteln, die Sie Schritt für Schritt in die Swift-Grundlagen einführen. In den ersten fünf Kapiteln erarbeiten Sie sich neben grundlegenden Einführungen in die Entwicklungsumgebung bereits einige wichtige Grundlagen zur Programmsteuerung. Ab Kapitel 6 vertiefen wir uns in die Sprache und leuchten jeden Winkel aus. An dieser Stelle sei bereits erwähnt, dass nicht alle Lektionen für die spätere App-Entwicklung in Fleisch und Blut übergehen müssen. Einzelne Lektionen auszulassen sollten Sie – wenn möglich – aber vermeiden. Kapitel 12 und 13 sind als Praxiskapitel gedacht, um einige Techniken mit Swift zu vertiefen. Dabei bauen Sie eine App, die beispielsweise eine Fahrt mit dem Fahrrad via GPS aufzeichnet und protokolliert. Das 14. Kapitel fasst Links und Ressourcen zusammen, um Sie auf den richtigen Weg zu bringen, wenn Sie dieses Buch durchgearbeitet haben.

Kapitel 1, Einführung
   Ein Übersicht über die Historie und Entstehung von Swift sowie ihrer Vorteile.

Kapitel 2, Xcode und Co.
   Eine Anleitung zur Installation der benötigten Entwicklungsumgebung sowie eine Erklärung für deren Benutzung und Konfiguration.

Kapitel 3, Die ersten Schritte

Stellt eine kurze Übersicht über Playgrounds vor, sowie einige Grundlagen für die ersten kleinen Gehversuche mit Swift.

Kapitel 4, Kontrollstrukturen und Schleifen

Dient dem Erlernen verschiedener Techniken, um den Programmablauf zu steuern und zu beeinflussen.

Kapitel 5, Hello World

Ein Praxiskapitel, in dem man einen kurzen Überblick über den Interface Builder sowie das Steuern einer App mit UI Elementen erhält.

Kapitel 6, Datentypen und Funktionen

Stellt das Rechnen mit Zahlen sowie das Erstellen und Aufrufen eigener Funktionen vor.

Kapitel 7, Enumerationen und Strukturen

Dient dem Erlernen des Erstellens von einfachen Datentypen wie Zahlen oder Zeichenketten und komplexen Datenstrukturen.

Kapitel 8, Klassen und Objekte

Gerade die Objektorientierung ist für viele Entwickler und Einsteiger ein schwieriges Thema, das in diesem Kapitel von Grund auf mit Swift erklärt wird.

Kapitel 9, Container, Mutability und weitere Sprachelemente

Eine Übersicht und Vertiefung verschiedener Sprachelemente, wie Funktionen, sowie wichtige Grundlagen über Optionals und dem Type Casting.

Kapitel 10, Protokolle und Extensions

Stellt u.a. verschiedene Techniken zum Erweitern und Definieren von Klassen vor, sowie eine Einführung in das Delegation Pattern.

Kapitel 11, Generische und funktionale Entwicklung

Dient dem Überblick einer der wohl schwierigsten Themen in Swift. Neben der Generischen Programmierung wird hier der Fokus auch auf die Funktionale Entwicklung gelegt und erklärt.

Kapitel 12, Von der Idee zur ersten App

Erklärt und beschreibt Schritt für Schritt das Erstellen einer eigenen Tracking App. Dabei wird neben einer Einführung in CoreData, das Arbeiten mit dem Interface Builder vertieft.

Kapitel 13, Die App um GPS erweitern

Erweitert die Runner App mit der Aufzeichnung von GPS-Daten, sowie deren Darstellung mit Hilfe von MapKit auf einer Karte.

Kapitel 14, Wie geht es weiter?

Eine Sammlung von nützlichen Links, Dokumenten und Orten, um mit Swift großartige Apps bauen zu können.

Typografische Konventionen

In diesem Buch werden die folgenden typografischen Konventionen verwendet:

Kursivschrift
> für Datei- und Verzeichnisnamen, Menüs, Code im Text, E-Mail-Adressen und URLs, aber auch bei der Definition neuer Fachbegriffe und für Hervorhebungen

`Nichtproportionalschrift`
> für die Codebeispiele

> Dieses Symbol kennzeichnet einen Hinweis, der eine nützliche Bemerkung zum nebenstehenden Text enthält.

> Dieses Symbol kennzeichnet eine Warnung, die sich auf den nebenstehenden Text bezieht.

Danksagungen

Ein Buch beschränkt sich bei weitem nicht nur auf eine einzelne Person und wir haben so vielen Menschen so vieles zu verdanken. Vor allem unseren Freundinnen Ricarda und Sahra sei gedankt, die uns drei Monate bedingungslos den Rücken freigehalten haben, ohne von uns selbst noch etwas zu haben. Unseren Eltern, die bis heute nicht verstehen, was dieses »Programmieren« eigentlich ist. Herrn Volker Bombien für seinen Einsatz, dieses Buch beim O'Reilly Verlag zu ermöglichen, sowie für dessen Nerven aus Stahl, als wir einen Tag vor der Manuskriptabgabe noch Tausend Fragen an ihn hatten. Außerdem ein großer Dank an Herrn Robert Scherer, der Stefan Popp über mehrere Jahre hinweg motiviert hat, doch endlich mal ein Buch zu schreiben. Natürlich danken wir auch unseren YouTube-Zuschauern, sowie unseren Blog-Lesern für das Verständnis, eure Kritiken, Kommentaren und zahllosen E-Mails! Vielen Dank für euer Verständnis, dass das Buch wichtiger war als neue Videos zu produzieren. Wir werden es euch mit vielen neuen Videos danken.

Ein ganz besonderer Dank gilt Christopher Kohlert, ohne dessen Hilfe dieses Buch niemals fertig geworden wäre. Vielen Dank für so vieles, was du uns ermöglicht hast! Ebenfalls gilt ein ganz besonderer Dank André Wösten, der trotz seiner Grippe bis auf die letzten Meter das Buch korrigiert und kritisiert hat.

Selbstverständlich danken wir Ihnen aber am meisten für den Kauf dieses Buches. Ohne Ihre Unterstützung könnten Buchprojekte wie dieses nicht existieren.

Zu guter Letzt gilt mein liebevoller Dank meinem Vater Andreas Popp, der 2013 gestorben ist. Ohne dich hätte ich niemals den Willen und die Kraft gehabt, weit über das hinauszugehen, was andere in mir gesehen haben.

KAPITEL 1

Einführung

Als bei der WWDC 2014 (Apples Worldwide Developer Conference) die Worte »We have a new programming language« fielen, wurde es in dem 5000-Personen-Saal zunächst einmal sehr laut. Auch in den Tagen darauf wurde im Internet sehr viel spekuliert, wie sich diese Ankündigung auf die iOS- und OS-X-Entwicklergemeinde auswirken könnte. Aufgrund dieser Neuerungen haben wir damit begonnen, uns auf diese Sprache zu konzentrieren und mithilfe unserer Objective-C-Erfahrungen Apps mit Swift zu entwickeln. Auch wenn Objective-C weiterhin Verwendung findet und von Apple weiterentwickelt wird, so wird Swift doch eine bedeutende Rolle spielen.

Swift

Schon im Juli 2010 machte sich der in Open-Source-Kreisen bekannte promovierte Computerwissenschaftler Chris Lattner seine ersten Gedanken zu einer neuen Programmiersprache, die wir nun unter dem Namen *Swift* kennen. Zuvor schrieb er im Jahre 2000 unter Leitung von Vikram Adve an der Universität von Illinois an dem Forschungsprojekt LLVM (Low Level Virtual Machine) – einem weit bekannten modularen und quelloffenen Compiler-Unterbau – mit, der inzwischen vielen Firmen als Frontend dient, um speziellen maschinen- und sprachunabhängigen Zwischencode für unterschiedlichste Programmiersprachen zu generieren, der dann von LLVM für Optimierungen und die letztendliche Codeerzeugung einer Applikation verwendet wird. 2005 wurde Apple auf das Projekt aufmerksam, stellte ein Entwicklungsteam zu Verfügung und setzte Lattner als Leiter ein.

In der Praxis wurde bisher eher der GCC-Compiler (GCC – GNU Compiler Collection) eingesetzt, ein Projekt, das in der Linux-Welt groß wurde und in den 80iger-Jahren von Richard Stallman, einer schillernden Figur der Open-Source-Bewegung, begonnen wurde.

2007 fingen Chris Lattner und sein Team an, für LLVM ein Frontend für C/C++ und Objective-C zu bauen. Im September 2009 galt es als stabil, und ab Juni 2010 wurde der GCC auf der Apple-Plattform mit dem Entwicklerpaket Xcode durch das neue Frontend namens *Clang* verdrängt, das seither als Compiler für all die Apps dient, mit denen wir iPhones, Tablets und Macs bestücken.

LLVM ist inzwischen sehr mächtig und funktioniert wirklich gut. Kein Wunder also, dass es auch als Grundlage für Lattners neuestes Projekt genutzt wird: für die Programmiersprache Swift.

Im Sommer 2012 begann Lattner in seiner Freizeit – nachts und an Wochenenden – erstmals ernsthaft an der Sprache zu arbeiten, und als er am Ende des Jahres seine Konzepte dem Management von Apple vorlegte, waren die Manager beeindruckt genug, um ihm ein Team erfahrener Entwickler zur Seite zu stellen. Knapp 18 Monate später rückte das Projekt weiter in den Fokus von Apple, und von nun an arbeitete ein großes Team daran, die Sprache rasch für eine Veröffentlichung auf der Keynote am 2.6.2014 fit zu machen.

Als Swift auf der Keynote vorgestellt wurde, war dies für alle außer einem kleinen Kreis von Apple-Insidern eine große Überraschung.

Sogar Vikram Adve, mit dem Lattner ja ursprünglich eng zusammengearbeitet hatte, bekam die Neuigkeit erst auf der Keynote mit.

Doch wozu eine neue Programmiersprache? Schon 2009 hat sich Google mit einer neuen Sprache namens »Go« versucht und muss seitdem hart um neue Anhänger kämpfen. Facebook kreierte mit der Sprache »Hack« eine Abwandlung von PHP, die seither primär die Server des Facebook-Imperiums antreibt. Neue Sprachen kommen und gehen, was macht Swift so besonders?

Interessanterweise ist ein nicht unwesentlicher Punkt bei der Beantwortung dieser Frage die bisherige Sprache der Apple-Plattform: Objective-C.

Objective-C stammt, ähnlich wie die Sprache C++, aus den 80er-Jahren und ist ein objektorientierter Aufsatz auf die verbreitete Sprache C, die zwar als Hochsprache durchgeht, aber nur sehr knapp die komplizierten Hürden der darunterliegenden Maschinensprache abstrahiert.

Die Syntax von Objective-C ist jedoch nicht gerade einfach: Man merkt an vielen Stellen, dass sie nur ein Zuckerguss über C ist, der versucht, etwaige Kompatibilitätsprobleme mit C oder C++ zu vermeiden. Mit dem GCC-Compiler konnte man deshalb sogar in einer Quellcodedatei C, C++ und Objective-C mischen. Für viele Anfänger war das eine unüberwindbare Hürde, und auch Profis werden sich über eine modernere und einfacher zu bedienende Sprache wie Swift freuen.

Dank Lattner und dem Umstand, dass Apple sowohl seine Entwicklerwerkzeuge wie Xcode als auch die Sprache Swift vollständig unter Kontrolle hat, arbeiten alle Tools perfekt zusammen und Swift ist in die iOS- und Mac-OS-X-Landschaft vollständig integriert.

Die Hunderttausende Entwickler, die Apps für Macs, iPhones und all die anderen iGeräte entwickeln, haben somit einen echten Grund, sich die Programmiersprache Swift genauer anzusehen. Und da sie die Wahl zwischen Objective-C und Swift haben, werden viele zu Swift wechseln.

Schon einen Monat nach der Vorstellung der Sprache Swift war sie auf dem TIOBE-Index (*http://www.tiobe.com*) – einer Liste der beliebtesten Programmiersprachen – auf Platz 16; auf dem PYPL-Index rangierte sie sogar auf Platz 11, und dank der Marktmacht von Apple wird Swift schnell einen wesentlichen Einfluss auf die Plattform ausüben.

Schon jetzt gibt es auf GitHub weit über 2000 Projekte, die in Swift geschrieben sind, und sollte Apple die Sprache als Open Source zu Verfügung stellen, hat sie gute Chancen, auch auf anderen Plattformen Fuß zu fassen.

Objective-C ohne C?

Swift ist eine moderne objektorientierte Sprache, die laut Apple versucht, das Beste aus C und Objective-C zu übernehmen, jedoch auf deren Einschränkungen zu verzichten. In Wahrheit ist Swift jedoch eine völlig neue Sprache, die eher an JavaScript oder Skriptsprachen wie Rust oder Python erinnert als an veraltete Sprachkonzepte aus den 80iger-Jahren.

Swift hat die üblichen Spracheigenschaften, die man bei einer neuen Sprache erwartet: Klassen, einstufige Vererbung, Closures, generische Typen, Namespaces und ein paar Sachen, die man primär von Objective-C kennt: die Unterstützung von Protokollen (ein ähnliches Konzept wie Java Interfaces, die auch historisch von Objective-C beeinflusst waren) und automatisches Speichermanagement mittels Reference Counting (ARC). Relativ neu sind multiple Rückgabewerte, also die Rückgabe von Tuples. Enumerators sind deutlich komplexer als in C/C++ gestaltet; Pointer gibt es im Grunde gar nicht mehr (nur eine Abstraktion für den Fall, dass man unbedingt C/C++-APIs ansprechen muss); einige Details der Sprache wirken manchmal zu sehr nach »syntactic sugar«, und es ist nicht mehr an jeder Stelle offensichtlich, was die Sprache unter der Haube erzeugt, so wie das früher in C/C++ und auch in Objective-C noch eher der Fall war.

Die Runtime von Swift ist ziemlich eng mit der Apple-Plattform und damit auch mit Objective-C verbunden. So sind z.B. die Datenformate eines Arrays von Swift und die String-Implementation intern binär kompatibel mit den Objective-C-Foundation-Framework-Objekten **NSArray** und **NSString**, um einen Austausch zwischen Swift und den Objective-C-APIs so schnell wie möglich zu gestalten.(Im einfachsten Fall findet nur ein **retain** und **release** statt.)

Vorteile von Swift

Swift kann selbstverständlich mit allen Frameworks und APIs der Apple-Plattform interagieren und ist dabei sogar schneller als Objective-C.

Das liegt einerseits am Sprachdesign – wie zum Beispiel an dem Umstand, dass die Funktionen von *structs* im Normalfall *immutable* sind (im C++-Jargon würde man wohl *const* dazu sagen, dort sind immutable Funktionen jedoch eher die Ausnahme), was dem Compiler stärkere Optimierungsmöglichkeiten gibt. Andererseits liegt es daran, dass Objective-C schlicht langsam ist. Da Objective-C *dynamic binding* unterstützt, muss jeder

Aufruf einer Klassenfunktion durch eine aufwendige Indirektion gehen, da die Funktionen in Objective-C zur Laufzeit ausgetauscht werden könnten. Außerdem verhindert diese Architektur an einigen Stellen eine Optimierung durch den Compiler. Diese Ineffizienz hat Swift beseitigt. Swift ist allein dadurch teilweise doppelt so schnell wie Objective-C.

Swift unterstützt auch das *type inferring*, findet also den benötigten Typ neuer Variablen und Konstanten selbst anhand des *rvalue* heraus – also anhand des Typs, den die Information hat, die der neuen Variablen zugewiesen werden soll. Das spart Programmierarbeit. (In C++11 hat man dafür das **auto**-Keyword, aber das muss man trotzdem erst hinschreiben.) Solche Eigenschaften machen die Sprache Swift für Einsteiger und auch für Profis übersichtlicher. Lattner selbst schreibt, es wäre ihm ein Anliegen, das Programmieren zugänglicher zu machen, weil er hofft, damit mehr Leute zum Programmieren zu bewegen.

Ein weiterer wesentlicher Vorteil von Swift respektive seiner Programmierumgebung in Xcode sind *Playgrounds*. Chris Lattner hat sich, wie er selber auf seiner Homepage schreibt, bei dieser Eigenschaft vom Produktdesigner Bret Victor (*http://worrydream. com*) und der Implementation seiner Editoridee von Chris Granger (*http://chris-granger. com*) mit dem Namen »Light Table« inspirieren lassen. Der Editor für Swift-Code ist in zwei vertikale Abschnitte unterteilt. Auf der linken Seite kann man Code eingeben, und auf der rechten Seite sieht man schon während des Editierens die Ergebnisse des Codes. Durch eine *REPL* (Read-Eval-Print-Loop) wird der neu geschriebene Code direkt beim Editieren immer wieder in das Programm gepatcht und neu ausgeführt. So sieht man die jeweiligen Ergebnisse sofort, kann sogar in einigen Fällen damit interagieren. Durch diesen Trick bekommt man nicht nur extrem schnell Feedback dazu, was der gerade geschriebene Code tatsächlich tut; man spart sich auch vermeintlich den Kompilationsvorgang, da das Programm immer aktuell ist und auch sofort ausgeführt werden kann.

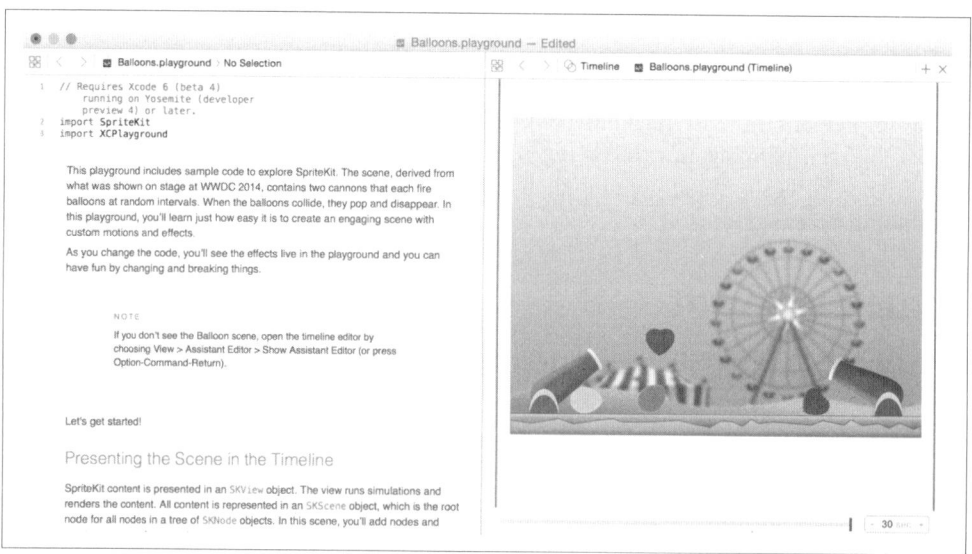

Abbildung 1-1: Ein Playground in Swift

Swift ist schnell, Swift ist mächtig, und hinter Swift steht mit Apple die momentan teuerste Firma Amerikas – oder, um es mit Facebooks Programmierguru Andrei Alexandrescu zu sagen: »Alles, was Swift nun noch tun muss, um zu gewinnen, ist: nicht völlig zu versagen.«

Die Plattform kennenlernen

Mit Swift ist es Ihnen möglich, die komplette Palette der Apple-Plattform abzudecken. Diese unterteilt sich derzeit in iOS(also iPhone, iPad, iPodtouch) und OS X (also alle gängigen MacBooks, MacBookPros, iMacs und MacPros).

In diesem Buch werden wir für unsere Praxisteile die iOS-Plattform nutzen, da der Einstieg in sie deutlich einfacher ausfällt als der Einstieg in die OS X-Entwicklung.

iOS

iOS (oder auch *iPhone OS*, wie es bei seiner Vorstellung am 9. Januar 2007 noch genannt wurde) ist das Betriebssystem für die oben genannten Geräte. Das am 6. März 2007 veröffentlichte *iPhone SDK* bietet Entwicklern weltweit die Möglichkeit, in dem am 11. Juli 2008 eröffneten App Store ihre Apps zu veröffentlichen.

Inzwischen gibt es mehr als 1,2 Millionen Apps im Apple App Store (Stand: Juli 2014).

iOS unterstützt 32- und 64-Bit-ARM-Prozessoren und basiert auf einer speziell für das iPhone angepassten OS X-Version, die auf UNIX basiert. Die aktuellen Prozessorarchitekturen sind ARMv7, ARMv7s und ARMv8. Die bisherige Programmiersprache war Objective-C 2.0, eine Mischung mit C oder C++ ist aber möglich. Darüber hinaus bieten einige Hersteller die Möglichkeit, mithilfe von speziellen Programmen Apps in anderen Sprachen zu programmieren. Im Juni 2014 wurde Swift zu den nativen Entwicklungssprachen dieser Plattform hinzugefügt. Und auch mit der Veröffentlichung von iOS 8 gab es wieder viele Erweiterungen der von Entwickler verfügbaren APIs.

Die Installation von iOS 8 ist nur auf Geräten ab dem iPhone 4S und neueren Modellen möglich.

Swift beherrscht und nutzt, wie auch Objective-C, das Cocoa und Cocoa Touch Framework, das überwiegend in Objective-C programmiert wurde. Dadurch wird der Umstieg von Objective-C sehr erleichtert: Sie als Programmierer nutzen stets die gleiche API, egal in welcher Sprache Sie entwickeln.

KAPITEL 2

Xcode und Co.

Bevor wir mit der Einführung in Swift und der Entwicklung beginnen können, müssen wir zuerst unsere IDE (*Integrated Development Environment*) aufsetzen. Apple stellt hierfür Xcode kostenlos zur Verfügung, das uns viele nützliche Funktionen anbietet, um effizient und schnell Apps entwickeln zu können. Eine IDE hat unter anderem den Vorteil, dass sie eine sogenannte *Autocompletion* besitzt. Diese vervollständigt z.B. automatisch Methoden und Variablennamen. Dieses Thema wird später in der einen oder anderen folgenden Lektion behandelt. Die IDE verweist mit Meldungen auf Fehler und gibt Hinweise zu deren Behebung. Das Ganze geht heutzutage sogar soweit, dass die IDE uns auch Korrekturvorschläge – unter Xcode sogenannte *Fix-its* – für häufige Entwicklerfehler anbietet. Lediglich eine Apple-ID ist für den Download notwendig, doch auch dafür fallen keine Kosten an. Wie und wo man die Entwicklungsumgebung herunterlädt, wie man sie einrichtet und wie man sich mit Einstellungen und Tastenkürzeln das Entwicklerleben erleichtert, das werden wir Ihnen in diesem Kapitel Stück für Stück näherbringen.

Installation von Xcode

Ehe wir Xcode installieren können, müssen wir es erst einmal herunterladen. Die aktuellste Version erhalten Sie im Apple Mac App Store.

Dafür ist eine gültige Apple-ID notwendig, die Sie sich unter *https://appleid.apple.com/de* kostenfrei erstellen können. Nach erfolgreicher Registrierung können Sie Xcode einfach über die *App Store App* herunterladen. Dafür öffnen Sie einfach die App Store App und geben in das Suchtextfeld »Xcode« ein. Nachdem Sie bei den Suchergebnissen auf den *Download*-Button geklickt haben, werden Sie aufgefordert, Ihre Apple-ID einzugeben. Den Rest – also Download und Installation – regeln die App und Ihr OS X allein.

 Sie können auch die Spotlight-Suche von Yosemite nutzen, um schnell die Xcode-App im App Store zu finden. Geben Sie hierfür einfach »Xcode« in das Spotlight-Textfeld ein, und wählen Sie das entsprechende Suchergebnis aus.

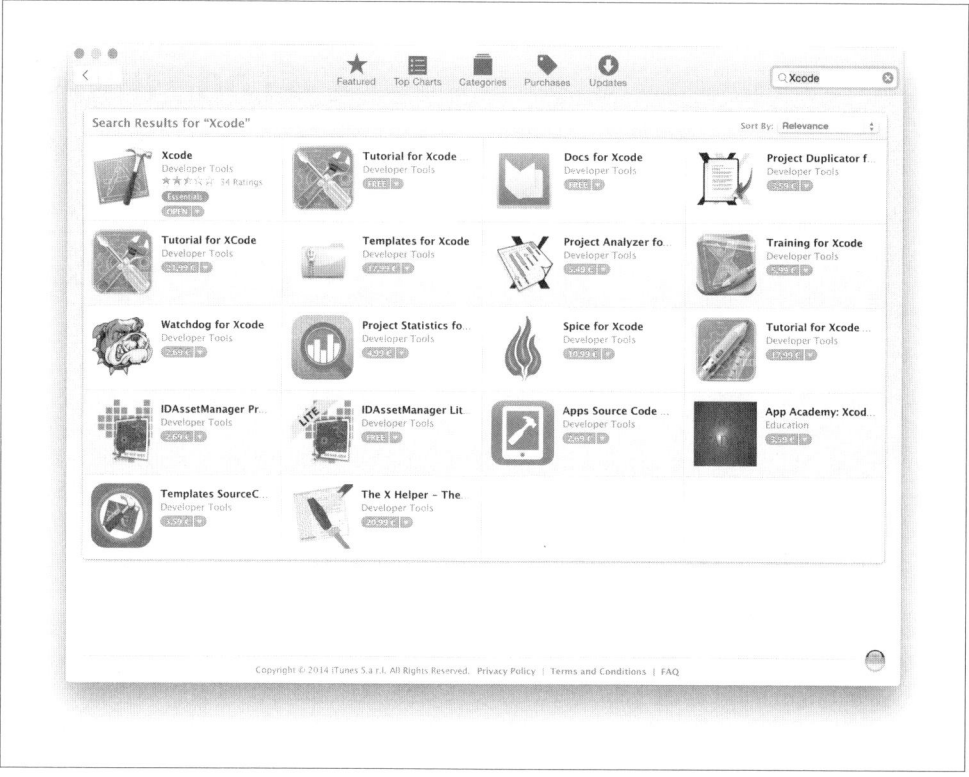

Abbildung 2-1: Xcode im App Store

 Den Download- und Installationsfortschritt können Sie über das *Launch-pad* verfolgen. Dieses erreichen Sie entweder über das Dock-Icon (sofern vorhanden) oder über die Taste `F4`.

Beim ersten Start von Xcode werden noch einige systemspezifische Dateien installiert. Dadurch wird der Setup-Vorgang finalisiert. Daraufhin sollte das Willkommen-Fenster von Xcode 6 erscheinen.

 Sollte das Willkommen-Fenster nicht erscheinen, aber bereits in der Menu-bar Xcode stehen, können Sie über die Menüleiste WINDOW → WELCOME TO XCODE oder das Tastenkürzel `⌘`+`⇧`+`1` das Fenster manuell öffnen.

Die wichtigsten Einstellungen

Die Standardeinstellungen von Xcode bereiten Ihnen schon eine fast perfekte Umgebung vor. Unserer Erfahrung nach sollte man aber noch einige Einstellungen verfeinern. Hierfür navigieren wir zunächst einmal zu den Einstellungen.

Selbstverständlich muss Xcode 6 geöffnet und im Vordergrund ausgewählt sein, so dass wir in der Menüleiste über den Punkt XCODE → PREFERENCES das entsprechende Fenster öffnen können (siehe Abbildung 2-2).

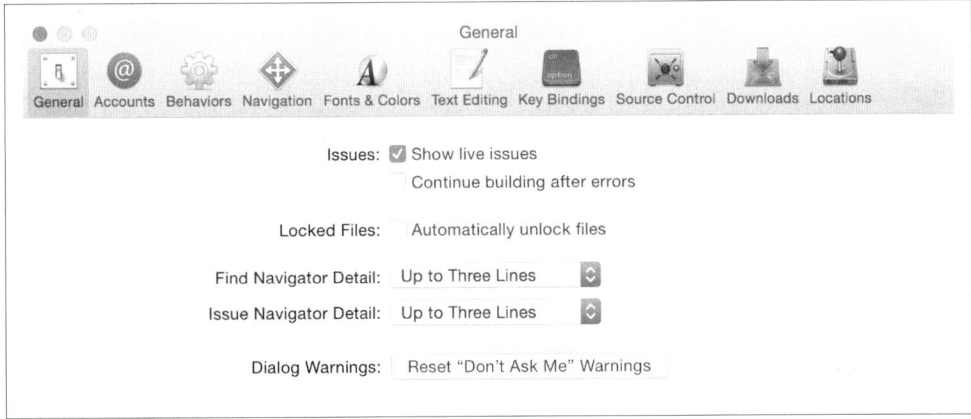

Abbildung 2-2: Xcode-Einstellungen

Die für uns vorerst wichtigsten Einstellungsoptionen befinden sich unter den Menüpunkten *Point & Colors* und *Text Editing*. Hier können Sie unter anderem das Farbthema im Editor einstellen, egal ob es hier um die Kolorierung der Syntax oder einen hellen oder dunklen Hintergrund geht. Es gibt eine relativ große Auswahl an vordefinierten Farbthemen, z.B. auch eine Präsentationsansicht, die sich besonders bei der Beamer-Nutzung bewährt. Zusätzlich ist es auch möglich, selbst Farbthemen zu erstellen oder fertige Themen von externen Internetseiten herunterzuladen und zu importieren.

Im Menüpunkt *Text Editing* empfiehlt es sich, die Checkbox neben dem Punkt *Line numbers* auszuwählen. Ebenso sollten Sie hier einen *Page guide at column*-Wert definieren (siehe Abbildung 2-3).

Die Liniennummerierung, die Sie bestimmt standardmäßig aus anderen Entwicklungsumgebungen kennen, ist aus unserer Sicht ein absolutes Muss, denn sie hilft sowohl bei der Navigation als auch bei der Fehlersuche nach Konsolenausgaben.

Ebenso empfiehlt es sich, den *Page guide at column*-Wert zu definieren und sich auch an diese Regel zu halten. Es ist immer sinnvoll, sich an der maximalen Zeichenbegrenzung pro Linie zu orientieren, sowohl der Übersichtlichkeit als auch der Lesbarkeit zuliebe.

Wir empfehlen einen maximalen Wert von 100 bis 120 Zeichen, da alles, was darüber hinausgeht, unübersichtlich wird und wahrscheinlich auch die meisten Bildschirmgrößen sprengt.

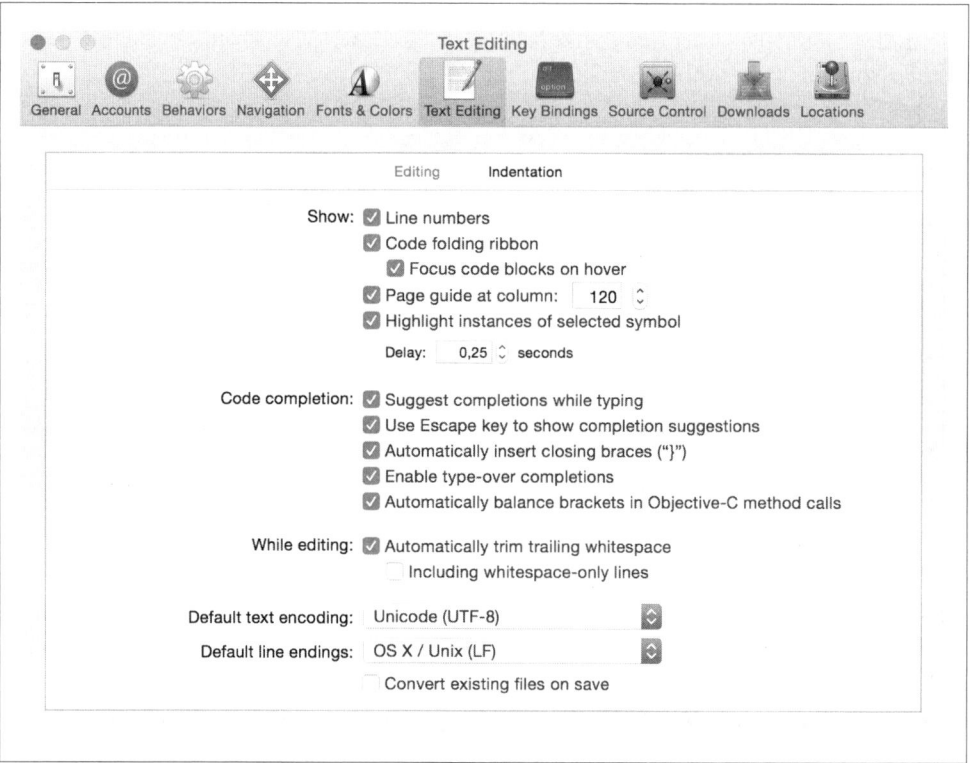

Abbildung 2-3: Xcode-Einstellungen zum Text-Editing

Mit dem Update von Xcode 5 hat Apple den Entwicklern einen lästigen und komplizierten Arbeitsschritt abgenommen: die *Provisioning-Profile* und *Teamorganisation*. Um diese auch voll nutzen zu können, ist es ratsam, unter dem Menüpunkt ACCOUNTS seine Apple-ID einzutragen, so dass bei der Entwicklung Xcode automatische Synchronisierungen mit dem Developer Account vornehmen kann.

 Einen Entwickler-Account können Sie für 79 € pro Jahr unter *http://developer.apple.com/* erhalten.

Unter DOWNLOADS findet sich noch die Möglichkeit, die Dokumentation (*iOS 8 doc set*, *Xcode 6 doc set* etc.) herunterzuladen, so dass deren Inhalte auch offline für Sie verfügbar sind. Hier können Sie außerdem auch ältere Simulator-iOS-Versionen laden, falls diese für die Entwicklung notwendig sind.

Eine Übersicht

Wir haben Xcode geladen, installiert und alle notwendigen Einstellungen getätigt. Jetzt wollen wir einen näheren Blick auf die Umgebung werfen.

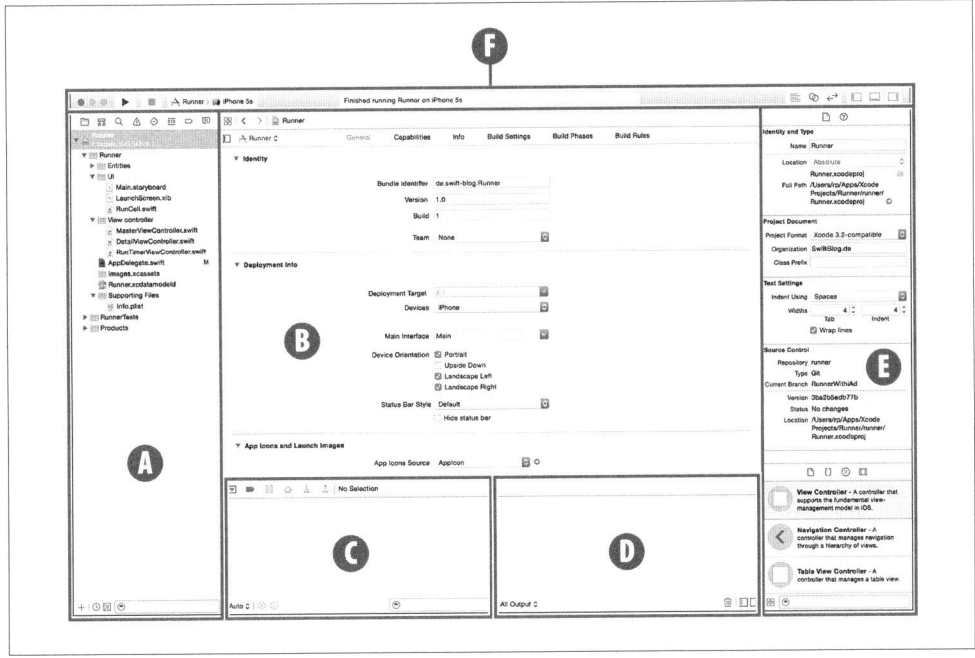

Abbildung 2-4: Xcode-Übersicht

Hier sehen Sie die Entwicklungsumgebung Xcode in ihrer vollen Pracht. Die einzelnen Fensterkomponenten haben wir der Übersichtlichkeit halber von A bis F aufgeteilt. Sie werden erkennen, dass der EDITOR (B) und das UTILITY-FENSTER (E) je nach ausgewählter Projektdatei verschiedene Inhalte anbieten. Darauf gehen wir in den einzelnen Abschnitten detailliert ein.

A – Das Navigationsfenster

Das Navigationsfenster ist in acht Bereiche unterteilt, in denen Ihnen verschiedene Navigationsmöglichkeiten zur Verfügung stehen (siehe Abbildung 2-5).

1. Projekt-Navigator

Der PROJEKT-NAVIGATOR, der auch aus anderen Entwicklungsumgebungen (z.B. Eclipse) bekannt ist, dient zur Navigation und zum Organisieren der Dateien innerhalb eines Projekts. Dabei erkennen wir, dass Xcode beim Erstellen eines neuen Projekts selbstständig eine geordnete Struktur anlegt.

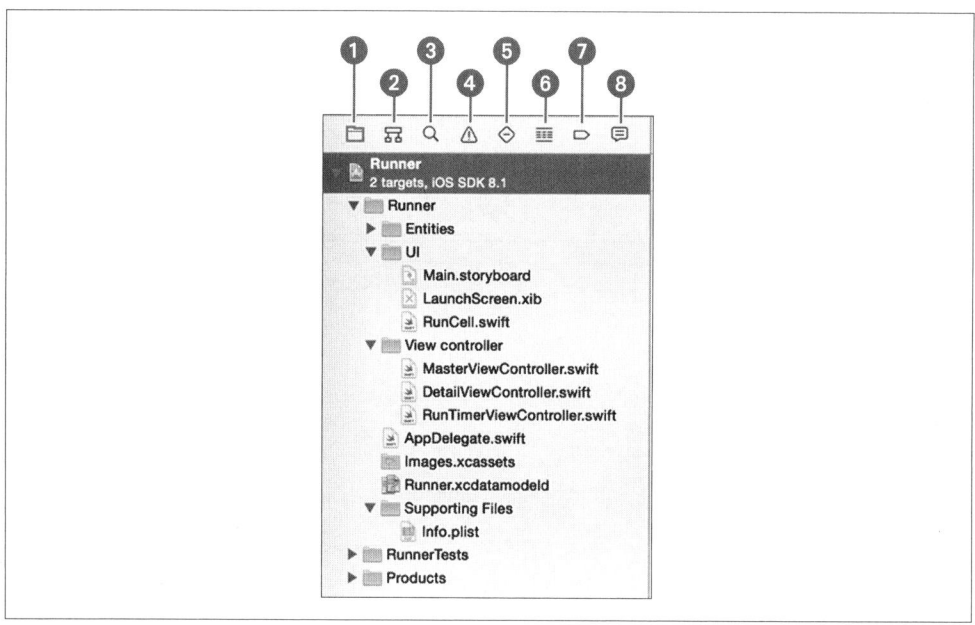

Abbildung 2-5: Das Navigationsfenster

Hier sehen wir an oberster Stelle das Projekt *Runner* mit der Detailangabe *2 Targets, iOS SDK 8.1*. Die Information, dass in diesem Projekt das iOS-8-SDK verwendet wird, ist selbsterklärend und informiert den Entwickler über die verwendete Version des *Software Developer Kit* und des *Deployment Target*. Als *Target* bezeichnet man das Produkt, das aus den Projektdateien erstellt wird. Wir haben hier bereits zwei Targets, da das erstellte Xcode-Projekt für Unit-Tests als eigenes Target erkannt wird. Die kompilierten Applikationen sehen Sie übrigens im letzten Ordner, *Products*, dessen Inhalt rot markiert ist, da diese Dateien bisher nicht im Projektordner vorhanden sind.

 Sie können mehrere Targets verwenden, wenn Sie ein und denselben Programmcode für mehrere Produkte verwenden möchten. Dies findet z.B. häufig bei bekannten Spielen mit derselben Logik, aber unterschiedlicher Oberfläche Anwendung.

Dateien mit dem Suffix *.swift* sind in unserem Projekt Quellcodedateien. Wir finden in unserem Projekt u.a. *AppDelegate.swift* und *MasterViewController.swift*.

Zudem sehen Sie die Interface-Builder-Datei *Main.storyboard* und eine *Images.xcassets*. In der *.storyboard*-Datei können Sie einfach per Drag-and-Drop User-Interface-Elemente arrangieren. Die *Images.xcassets* steht uns seit Xcode 5 und iOS 7 zur Verfügung und dient zur besseren Verwaltung von Bilddateien. So werden hier nicht nur App-Icons und Launch-Images hinterlegt, auch alle zusätzlich in der App verwendeten Bilder können hier abgelegt, sortiert und benannt werden. Auch das Problem der Unübersichtlichkeit aufgrund von häufiger Doppelbenennung durch Standard- und Retina-Grafiken wurde hier elegant gelöst.

Des Weiteren finden wir die sogenannten *Supporting Files*, in denen z.B. die *Info.plist* liegt. Diese Propertylist beinhaltet unter anderem Versionsnummern, Lokalisierungskürzel und Produktkategorien.

 Viele *Third-Party-Frameworks* (z.B. aus dem Bereich der sozialen Netzwerke) setzen voraus, dass hier die jeweiligen Produkt- oder API-Schlüssel abgelegt werden.

Die Funktion des Projekt-Navigators sollte selbsterklärend sein. Sie können hier Ihre Dateien auswählen, verschieben, organisieren, in Ordnerstrukturen verpacken oder einfach löschen. Zudem gibt es am unteren Ende des Fensters eine Filterfunktion, mit der Sie schnell einzelne Dateien nach Namen oder Typ suchen können.

2. Symbol-Navigator

Im SYMBOL-NAVIGATOR finden Sie, ähnlich wie im PROJEKT-NAVIGATOR, alle Implementierungsdateien, nur in anderer Darstellung.

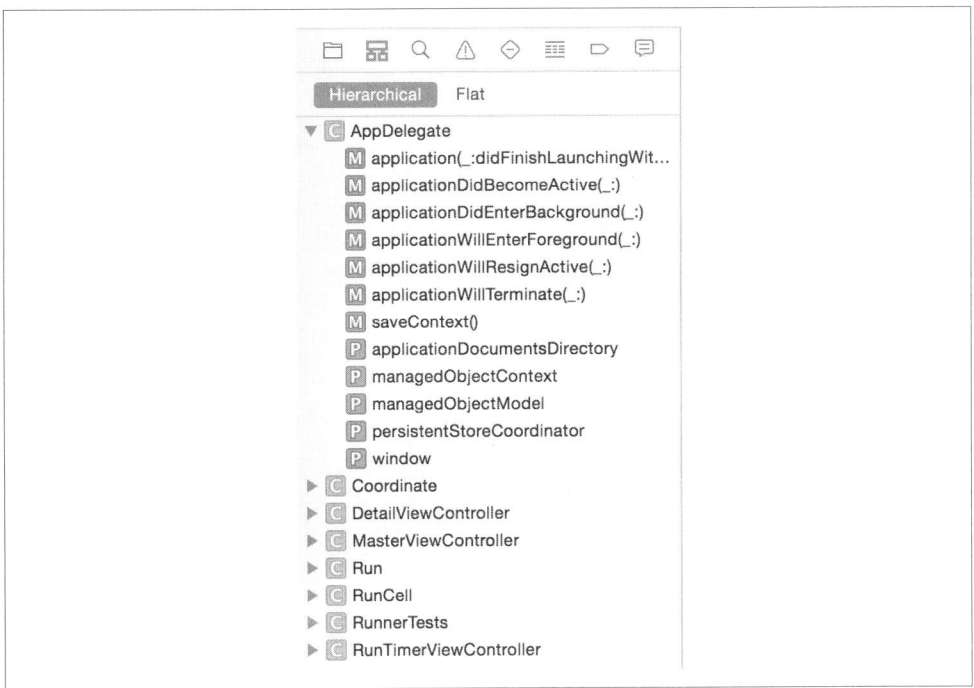

Abbildung 2-6: Der Symbol-Navigator

Die Namen *AppDelegate* und *MasterViewController*, die uns auch im vorigen Punkt begegnet sind, stellen Klassen dar, die wiederum einzelne Methoden beinhalten. Hier können Sie sehr schnell auch bei großen Klassen zu den einzelnen Methoden navigieren.

Die einzelnen Symbole indizieren die Art der dargestellten Objekte:

- M bedeutet Methode.
- C stellt eine Klasse dar.
- P ist eine Property.
- O bedeutet Outlet.
- V ist eine Instanzvariable (außer, sie wurde z. B. schon als Property deklariert).
- Pr ist ein Protokoll.

Die Darstellung ist hier hierarchisch oder flach möglich. Zudem bietet sich wieder am unteren Ende die Möglichkeit, nach Namen zu filtern oder nur bestimmte Symbole anzuzeigen.

3. Such-Navigator

Der *Such-Navigator* dient, wie der Name schon sagt, zur Suche.

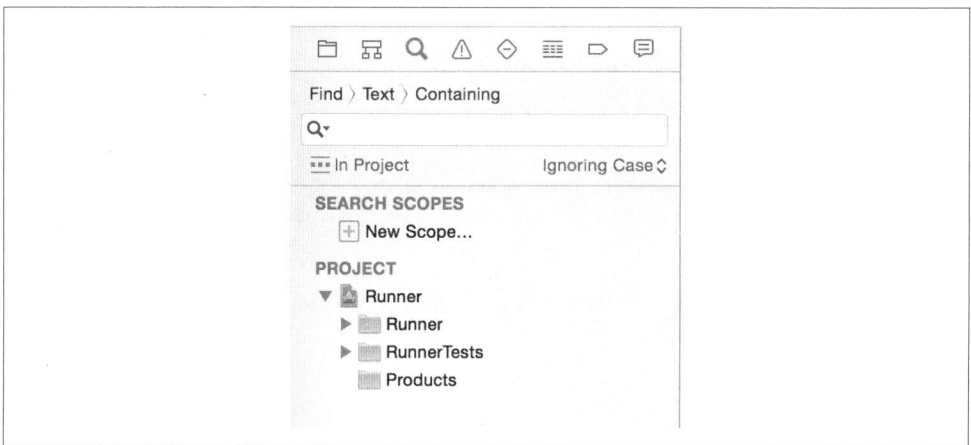

Abbildung 2-7: Der Such-Navigator

Hier können Sie global nach Zeichen oder Zeichenketten suchen und diese Suche auch durch verschiedene Optionen eingrenzen. Dabei gibt es die Möglichkeit, *case sensitive* bzw. *case insensitive* zu suchen oder die Suche auf ausgewählte Ordner oder Dateien innerhalb des Projekts zu begrenzen.

Zudem lassen sich für Suchanfragen bestimmte Pattern definieren. Suchmuster hierfür sehen Sie in Abbildung 2-8.

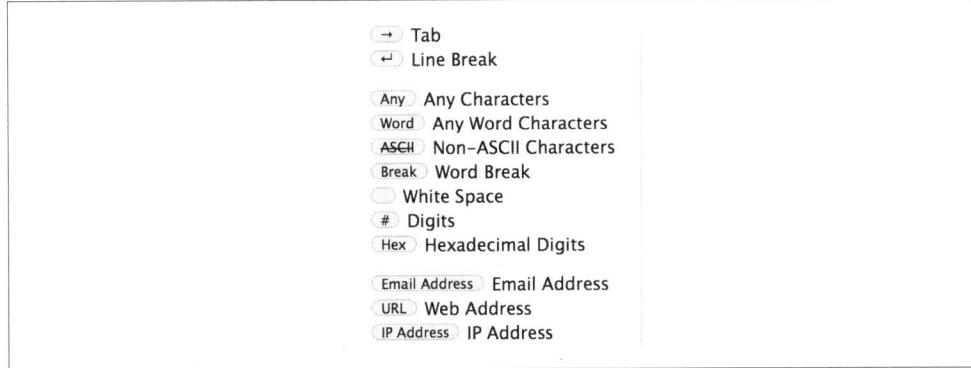

Abbildung 2-8: Ein Such-Pattern

4. Fehler-Navigator

Der *Fehler-Navigator* zeigt alle Warnungen (Warnings) oder Fehler (Errors) im Code in einer Übersicht an. Hier können Sie über das Auswählen der Fehler schnell zu diesen navigieren bzw. können hier direkt Fix-Its akzeptieren, um die Fehler zu beheben.

5. Test-Navigator

Im *Test-Navigator* werden alle von Ihnen erstellten Unit-Test-Methoden in hierarchischer Reihenfolge angezeigt. Nach Ausführung des Tests wird Ihnen hier auch mithilfe von roten Fehler- oder grünen Erfolgs-Icons der Status des Tests angezeigt. Sie können hier über das Auswählen von Tests schnell zu den Methoden navigieren.

6. Debug-Navigator

Den *Debug-Navigator* werden Sie immer wieder zu Gesicht bekommen, wenn Sie mit der Fehlersuche bzw. dem Debugging beschäftigt sind.

Abbildung 2-9: Der Debug-Navigator

Sobald die Applikation mithilfe eines *Breakpoints* gestoppt wird, wird das Navigationsfenster automatisch auf den Debugging-Bereich fokussiert. Hier sehen Sie zunächst den Status der Applikation, der eben an diesem Breakpoint pausiert, gefolgt von der aktuellen Hardware-Auslastung.

Darunter sehen Sie eine hierarchische Darstellung der aktuellen Threads und erkennen, in welchem Sie gerade die Pause gesetzt haben. Diese Darstellung lässt sich über den Button in der oberen Zeile auch auf Queues und Views ändern.

7. Breakpoint-Navigator

Der *Breakpoint-Navigator* bietet eine Übersicht aller Breakpoints in hierarchischer Reihenfolge und zugehörigen Klassen, wobei man diese hier auch aktivieren, deaktivieren und entfernen kann. Zudem gibt es unten verschiedene Filterfunktionen, wie nach Volltextsuche oder nur das Anzeigen aktiver Breakpoints. Über den Plus-Button lassen sich auch spezielle Breakpoints erstellen, wie *Exception*, *Symbolic*, *OpenGL ES Error* und *Test Failure*.

 Die erste Handlung zu Projektstart sollte es sein, einen *Exception Breakpoint* zu erstellen. Dieser wird Ihnen bei Exceptions und Crashs stets anzeigen, an welcher Stelle diese auftreten.

8. Report-Navigator

Im *Report-Navigator* (oder auch *Log-Navigator*) lässt sich die Build History des Projekts verfolgen. Hier sehen Sie auch, wann ein *Build*, *Archive*, *Analyze* oder *Test* stattfand. Zudem findet sich hier auch eine Log-Übersicht.

B – Der Editor

Der *Editor* ist primär das Text- bzw. Quellcode-Eingabefenster der Entwicklungsumgebung, dient aber auch als Anzeigebereich für sämtliche Funktionen, z.B. für den *InterfaceBuilder*, *Propertylists*, *Imageasset-Folders*, Projekt-Einstellungen und diverse andere Formate. Da wir den Editor noch in einem der folgenden Abschnitte ausführlich beschreiben werden, möchten wir an dieser Stelle nur auf die Grundlagen eingehen.

Wie Sie in Abbildung 2-10 sehen, befindet sich oben eine Art Navigationsleiste für den Editor. Neben der browserähnlichen Vorwärts- und Rückwärtsnavigation gibt es einen Dateipfad, der Ihnen den aktuellen Bearbeitungsort angibt und darüber hinaus in einem Dropdown-Menü Methoden und Klassenabschnitte anzeigt und zur Schnellnavigation dient. Das geöffnete Menü gibt Ihnen einen Überblick über kürzlich verwendete Dateien, Klassen, vererbte Klassen und noch vieles mehr.

Der Editor verfügt über eine eigene Suchfunktion, die Sie mit dem Kürzel ⌘+F öffnen können. Diese ist auch um eine *Search and replace*-Funktion erweiterbar.

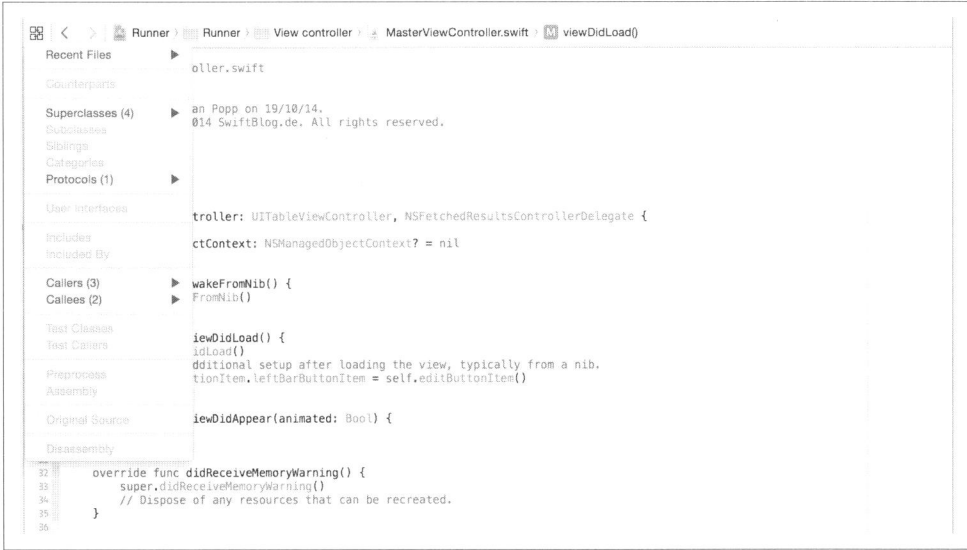

Abbildung 2-10: Der Editor

C – Der Debugging-Objektbaum

Der Objektbaum kann sehr nützlich sein, wenn Sie beim Debugging den Zustand und den Inhalt Ihrer Objekte während eines gestoppten Breakpoints überprüfen möchten.

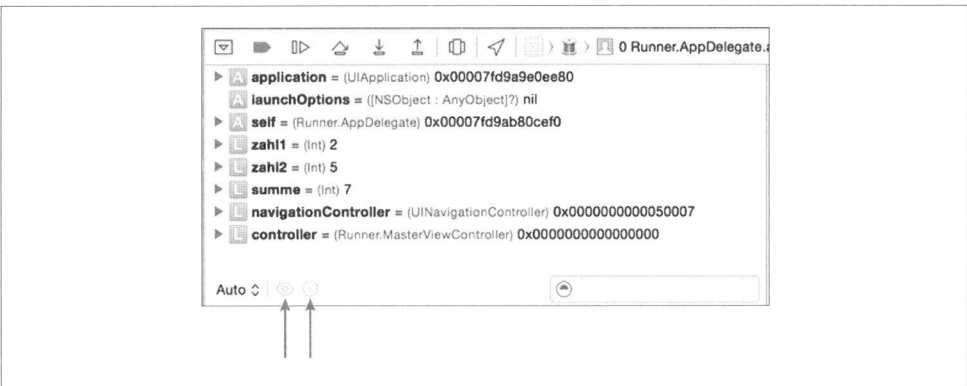

Abbildung 2-11: Der Objektbaum

Wir haben in unserem Quellcode drei Variablen deklariert:

Beispiel 2-1: Debugging-Code

```
var zahl1 = 2
var zahl2 = 5
var summe = zahl1 + zahl2
```

Nach der Berechnung der Variablen summe setzen wir einen Breakpoint. Wenn wir nun kompilieren und zum gesetzten Breakpoint die Applikation pausiert wird, sehen wir im Objektbaum eine Darstellung wie in Abbildung 2-11. Wir sehen vier Objekte:

- self
- zahl1
- zahl2
- summe

Hinter den Objekten stehen die zugewiesenen Werte. *self* steht hier für das Objekt bzw. die Klasse, in der wir den Code aktuell ausführen (einen *UIViewController* – das spielt aber für dieses Beispiel keine Rolle). Bei *zahl1*, *zahl2* und *summe* finden wir hinter dem Zuweisungsoperator den Datentyp *Int* und den von uns zugewiesenen Wert.

Sie werden feststellen, dass gerade bei verschachtelten *Arrays* oder *Dictionaries* diese Funktion das Debugging deutlich vereinfacht.

Zudem stehen Ihnen in diesem Fenster noch einige Optionen zur Verfügung. So findet sich rechts unten eine Textbox, in der Sie im Volltext nach Objekten suchen können. Zusätzlich können Sie über den Info-Button ein ausgewähltes Objekt in der Konsole rechts neben dem Objektbaum ausgeben. Dieses Fenster und seine Funktionen werden Sie im nächsten Abschnitt kennenlernen. Das Augensymbol daneben dient dazu, direkt zum ausgewählten Objekt in den Quellcode zu springen. Neben ihm befindet sich noch eine Auswahlfunktion, mit der Sie den Debugger über eine Autofunktion selbst entscheiden lassen, ob er relevante Objekte anzeigt oder nur lokale Variablen sowie alle Variablen, Register, Globals oder Statics.

In der Navigationszeile über dem Objektbaum befindet sich die Debugging-Steuerung für Breakpoints. Wir definieren die Buttons von links nach rechts:

- Debugging-Fenster (Objektbaum und Konsole) sichtbar und unsichtbar machen
- Breakpoints aktivieren und deaktivieren
- pausiertes Programm wieder ausführen
- einen Schritt weiter (nur im pausierten Programm)
- Schritt rein
- Schritt raus
- Debug-Hierarchie anzeigen
- Geoposition simulieren

D – Die Debugging-Konsole

Die *Konsole* dient, ähnlich wie in anderen Entwicklungsumgebungen, nicht nur zur Ausgabe von Systemlogs, sondern auch dazu, bestimmte Werte abzufragen, während die Applikation pausiert.

Abbildung 2-12: Die Konsole

Durch die Eingabe von po (print object) und des Variablennamens oder einer Speicheradresse können Sie, während die App pausiert, Werte auf der Konsole ausgeben lassen. Zusätzlich haben Sie Zugriff auf alle Properties des Objekts und können diese ebenfalls ausgeben lassen.

E – Das Utility-Fenster

Das *Utility-Fenster* nimmt den rechten Rand der Entwicklungsumgebung ein. Es spielt für die App-Entwicklung eine sehr bedeutende Rolle. Abhängig von der Umgebung – ob Editor oder Interface Builder – ändern sich die Aufgaben des Fensters. Wir werden vor allem in unserem praktischen Teil sehr häufig in diesem Bereich arbeiten.

F – Die Toolbar

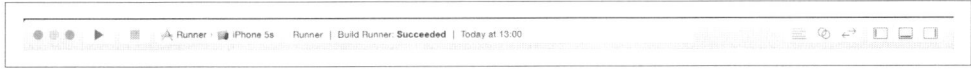

Abbildung 2-13: Die Toolbar

In Abbildung 2-13 sehen Sie die *Toolbar* von Xcode 6. Hier befinden sich die Steuerungselemente für die Kompilierung, die Target- und Geräteauswahl, das Messageboard, die Editorfensterwahl und die Fensterauswahl-Buttons. Besonders diejenigen von Ihnen, die bereits ältere Versionen von Xcode kennen, werden feststellen, dass die Toolbar immer kompakter wird. Vor allem in der Yosemite-Variante befinden sich die Buttons bereits auf derselben Höhe wie die Systemfenster-Buttons.

Wir gehen von links nach rechts: An erster Stelle befindet sich der *Play-Button*, mit dem das Projekt kompiliert und der Simulator bzw. das Gerät gestartet wird. Der Button verfügt darüber hinaus über ein Dropdown-Menü, das durch einen lange gehaltenen Mausklick geöffnet wird. In diesem Menü können Sie zusätzlich *testen*, *profilen* und *analyzen*. Daneben befindet sich der *Stop-Button*, mit dem Sie den Simulator bzw. das Gerät stoppen können.

Als Nächstes folgt die Target-Auswahl, in deren Menü Sie auch die Möglichkeit haben, Schemes zu erstellen und zu bearbeiten. Ein Scheme ist eine Einstellungsauswahl, die sich auf ein oder mehrere bestimmte Targets bezieht. Darüber hinaus können Sie auch hier schon den Simulatortyp oder ein angeschlossenes Gerät auswählen. Diese Simulator-Geräte-Auswahl befindet sich nochmals direkt neben der Target-Auswahl.

In der Mitte der Toolbar befindet sich ein Messageboard, das neben einer Fortschrittsanzeige beim Kompilieren und Archivieren Laufzustände anzeigt und auch Hinweise auf etwaige Fehler/Warnings gibt.

Rechts neben dem Messageboard befindet sich die erste von zwei Dreiergruppen mit Buttons. Hier können Sie die Fenster-Auswahl des Editors einstellen. So können Sie zwischen der Standardansicht und dem Assistent-Editor, in dem zwei Editierfenster nebeneinander dargestellt werden, sowie dem Versions-Editor wechseln. Der Versions-Editor, der in Projekten aktiv ist, die unter Versionsverwaltung stehen, verfügt wieder über ein Dropdown-Menü, das Sie mit einem lange gehaltenen Mausklick öffnen. In diesem Menü befinden sich drei Auswahlmöglichkeiten:

- Comparison

  eine Vergleichsansicht über zwei Editorenfenster, in der man verschiedene Revisionen einer Datei vergleichen kann

- Blame

  der gefürchtete Blame-View, der akkurat mit Zeitstempel angibt, welcher Entwickler wann welche Zeile Code geschrieben und committed hat

- Log

  sehr ähnlich zum Blame-View, mit der Möglichkeit, in einem modalen Vergleichsfenster aktuelle Änderungen anzuzeigen

Mit der letzten Dreiergruppe Buttons, die ganz rechts alle Funktionen der Toolbar abschließt, können Sie entscheiden, welche der vorhandenen Fenster Sie in Ihrer Entwicklungsumgebung sehen möchten. So können Sie das Navigations-, Debugging- und Utility-Fenster sichtbar oder unsichtbar machen.

Shortcuts, die das Leben erleichtern

Jeder Entwickler kennt und liebt seine *Shortcuts*. Auch Xcode verfügt über einige dieser nützlichen Tastenkürzel, die die Handhabung der Entwicklungsumgebung und das Arbeiten in ihr deutlich erleichtern. Da die Liste der Kürzel sehr lang ist und es für nahezu jede Funktion eine Tastenkombination gibt, werden wir uns hier auf die wesentlichen und aus unserer Sicht wirklich wichtigen konzentrieren. Dabei orientieren wir uns an dem deutschen Tastaturlayout.

Beginnen wir zunächst mit dem ersten Shortcut, das uns beim Start von Xcode und auch immer wieder als Navigationshilfe begegnen wird. Mit der Kombination ⌘+⇧+1 öffnen wir das Willkommensfenster von Xcode, in dem wir nicht nur neue Projekte und Playgrounds anlegen, sondern auch eine Übersicht der aktuellen Projekte erhalten.

Das zentralste und wichtigste Kürzel aus unserer Sicht ist ⌘+⇧+O. Apple nennt diese Funktion *Open Quickly*, und das können wir nur bestätigen. Hiermit öffnen wir mittig auf dem Bildschirm ein Suchfenster – ähnlich dem Spotlight von Yosemite –, mit dem wir schnell zwischen Klassen, Propertylists, dem Interface Builder und anderen projektspezifischen Dateien springen können(siehe Abbildung 2-14).

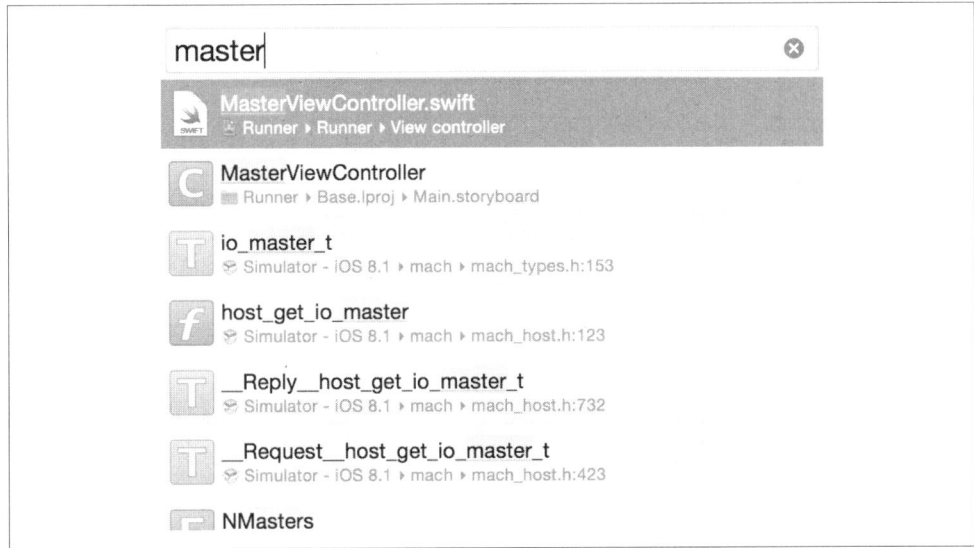

Abbildung 2-14: Open Quickly

Selbstverständlich lassen sich in der Entwicklungsumgebung auch Tabs öffnen, ähnlich wie Sie das aus Safari kennen. Die Steuerung hierfür ist auch identisch; mit ⌘+T öffnen Sie einen Tab, und mit ⌘+W schließen Sie den aktuell sichtbaren wieder.

Auch beim Debugging unter Verwendung von Breakpoints kann es schnell zu Unterbrechungen kommen, da man z.B. vergessen hat, die Breakpoints zu entfernen oder zu deaktivieren. ⌘+Y schafft Abhilfe, denn mit diesem Kürzel kann man Breakpoints schnell aktivieren bzw. deaktivieren.

Hiermit haben wir auch schon einige der gängigsten Shortcuts abgedeckt. Zum Abschluss führen wir noch ein paar nützliche Kürzel zur schnellen Codebearbeitung oder -erstellung im Editor auf:

- ⌘+← oder →
  An den Zeilenanfang bzw. das Zeilenende springen
- Alt+← oder →
  Einzelne Wörter überspringen

Mit dem zusätzlichen Halten von ⇧ (z.B. ⇧+⌘+→) kann man den übersprungenen Text auch markieren.

- ⌘+←

  Eine ganze Zeile löschen

- ⌘+Z

  Rückgängig machen

- ⌘+⇧+Z

  Wiederherstellen

- ⌘+N

  Eine neue Datei erstellen

- ⌘+F

  In der aktuellen Klasse suchen

Der Editor

Der Editor spielt die zentrale Rolle in der Entwicklungsumgebung, denn in ihm schreiben und lesen wir unseren Programmcode. Im Grunde genommen ist das Editorfenster ein ganz normaler Texteditor, der uns unter Xcode zusätzlich eine *Autocompletion*, Fehlermeldungen und Warnings mit ggf. angeboten Fix-it-Funktionen und einem *Syntax-Highlighting* anbietet (siehe Abbildung 2-15).

```
1  //
2  //  MasterViewController.swift
3  //  Runner
4  //
5  //  Created by Stefan Popp on 19/10/14.
6  //  Copyright (c) 2014 SwiftBlog.de. All rights reserved.
7  //
8
9  import UIKit
10 import CoreData
11 import CoreLocation
12
13 class MasterViewController: UITableViewController, NSFetchedResultsControllerDelegate {
14
15     var managedObjectContext: NSManagedObjectContext? = nil
16
17
18     override func awakeFromNib() {
19         super.awakeFromNib()
20     }
21
22     override func viewDidLoad() {
23         super.viewDidLoad()
24         // Do any additional setup after loading the view, typically from a nib.
25         self.navigationItem.leftBarButtonItem = self.editButtonItem()
26     }
27
28     override func viewDidAppear(animated: Bool) {
29
30     }
31
```

Abbildung 2-15: Der Editor

Wie wir oben bereits erwähnt haben, können Sie mithilfe der Buttons aus der Toolbar den Editor in verschiedenen Ansichten für unterschiedliche Funktionen nutzen. Beispiele hierfür sind der Assistent-Editor, in dem Sie als Entwickler wunderbar parallel an zwei verschiedenen Klassen arbeiten können. Vor allem beim Verknüpfen von Storyboard-Elementen und Klassen (dazu später mehr) wird Ihnen hier eine angenehme Entwicklungsumgebung geboten.

Navigationsmöglichkeiten

Zusätzlich bietet der Editor Ihnen noch eine Reihe von Navigationsmöglichkeiten, die besonders beim schnellen Wechseln zwischen Klassen oder bei der Navigation und Funktionsübersicht innerhalb großer Klassen sehr hilfreich sein können (siehe Abbildung 2-16).

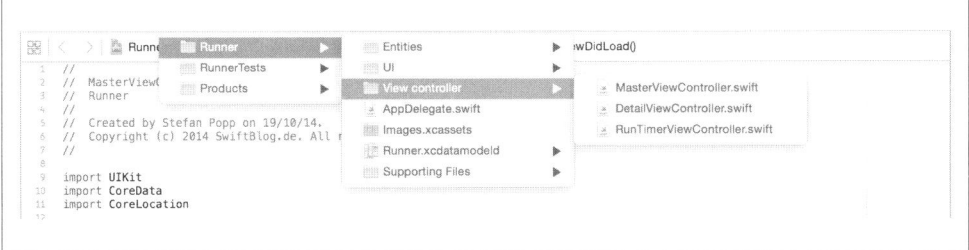

Abbildung 2-16: Navigationsmöglichkeiten 1

Zur besseren Übersicht und Navigation innerhalb des Projekts und einer Klasse können Sie über die sogenannte *Jump Bar* schnell hin- und herspringen. So lässt sich durch den Klick auf ein Projekt, einen Ordner oder eine Klasse schnell über das Dropdown-Menü navigieren, und Sie können leicht und übersichtlich innerhalb Ihres Projekts Editorinhalte anzeigen. Die Möglichkeiten reichen wie bereits erwähnt von dem Fundament, also der Projekt- oder Target-Auswahl, bis hin zu Methoden, wie Sie in Abbildung 2-17 sehen. Mit der Tastenkombination Ctrl + 6 erhalten Sie eine Übersicht über alle Methoden, Fix-Mes und Todos in der *Jump Bar*. Durch Eintippen von Buchstaben aktivieren Sie direkt eine Suche innerhalb der Auflistung, um somit noch schneller an einen bestimmten Punkt innerhalb der aktuellen Quelldatei zu gelangen.

Wenn Sie mehr Struktur in Ihre Klassen bringen wollen, empfehlen wir Ihnen, sogenannte Klassenmarkierungen zu setzen. So teilen Sie Abschnitte, die semantisch zusammenhängen, mit // MARK: Bsp..

Des Weiteren gibt es die Markierungen // TODO: und // FIXME:, auf die Sie stets zurückgreifen sollten, wenn Sie anderen oder sich selbst etwas mitzuteilen haben.

Abbildung 2-17: Navigationsmöglichkeiten 2

Zu guter Letzt noch ein sehr schöner Tipp, den Sie in Zukunft sicherlich sehr häufig nutzen werden: Möchten Sie die Deklaration eines Datentyps (wie einer Klasse, Struktur oder Enumeration) oder die ursprüngliche Definition einer Variable oder Konstante sehen, so müssen Sie nur mit gedrückter ⌘-Taste über das gewünschte Element fahren. Dabei sollte sich der Mauszeiger in eine Hand mit ausgestrecktem Finger verwandeln, mit der Sie auf das gewünschte Objekt klicken können, um die Deklaration sehen zu können. Zur optischen Unterstützung unterstreicht Xcode die Wörter, die klickbar sind. Selbiges gilt auch für die Schnellhilfe zu Datentypen, Variablen und Konstanten, die Sie durch das gleiche Prinzip mit gedrückter Alt-Taste erhalten. Dabei verwandelt sich der Mauszeiger in ein Fragezeichen, sobald ein Element über eine Hilfe verfügen könnte.

Hilfe!

Die *Hilfe-Funktion* unter Xcode kann – man mag es kaum glauben – sehr hilfreich sein und ggf. auch unter Zuhilfenahme von Dokumentation und Co. zur Problemlösung und Weiterbildung führen. Auch wenn dieser Menüpunkt unter Fachleuten oft belächelt oder gar verpönt ist, so können wir doch ehrlich und stolz behaupten, ihn nicht selten zu benutzen. Apple bietet durchaus eine der bestdokumentierten Hilfen für seine Frameworks an. Dabei scheuen die Apple-Entwickler auch nicht davor zurück, sehr schöne Programming Guides für viele Themen selbst zu schreiben. Zum Teil sind diese auch sehr hübsch illustriert.

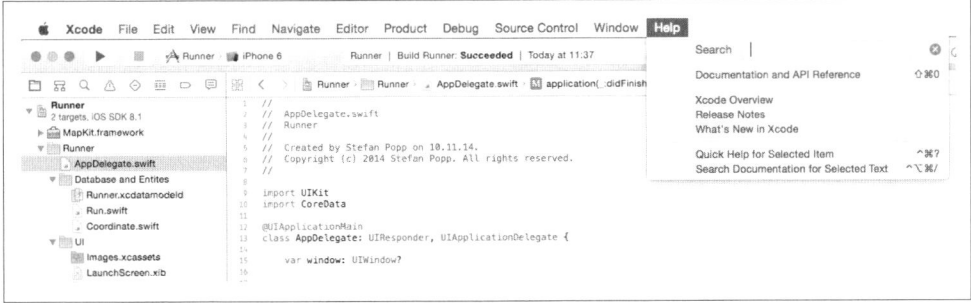

Abbildung 2-18: Hilfe!

Sie erreichen das Hilfemenü wie üblich über die Menüleiste am oberen Bildschirmrand. In Abbildung 2-18 erkennen Sie die auswählbaren Punkte. Hier erhalten Sie Informationen über Xcode, *Release Notes* des aktuellen Builds sowie über neue Funktionen, und Sie haben die Möglichkeit, auf die Dokumentation zurückzugreifen. Auch im Editor ausgewählter Code kann hier direkt in der Dokumentation nachgeschlagen werden. Zusätzlich können Sie diese Textauswahl auch über die *Quick Help*-Funktion oder schlicht und einfach über das Suchtextfeld nachschlagen.

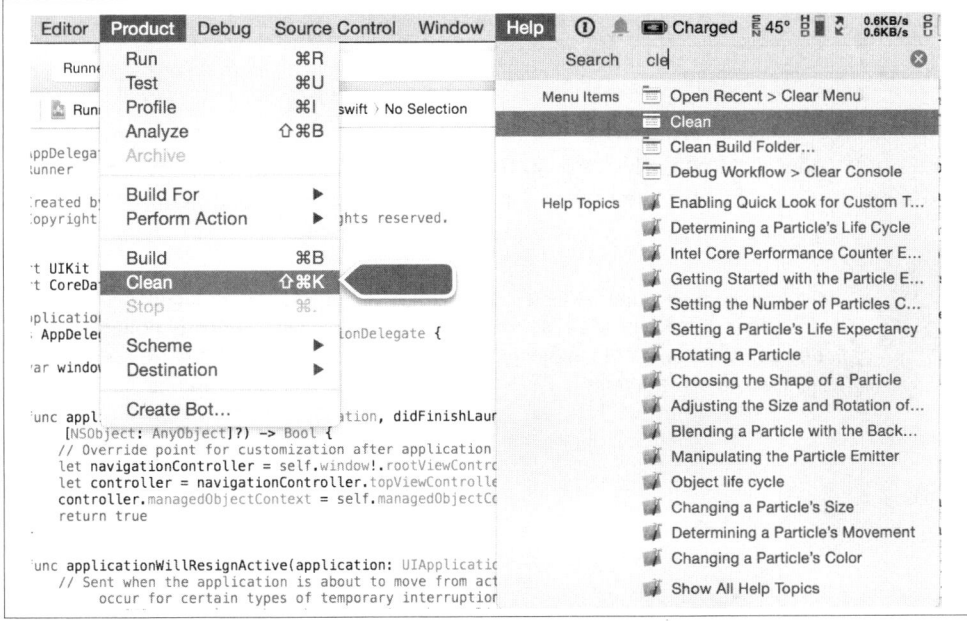

Abbildung 2-19: Hilfe mit Suche

Sobald Sie anfangen, Text einzugeben, werden Sie erkennen, dass Xcode mit der Präzision und Schnelligkeit, die Sie von Apples OS gewohnt sind, Ergebnisse und Vorschläge liefert. In Abbildung 2-19 sehen Sie, dass bereits nach wenigen eingegebenen Buchstaben Menüpunkte und diverse Hilfethemen vorgeschlagen werden. Falls Sie z.B. nach einer Xcode-Funktion wie *clean* suchen, wird sowohl das korrekte Suchergebnis wie auch seine Position angezeigt.

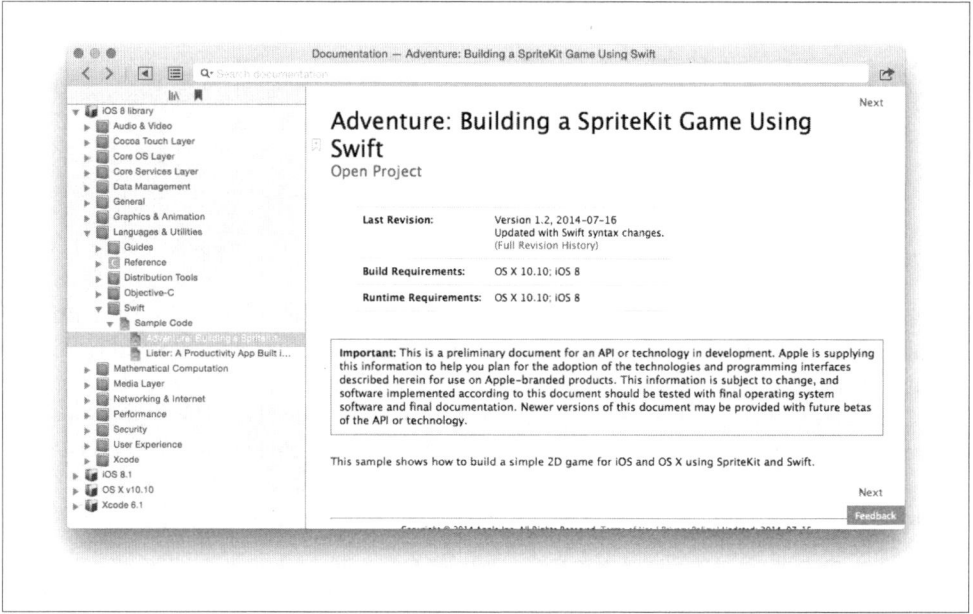

Abbildung 2-20: Dokumentation

In Abbildung 2-20 ist die Dokumentation zu sehen, in der Sie stets Zugriff auf alle Swift-, Xcode-, iOS- oder sonstwie relevanten Daten haben. Selbstverständlich müssen Sie die Dokumentationen zunächst herunterladen, um sie nutzen zu können, wie wir im Abschnitt *Die wichtigsten Einstellungen* bereits erwähnt haben.

 Sie können auch direkt Klassen, Protokolle, Funktionen und Datentypen im Editor per Rechtsklick auswählen und verschiedene Hilfefunktionen nutzen. Alternativ können Sie auch über die Alt-Taste und einen Mausklick auf den Text direkt in die oben genannte Dokumentation springen.

KAPITEL 3

Die ersten Schritte

Was gibt es Schöneres, als einfach mal drauflos zu programmieren? Leider geht das nicht immer so, wie man das möchte, und es hakt bei den einfachsten Dingen. Sei es eine Schleife, die einfach dreimal „Hallo" ausgibt, oder im schlimmsten Fall eine Entwicklungsumgebung, die gar nicht erst startet.

Swift und Xcode sind kein Allheilmittel für diese Probleme. Apple hat aber durchaus ein sehr ausgeprägtes Verständnis dafür, was Entwickler brauchen, und versucht konsequent, ihnen die meisten Probleme und Hürden aus dem Weg zu räumen.

Dieses Kapitel wird Ihnen dabei helfen, Ihre ersten Schritte zu gehen, ohne dass Sie auf Hürden treffen, die Ihnen bereits nach zehn Minuten Ihre Motivation rauben.

Einen Playground erstellen

Damit Sie Ihre ersten Gehversuche mit Swift machen können, ohne gleich in die Tiefen von Xcode einsteigen zu müssen, bietet Apples Entwicklungsumgebung Ihnen die Möglichkeit, einen sogenannten Playground zu erstellen. Ein Playground ist als kleiner Sandkasten für uns Entwickler gedacht, in dem wir uns ein wenig austoben können, ohne mit dem ganzen Drumherum eines kompletten iOS-oder Mac-Projekts konfrontiert zu sein.

Ein Playground kann auf mehrere Weisen erstellt werden. Die einfachste bietet uns Xcode direkt nach dem Start im *Willkommen-Fenster* an. Sollten Sie dieses nicht nach dem Start sehen, können Sie das Fenster über den Menüpunkt WINDOW → WELCOME TO XCODE einblenden. In diesem Fenster befindet sich in der Mitte ein Button mit der Beschriftung GET STARTED WITH A PLAYGROUND (siehe Abbildung 3-1).

 Zusätzlich kann man einen Playground auch über die Tastenkombination Alt + ⇧ + ⌘ + N oder über den entsprechenden Menüpunkt FILE → NEW → PLAYGROUND... erstellen. Mehr zu Tastenkürzeln lesen Sie in Kapitel 2.

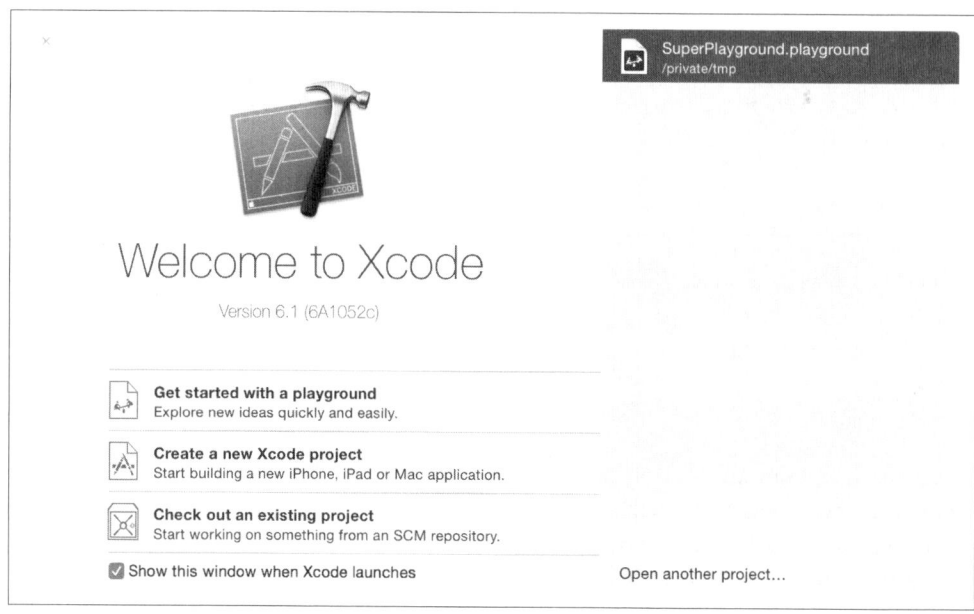

Abbildung 3-1: Das Willkommen-Fenster von Xcode

Beim Erstellen des Playgrounds werden Sie gefragt, wie dieser heißen soll und für welche Plattform Sie entwickeln möchten. Wir entscheiden uns für die iOS-Plattform und klicken auf den *Next*-Button. Xcode möchte im Anschluss, dass Sie den Playground speichern. Suchen Sie sich einen Speicherort aus, und klicken Sie auf den CREATE-Button.

 Wir persönlich speichern unsere Playgrounds meistens in */tmp* ab. Der Inhalt dieses Ordners wird bei jedem Neustart Ihres Systems gelöscht, und Sie müssen sich nicht darum kümmern, alte Test- und Wegwerfprogramme zu entsorgen. Um den Playground in */tmp* zu speichern, drücken Sie bei der Frage nach dem Speicherort die Tastenkombination ⌘+⇧+G. Es erscheint ein kleines Eingabefenster, in dem wir */tmp* eintippen und auf *Go* klicken.

Das Playground-Fenster

Wenn man sich das Fenster eines neu erstellten Playgrounds ansieht (siehe Abbildung 3-2), fragt man sich zu Recht: »Ist das alles?« Lassen Sie sich aber nicht davon täuschen, denn ein Playground ist weit mehr als nur ein leeres Fenster mit ein paar Zeilen Beispielcode.

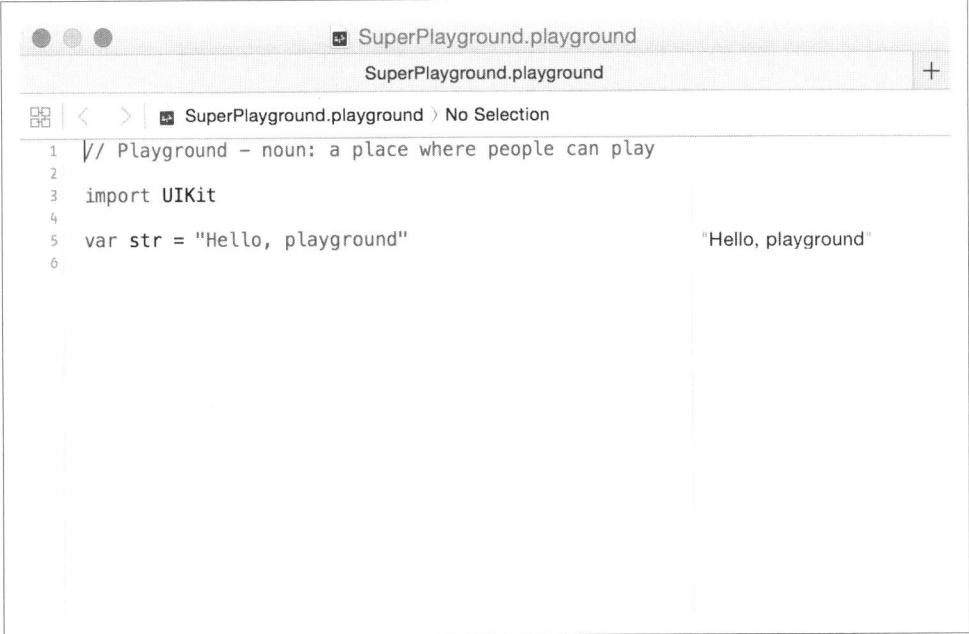

Abbildung 3-2: Frisch erstellter Playground

Das Fenster setzt sich aus mehreren Komponenten zusammen, die neben der Eingabe des Quellcodes auch eine direkte Ausgabemöglichkeit bieten. Diese Ausgabe ist interaktiv und wird ständig durch einen Hintergrundprozess aktualisiert, der den Playground mit einer Swift-REPL-Umgebung verbindet. REPL steht für *Read-Eval-Print Loop* und ist – einfach beschrieben – eine interaktive Programmierumgebung, die einzelne Befehle oder ganze Programme liest, evaluiert und das Ausgabeergebnis anzeigt. Der Prozess wiederholt sich ständig und beginnt nach der Ausführung von vorn. Man findet einige dieser interaktiven Umgebungen auch in anderen Programmiersprachen, wie Ruby oder PHP. Wenn Sie Swift später einmal im Terminal ausprobieren möchten, können Sie das über den Befehlszeilenaufruf `xcrunswift` tun. Das Programm kann dann genauso wie in unserem Playground geschrieben werden; bequemer ist dies aus unserer Sicht aber nicht.

In Abbildung 3-4 sehen Sie, dass ❶ der Quellcode-Editor ist, in dem wir Zeile für Zeile unser Testprogramm schreiben können. ❷ ist ein Ausgabebereich des Playgrounds, in dem wir einfache Informationen über den Zustand und Inhalt von Variablen, Objekten und anderen Elementen erhalten können.

```
● ● ●                1. xcrun  /Users/devnet (lldb)

Last login: Sun Nov 16 10:54:31 on ttys002
Welcome to fish, the friendly interactive shell
Type help for instructions on how to use fish
devnet@devnet-retina:~

➤ clear
devnet@devnet-retina:~

➤ xcrun swift
Welcome to Swift!  Type :help for assistance.
  1> let str = "Hello World"
str: String = "Hello World"
  2> println(str)
Hello World
  3> ▮
```

Abbildung 3-3: Swift im Terminal

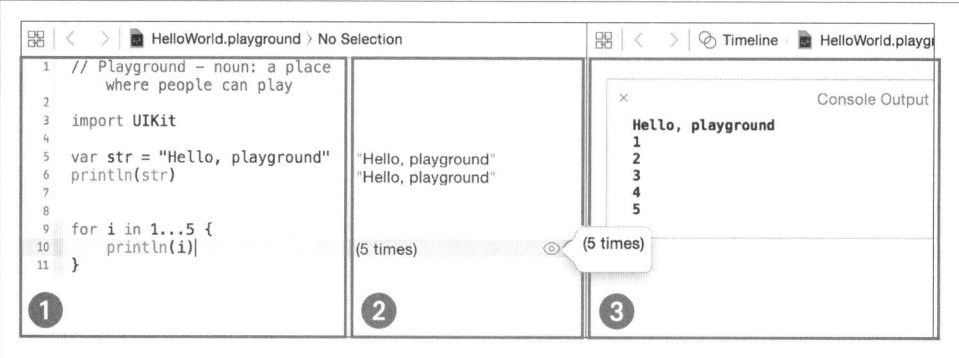

Abbildung 3-4: Interaktive Ausgabe eines Playgrounds

Wenn wir mit unserem Mauszeiger über die Ausgabe in ❷ fahren, erscheinen zwei Symbole, wie in Abbildung 3-4 zu sehen. Mit einem Klick auf das Auge können wir den Inhalt der jeweiligen Ausgabe in einem Popover betrachten. Diese Funktion ist gerade dann sehr nützlich, wenn man eine sehr lange Zeichenkette (String) hat, die in der kleinen Vorschau nach einer bestimmten Länge abgeschnitten werden könnte.

Neben dem Auge befindet sich ein Kreis, der ebenfalls klickbar ist. Sollten Sie auf diesen Button klicken, öffnet sich der sogenannte *Assistant Editor*. Der Assistant Editor ❸ spielt eine sehr zentrale Rolle für Playgrounds, da er nicht nur die allgemeine Konsolenausgabe von **println()** darstellt. Er kann unter anderem auch Diagramme von mathematischen Berechnungen, Abläufe von Schleifen oder die Ergebnisse von Grafikrendering-Frameworks wie dem *SpriteKit* darstellen.

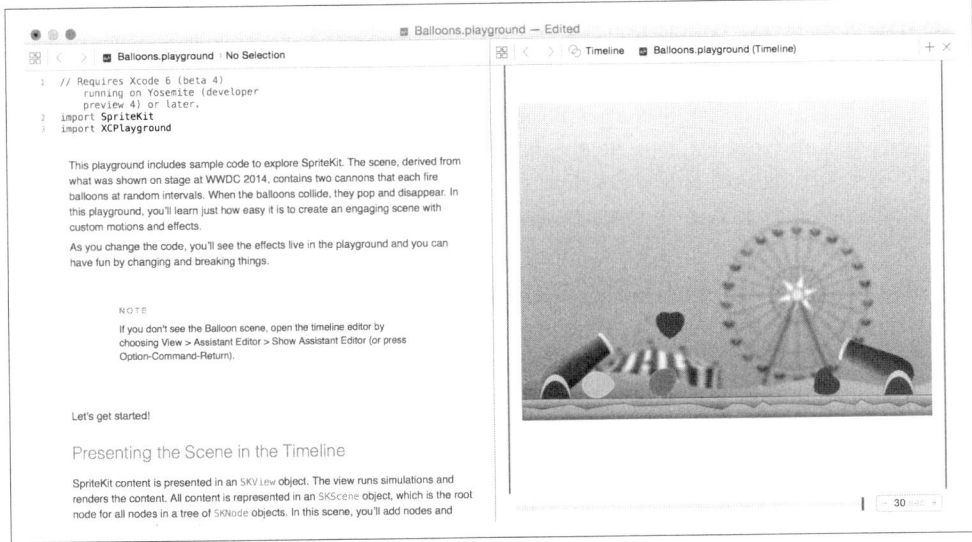

Abbildung 3-5: Balloons

Hello World!

Wie es sich für jeden Umsteiger und Einsteiger aus unserer Sicht gehört, kann man keine neue Programmiersprache lernen, ohne nicht mindestens einmal das »Hello World«-Programm geschrieben oder gesehen zu haben. In unserem neu erstellten Playground entfernen wir daher jeglichen Quellcode und schreiben den Quellcode aus Beispiel 3-1 ab.

Beispiel 3-1: Hello World!

```
println("Hello World!")
```

Durch den Aufruf von `println()` erzeugen wir eine Ausgabe des Strings `Hello World!` auf der Konsole. Das Ganze sehen wir auch rechts in der durch den REPL erzeugten Ausgabe. Falls Sie den Assistant Editor noch geöffnet haben sollten, bemerken Sie sicherlich auch die Box mit der Überschrift *Console Output*, die jegliche Ausgaben auf die Standardausgabe schreibt.

 Anders als bei Objective-C und vielen anderen Programmiersprachen muss man in Swift nicht zwingend nach jeder Anweisung ein Semikolon verwenden. Das Semikolon muss nur dann verwendet werden, wenn zwei oder mehrere Anweisungen in einer Zeile direkt aufeinander folgen. Allgemein wird in diesem Buch auf das Semikolon verzichtet.

```
// ×
println("Erzeugt sicher ") println("Fehler")
// ✓
println("Erzeugt keinen "); println("Fehler")
```

Variablen und Konstanten

Wie in der Mathematik gibt es auch beim Programmieren Variablen oder Konstanten, in denen wir Werte auslesen oder speichern können. Mit Swift ist es kinderleicht, diese zu erstellen, und im Gegensatz zu vielen anderen Programmiersprachen haben wir ein sehr großes Anwendungsspektrum, das dem einen oder anderen Entwickler sehr gut gefallen wird, jedoch andere in den Wahnsinn treiben könnte.

Variablen und Konstanten verfügen allesamt über einen Datentyp, der ausdrückt, welche Art von Daten man aus ihnen auslesen oder in sie schreiben kann. Dabei kann es sich beispielsweise um Wahrheitswerte, Zeichen, Zahlen oder komplexe Datenstrukturen handeln. Hierbei benötigen Variablen und Konstanten in Swift nicht zwingend einen Datentyp bei der Deklaration. Der Swift-Compiler kann anhand der Werte, die wir zuweisen, einen Rückschluss ziehen, um welchen Datentyp es sich handelt, und legt diesen Typ für die Variable fest. Dieses Prinzip nennt sich *Typinferenz* (engl. *type inference*) und erspart uns Programmierern jede Menge Arbeit. Im Umkehrschluss bedeutet dies auch, dass Swift glücklicherweise typsicher ist. Wenn Sie sich zu diesen Zeitpunkt noch nicht sicher sind, was Datentypen sind, können Sie sich entspannt zurücklehnen, bis Sie in Kapitel 6 ankommen. Dort werden Sie alles Notwendige über dieses Thema erfahren. Bis dahin wird es Ihnen möglich sein, anhand des Beispielkontextes zu erkennen, was mit dem Begriff »Datentyp« gemeint ist.

Variablen

Variablen sind wohl die gängigste Form, um Werte zu speichern. Eine Variable wird durch das Schlüsselwort **var** und einen Namen eingeleitet, über den wir später auf sie zugreifen können. Mit dem Zuweisungsoperator, der durch das Zeichen = repräsentiert wird, können wir der Variablen einen Wert zuweisen. In Beispiel 3-2 ist dies ein String. Da es sich um eine Variable handelt, können wir im späteren Programmverlauf den Inhalt der Variablen jederzeit anpassen.

 Möchten Sie den Inhalt einer Variablen ersetzen, muss dieser dem ursprünglich zur Deklaration oder durch die Initialisierung festgelegten Datentyp entsprechen. Der Compiler bricht ansonsten mit entsprechender Fehlermeldung ab.

Beispiel 3-2: Eine Variable deklarieren und initialisieren

```
var einString = "Swift-Blog.de ist super!"
einString = "Ein neuer String ersetzt den alten Inhalt"
```

Sie können wie in Beispiel 3-3 den Datentyp bereits bei der Deklaration mit angeben, um so andere Entwickler auf den benötigten Datentyp hinzuweisen. Dafür müssen Sie nachdem Variablennamen einen Doppelpunkt schreiben, gefolgt von dem gewünschten Datentyp.

Beispiel 3-3: Variablen deklarieren 2

```
// Variable mit einem Double-Wert
var zahl: Double = 3.456

// Compiler erkennt den Datentyp Double selbstständig
var zahl = 3.456

// Compiler bevorzugt Double, um Nachkommastellen zu behalten
var zahl = 1 + 3.14
```

Konstanten

Konstanten sind wie z. B. **e** oder **π** in der Mathematik: Werte, die einmal festgelegt wurden und nicht mehr änderbar sind. Mithilfe von Konstanten können Sie verhindern, dass ein Wert überschrieben wird. Dadurch bleibt er genau so, wie Sie ihn initialisiert haben.

Die Deklaration einer Konstante entspricht der einer Variablen, abgesehen von dem Schlüsselwort **let**, das das Schlüsselwort **var** ersetzt. Der Versuch, den Inhalt einer Konstante zu überschreiben, wird mit einem Compiler-Fehler quittiert.

Beispiel 3-4: Konstanten deklarieren

```
let pi = 3.14159265359

// Erzeugt einen Fehler beim Überschreiben des Inhalts
pi = 22 / 7
```

Benennung

In Swift kann man Variablen und Konstanten jeden beliebigen Namen geben. Dies umfasst auch alle Unicode-Zeichen. Dadurch ist es möglich, fast jedes Zeichen zu nutzen, um seine Variable zu benennen. Dies können z. B. das Formelzeichen π oder auch kyrillische oder chinesische Schriftzeichen sein. Selbstverständlich sind im deutschen Sprachraum auch Umlaute mit eingeschlossen. Als Besonderheit ist zu erwähnen, dass auch die Benennung mithilfe von sogenannten Emoticons möglich ist, was nach der Veröffentlichung von Swift zu einem wahren Hype um die lustigsten Deklarationen geführt hat.

Beispiel 3-5: Benennung mit Unicode-Zeichen

```
var π = 3.14159265359
var zwölf = 12
var число = 3
var ☺ = ":-)"
```

Kommentare

Das Kommentieren von Programmcode ist sehr wichtig, damit später Sie selbst und auch andere nachvollziehen können, was Sie an einer bestimmten Stelle bezweckt haben. Auch in Swift gibt es Kommentare, die der Syntax von Objective-C entsprechen.

Kommentare werden vom Compiler ignoriert und sind im Endprodukt, dem Programm, nicht mehr vorhanden.

Basics

Einzeilige Kommentare werden durch zwei Vorwärtsschrägstriche (*Forward Slash*, ⇧+⑦) am Anfang der entsprechenden Zeile markiert. Programmcode oder Anweisungen, die nach den Slashes stehen, werden nicht mehr beachtet.

Beispiel 3-6: Einzeilige Kommentare

```
// Das ist ein einzeiliger Kommentar
```

 Mit dem Tastenkürzel ⌘+⇧+⑦ können Sie mehrere Zeilen auf einmal ein- und auskommentieren. Markieren Sie dazu den gewünschten Block mit der Maus, und drücken Sie das Tastenkürzel.

Mehrzeilige Kommentare werden mit dem Vorwärtsschrägstrich(⇧+⑦) und einem Stern (⇧+⑴) markiert. So beginnt ein Kommentar mit /* und endet mit */.Das Fehlen der Endmarkierung wird mit einem Compiler-Fehler quittiert.

Beispiel 3-7: Mehrzeilige Kommentare

```
/* Das ist auch ein Kommentar,
den wir über zwei Zeilen schreiben */
```

Das Verschachteln von mehrzeiligen Kommentaren ist im Gegensatz zu vielen anderen Sprachen in Swift möglich. Sie müssen aber unbedingt darauf achten, dass der Kommentar eine Endmarkierung hat!

Beispiel 3-8: Verschachtelte Kommentare

```
/* Das hier ist wieder ein Kommentar,
/* in den wir eine weitere Kommentarzeile setzen */
Die wir hier schließen */
```

Ein möglicher Anwendungsfall für diese Art von Kommentaren wäre beispielsweise ein Programmcode, den man auskommentieren möchte und in dem ein Kommentar existiert, der bereits mit der Mehrzeilenkommentarsyntax geschrieben wurde.

```
/*
var zahl = 3.654

func rechne() -> Double {
  /* Rechne zwei mal 3.654 */
  return 2 + zahl
}
*/
```

Zahlen und Zeichenketten ausgeben

In unserem »Hello World«-Programm haben wir mithilfe von Swift neben unserem ersten Funktionsaufruf auch bereits unsere erste Zeichenkette ausgegeben. Bei Zahlen verhält sich das nicht anders, denn die Funktion **println()** ermöglicht es uns, jedes Element auf der Standardausgabe auszugeben. Bevor wir uns aber den Zahlen widmen, werfen wir noch einen Blick auf die Unterschiede zwischen den Funktionen **println()** und **print()**.

Sie können Ihren erstellten Playground für alle Beispiele nutzen, bis wir unsere ersten Projekte für iOS erstellen. Wir empfehlen, für jede Lektion einen neuen Playground zu erstellen, da Sie so auch besser Ihren eigenen Fortschritt verfolgen können.

Swift bietet uns neben **println()** auch die Funktion **print()**, die das auszugebende Element ohne Zeilenumbruch ausgibt. Geben Sie doch einmal den Programmcode aus dem folgenden Beispiel 3-10 ein, und schauen Sie sich die Ausgabe im *Assistant View* an. Der Zeilenumbruch wird entfallen, und die Texte werden als eine Zeichenfolge ausgegeben.

Beispiel 3-10: Ausgabe mit der print()-Funktion

```
print("Hallo Welt!")
print("Du bist toll!")
```

Wie andere Programmiersprachen auch nutzt Swift die Standardsteuerungszeichen für die horizontale Tabulatur oder den Line Feed. Hier ist eine kleine Auswahl der gebräuchlichsten Steuerungszeichen – für diejenigen Leser, die diese Zeichen noch nicht kennen:

\n – Line Feed, umgangssprachlich Newline
\t – Horizontaler Tabulator, kurz Tab
\r – Carriage Return, häufig kombiniert als \r\n

print("Hallo Welt!\nDu bist toll!\n")

Strings ausgeben

Der Aufbau von Strings ist mit Swift ein Kinderspiel. Mithilfe des Verkettungsoperators **+** können Strings miteinander verbunden werden. Das kann entweder ein von uns vorgegebener String oder auch eine Variable sein, die einen String enthält.

Das Ergebnis dieser wie eine mathematische wirkende Operation kann man in einer Variable speichern oder direkt an eine Funktion übergeben. Einige dieser Verwendungsmöglichkeiten können Sie mit Beispiel 3-11 einmal selbst ausprobieren.

Beispiel 3-11: Strings verbinden

```
var halloString = "Hallo"
var weltString = "Welt"
var leerzeichen = " "

println(halloString)
println(halloString + weltString)
println("Hallo " + weltString)
println(halloString + leerzeichen + weltString)

var neuerString = halloString + leerzeichen + weltString
println(neuerString)
```

Zahlen ausgeben

Um Zahlen auszugeben, übergeben wir wie bei den Strings den Variablennamen oder schreiben einfach den Zahlenwert hinein, der ausgegeben werden soll.

 Entgegen dem Verhalten des +-Operators bei den Strings führt der Operator bei Zahlen immer eine Rechenoperation aus.

Strings formatieren

Als *Formatierung* wird die Verkettung von Variablen unterschiedlicher Datentypen bezeichnet. So können beispielsweise Texte, Zahlen und andere Elemente zu einem String zusammengesetzt werden.

Da eine Verkettung mit dem *+-Operator* allerdings sehr schnell unübersichtlich wird, wurde in Swift ein neues Sprachkonzept eingeführt, das auch als *String-Interpolation* bezeichnet wird. So können sehr einfach Variableninhalte in einen String eingefügt werden, indem sie mit einem Backslash und Klammern versehen werden. Das Ergebnis kann wieder direkt an eine Funktion übergeben oder in einer Variablen gespeichert werden.

Darüber hinaus beschränkt sich diese Formatierungsmöglichkeit nicht nur auf das Formatieren mit dem gleichen Datentyp. Selbstverständlich können Sie auch Zahlen nutzen. Beispiel 3-12 zeigt einige mögliche Varianten.

Beispiel 3-12: Strings formatieren

```
var stringA = "Hallo"
var stringB = "Welt"
var antwort = 42

var formatiert = "\(stringA) \(stringB), die Antwort ist \(antwort)."

println("Die \(stringB) sagt \"\(stringA)\"")
```

Möchte man ein Anführungszeichen in seinem String haben, das diesen ja ebenfalls umschließt, muss man das innere Anführungszeichen zunächst escapen. Gleiches gilt auch, wenn man einen Backslash benötigt, auf den eine öffnende Klammer folgt, denn diese Zeichenkombination ist eigentlich für die Ausgabe von Variablenreserviert.

```
println("Anführungszeichen \" escaped")
println("Die \\( Klammer escaped")
```

Zu dem Zeitpunkt, als dieses Buch erschien, war es noch nicht möglich, Zahlen mit Nachkommastellen mit Swift zu formatieren, wie z.B. mit der **printf()**-Funktion in C.

Diese erlaubt es, die Nachkommastellendarstellung zu beeinflussen. Eine Alternative bietet das Erstellen eines String-Objekts aus dem Foundation Kit, das normalerweise innerhalb der Objective-C-Runtime genutzt wird. Hierfür muss zusätzlich das Foundation Kit mit dem Schlüsselwort **import** importiert werden. Das Keyword **import** sorgt dafür, dass eine Bibliothek in Swift eingebunden wird.

```
import Foundation
var pi = 3.14159265359
println(String(format: "Pi: %.2f", pi))
```

KAPITEL 4

Kontrollstrukturen und Schleifen

Mithilfe von Kontrollstrukturen und Schleifen haben wir die Möglichkeit, Objekte und Werte miteinander zu vergleichen. Das Ergebnis dieses Vergleichs können wir nutzen, um den Programmablauf zu steuern. Dies kann eine Prüfung sein, ob ein Vorname einem bestimmten Wert entspricht oder ob A größer B ist.

Wir werden ständig mithilfe von Kontrollstrukturen unseren Programmablauf beeinflussen und steuern. Nehmen wir z.B. das Anmeldeformular einer Benutzerregistrierung. Sind tatsächlich alle Felder gefüllt? Entspricht das Passwort bestimmten Regeln, die wir festgelegt haben? Wenn all diese Faktoren zutreffen, dann wäre die Registrierung möglich und wir würden den Benutzer in unserer Datenbank anlegen. Was passiert aber, wenn das Schreiben fehlschlägt? Der Computer kann uns diese Entscheidungen noch nicht abnehmen, dafür kann er aber immer genau mitteilen, ob etwas einem bestimmten Zustand entspricht oder nicht.

In den folgenden Beispielen sehen wir uns verschiedene Möglichkeiten an, um diverse Vergleiche oder Zustände mithilfe von Kontrollstrukturen zu überprüfen.

Wahrheitswerte, Bool

Bei Vergleichen erwarten wir einen Wahrheitswert. Dieser Wahrheitswert kann *wahr* oder *falsch* sein und wird in Swift und den meisten anderen Programmiersprachen durch *true* oder *false* ausgedrückt. Es handelt sich hierbei um boolesche Ausdrücke. Diese Vergleiche (die auch als *Bedingungen* bezeichnet werden) können wie in der Mathematik durch Rechenoperationen aufgebaut werden.

if-else

Die wohl am häufigsten eingesetzte Kontrollstruktur in der Softwareentwicklung ist die if-else-Kontrollstruktur. Diese ermöglicht es uns, mit einer sehr knappen Schreibweise sehr schnell einen Vergleich durchzuführen, um je nach Zustand einen entsprechenden Codeblock auszuführen.

In diesem Teil werden wir uns erst einmal den Größer-, Kleiner- und Gleich-Operator ansehen und diese Operatoren verwenden. Hierfür benutzen wir die mathematischen Zeichen ‹, › sowie == und !=. Zusätzlich gibt es noch Verknüpfungsoperatoren.

Zur Verknüpfung mehrerer Vergleiche können Operatoren wie **&&** und **||** verwendet werden. Dazu später aber mehr.

if

Die if-Kontrollstruktur beginnt mit dem Keyword **if**, gefolgt von einer Bedingung. Dies kann z. B. 1 > 2 oder 2 == 2 sein. Danach öffnen wir eine geschweifte Klammer {, die mit einer weiteren geschweiften Klammer } geschlossen werden muss. Eine geschweifte Klammer können Sie unter OS X mit den Tastenkombinationen ⌥Alt+⒏8 oder ⌥Alt+⒐9 erstellen.

Beispiel 4-1: Syntax einer if-Kontrollstruktur

```
if bedingung {
    // Wird nur ausgeführt, wenn die Bedingung erfüllt ist
}
```

Innerhalb der geschweiften Klammern befindet sich ein sogenannter *Codeblock,* der nur ausgeführt wird, falls die Bedingung erfüllt wurde. Alle Variablen oder Funktionen, die Sie innerhalb dieser geschweiften Klammern erstellen, sind nach Beendigung der Kontrollstruktur nicht mehr verfügbar. Alles außerhalb der Klammern steht Ihnen aber weiterhin zur Verfügung. Dieses Sprachkonzept, das definiert, welche Elemente in welchem Kontext verfügbar sind, wird auch als sogenannter *Scope* bezeichnet.

Beispiel 4-2: Ein erster Vergleich

```
let a = 42
let b = 40

if a > b {
    println("a ist größer b")
}
```

Wir definieren zwei Konstanten mit dem Namen **a** und **b**. **a** hat den Wert 42 und b den Wert 40. In unserem ersten Vergleich möchten wir prüfen, ob a größer b ist. Wenn dies wahr ist, also die Bedingung a > b *true* ergibt, möchten wir einen String mithilfe von println() auf der Konsole ausgeben. Da der Vergleich in unserem Beispiel *true* ist, sehen wir auch die Ausgabe in der Konsole.

Schauen wir uns das Gegenteil anhand von Beispiel 4-3 an. Was passiert, wenn wir den Vergleich umdrehen? Wir fragen ab, ob a kleiner b beziehungsweise a < b ist. println() beziehungsweise der Codeblock für den Wahrheitsfall wird nicht aufgerufen, und wir sehen den String nicht in unserer Konsolenausgabe. Der Vergleich ist unwahr beziehungsweise *false.*

Beispiel 4-3: Der erste Vergleich mit einem Kleiner-Vergleich

```
let a = 42
let b = 40

if a < b {
    println("a ist kleiner b")
}
```

else

Zu Beginn des Kapitels sprachen wir über eine Benutzerregistrierung, bei der Eingaben mithilfe von Bedingungen überprüft werden können. Ist ein Benutzername bei der Anmeldung bereits vorhanden oder nicht? Als Antwort darauf sind zwei Zustände möglich, auf die wir reagieren müssen, weil entweder der Benutzername bereits verwendet wird oder noch verfügbar ist.

Mit dem Schlüsselwort **else** können wir einen Codeblock ausführen, wenn eine zuvor getestete if-Bedingung fehlgeschlagen ist. Der Einfachheit halber vergleichen wir wieder Zahlen mit einem Größer-als-Vergleichsoperator.

Beispiel 4-4: if-Kontrollstruktur mit else-Teil

```
let a = 0
let b = 1

if a > b {
    println("a ist größer b")
} else {
    println("a ist kleiner oder gleich b")
}
```

Wenn eine Bedingung nicht zutrifft, a also kleiner oder gleich b ist, wird bei dieser Kontrollstruktur jetzt wie erwartet der else-Teil ausgeführt. Dadurch, dass wir den else-Block hinzugefügt haben, können wir wie erwünscht auf beide Wahrheitsfälle reagieren.

else if

Mit **else if** haben wir die Möglichkeit, mehrere Bedingungen und dazugehörige Codeblöcke zu definieren. Leider verliert man häufig sehr schnell die Übersicht, wenn man mehrere else if in seiner Kontrollstruktur untergebracht hat. Die Verwendung dieses Sprachkonstrukts ist daher nicht immer sinnvoll und sollte auch nur erwogen werden, wenn es unausweichlich ist. Sollte die Anzahl der Vergleiche zu groß werden, ist ein switch-case-Konstrukt für das Problem eventuell besser geeignet.

else if behandeln wir genauso wie die Syntax mit if. Wir schreiben das Schlüsselwort else if, gefolgt von der Bedingung, auf die reagiert werden soll. Werfen Sie einen Blick auf Beispiel 4-5, und nehmen Sie sich auch die Zeit, ein wenig damit herumzuspielen.

Beispiel 4-5: Kontrollstruktur mit else if

```
let a = 42
let b = 40
let c = 5

if a < b {
    println("a ist kleiner als b")
} else if c == 5 {
    println("c entspricht genau 5")
} else {
    println("a ist größer oder gleich b")
}
```

Die else-if-Bedingungen werden nur dann überprüft, wenn Bedingungen, die vorher deklariert waren, nicht zutrafen! Sollte in Beispiel 4-5 a kleiner b sein, würde der Vergleich c == 5 nicht mehr geprüft werden.

Strings vergleichen

Strings zu vergleichen ist in Swift genauso leicht, wie zwei Zahlen auf ihre Gleichheit zu prüfen. In Beispiel 4-6 vergleichen wir die Inhalte von stringA und stringB. Ein von uns definierter Text wird danach durch die println()-Funktion wieder ausgegeben. Mit Verzweigungen kann man also nicht nur Zahlen, sondern auch Strings vergleichen.

Beispiel 4-6: Kontrollstruktur mit Stringvergleich

```
let stringA = "rot"
let stringB = "blau"

if stringA == stringB {
    println("Die Inhalte beider Strings sind gleich")
} else {
    println("Die Inhalte beider Strings sind ungleich")
}
```

Mit dem Vergleichsoperator == werden (sofern nicht anders definiert) die Inhalte des linken und des rechten Operanden verglichen. Mit den Identitätsoperatoren === und !== können Sie zusätzlich bei Objekten überprüfen, ob es sich um dieselbe Instanz handelt.

Ungleich-Operatoren

Ein sehr wichtiger Operator im Zusammenhang mit Verzweigungen ist der Ungleich-Operator !=. Bei dem !-Operator handelt es sich um den sogenannten Negationsoperator, mit dem man eine Bedingung oder einen Vergleich umkehren kann. Bezogen auf das folgende Beispiel 4-7 würde das bedeuten, dass der Programmcode ausgeführt wird, weil stringA ungleich stringB ist.

 Das Benutzen dieses Operators macht vor allem dann Sinn, wenn man nur daran interessiert ist, ob etwas *nicht* einem bestimmten Zustand entspricht. Vor allem Anfänger neigen dazu, eine Kontrollstruktur wie die folgende zu zaubern, die erfahrene Entwickler in den Wahnsinn treibt:

```
if stringA == stringB
{} else {
    println("stringA ist ungleich stringB")
}
```

Beispiel 4-7: Kontrollstruktur mit Ungleich-Operator

```
let stringA = "rot"
let stringB = "blau"

if stringA != stringB {
    println("stringA ist ungleich stringB")
}
```

switch

Die *switch*-Anweisung stellt in Swift eine Kontrollstruktur zur Verfügung, mit der man gezielt einen gegebenen Wert mit einer Menge von möglichen Werten und Mustern vergleichen kann. Ein weiterer Vorteil von Switch gegenüber der *if-else*-Anweisung ist die erhöhte Lesbarkeit des Programmcodes, der ansonsten sehr unleserlich werden kann, wenn Sie sehr viele Möglichkeiten vergleichen müssen.

Ein Switch erwartet einen Wert, der gegen eine Menge von Fällen, auch *cases* genannt, geprüft werden soll. Jeder Case kann einen eigenen Block mit Programmcode zur Verfügung stellen, der bei einem erfolgreichen Vergleich ausgeführt wird. Nach der Ausführung des Blocks wird der Switch verlassen, und der Vergleich ist beendet. In Swift kann man das vorzeitige Verlassen des Switches auch verhindern – dazu folgt später mehr.

Beispiel 4-8: Einfacher Vergleich mit einem Switch

```
var a = 128

switch a {
case 128:
    println("Juhu 128!")
case 256, 512:
    println("256 oder 512")
case 1024:
    println("Riesig!")
default:
    println("Was soll ich tun?")
    println("Bitte hilf mir doch!")
}
```

Eine switch-case-Konstruktion wird mit dem Schlüsselwort **switch** eingeleitet, auf das der Parameter folgt, der mit unseren Cases verglichen werden soll. Die Cases befinden sich innerhalb von geschweiften Klammern. Wie in Beispiel 4-8 zu sehen ist, schreibt man für jeden Case das Schlüsselwort **case**, gefolgt von einem oder mehreren durch Kommas getrennten Werten, die für diesen Fall zutreffen können. Der Case muss nach der Auflistung des Wertes oder der Werte mit einem Doppelpunkt vom folgenden Programmcode getrennt werden. Der Programmcode beginnt auf einer neuen Zeile, kann sich auch über mehre Zeilen erstrecken und muss sich nicht (wie bei der *if*-Kontrollstruktur) in geschweiften Klammern befinden. In dem genannten Beispiel trifft der erste Case zu, da er prüft, ob der Eingangswert **a** der Zahl 128 entspricht. Es wird also der Codeblock mit dem Funktionsaufruf *println()* ausgeführt.

Zusätzlich zu den Cases kann man in einem Switch einen *Default Case* definieren, der alle Fälle abfängt, die nicht auf einen von uns definierten Case zutreffen. Der Default Case steht dabei immer als letztmöglicher Fall in einem Switch.

Ein Switch erwartet immer, dass jeder mögliche Fall abgedeckt ist. Sollten Sie dies nicht gewährleisten können, müssen Sie zwingend einen Default Case in Ihrem Switch definieren. Der Compiler zeigt eine entsprechende Fehlermeldung an, die Sie darauf hinweist, die fehlenden Fälle abzudecken oder einen Default Case zu definieren.

Der Default Case muss mindestens eine Anweisung haben. Sie können hierfür einfach das Schlüsselwort break schreiben, das den Switch einfach unterbricht und beendet.

Ein vorzeitiges Verlassen des Switches ist mit dem Schlüsselwort break möglich. Der Switch wird sofort unterbrochen, sobald ein break erreicht wird.

```
var a = 2
switch a {
case 1, 2, 3, 4:
    if a == 2 {
        println("2 ist super!")
        break
    }
    println("\(a) ist eine tolle Zahl")
default:
    println("\(a) war nicht erwünscht")
}
```

falltrough

Anders als in den meisten Programmiersprachen wird in Swift nach dem Ausführen des Programmcodes in einem Case der Switch sofort beendet. In vielen Programmiersprachen (wie C oder PHP) ist dies nicht der Fall, und man muss in ihnen explizit mit dem

Schlüsselwort **break** den Switch beenden. Somit kann es passieren, dass nachfolgende Cases oder auch der Default Case ebenfalls ausgeführt werden. Dieser Effekt wird auch als *Fallthrough* bezeichnet. Bei der Entwicklung von Swift hat man sich gegen diese Praktik entschieden, da es eine häufige Fehlerquelle ist, den Switch nicht zu beenden. Möchte man aber eben dieses Verhalten erreichen, stellt Swift das Schlüsselwort **fallthrough** zur Verfügung. In Beispiel 4-9 wird nach dem ersten Match bei einem Case der Switch nicht beendet, und der Default Case wird ebenfalls ausgeführt.

Beispiel 4-9: Fallthrough-Anweisung in einem Switch

```
var vorname = "Stefan"

switch vorname {
case "Stefan", "Ralf":
    print("\(vorname) der Autor")
    fallthrough
default:
    println(" eines tollen Buches!")
}
```

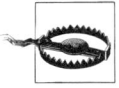 Sobald ein Case ein `fallthrough` enthält, wird bei dessen Erreichen sofort der Programmcode des nachfolgenden Case oder des Default Case ausgeführt. Dies trifft auch dann zu, wenn die Bedingung des nachfolgenden Case nicht zutreffend ist!

Ranges

Falls innerhalb eines Case eine Variable mit einem Zahlenbereich verglichen werden soll, bietet Swift den Range-Operator an. Somit lässt sich eine unleserliche *if-else-if-else*-Kontrollstruktur vermeiden. Beispiel 4-10 veranschaulicht einen möglichen Switch mit Ranges, bei dem verschiedene Zahlenbereiche unterschiedliche Strings auf der Konsole ausgeben.

Beispiel 4-10: Switch mit Range-Operator

```
var a = 999_999

switch a {
case 0..<100:
    println("\(a) ist eine kleine Zahl")
case 100..<100_000:
    println("\(a) ist eine größere Zahl")
case 100_000...100_000_000:
    println("\(a) ist eine riesige Zahl!")
default:
    break
}
```

 Der Unterstrich _ dient in Swift als *Discard Sign*. Wir können ihn zum Beispiel bei größeren Zahlen nutzen, um diese leserlicher darzustellen. Das Discard Sign bietet aber noch einige weitere Möglichkeiten an, die bei den jeweiligen Themen erläutert werden.

```
let pi = 3.141_592_653_59
let primeNumber = 80_500_600_009
```

Tuples

Mithilfe von Tuples kann man einen Case gleich auf mehrere Werte matchen lassen. Sollten Sie Tuples noch nicht kennen, ist dies nicht weiter schlimm; sie werden in Kapitel 8 detailliert erklärt. Das Beispiel 4-11 veranschaulicht eine Prüfung, ob eine Koordinate innerhalb oder außerhalb einer 256 x 256 Pixeln großen Fläche liegt. Sollte sich die Koordinate auf dem Achsenkreuz, also bei 0,0 befinden, wird eine eigene Meldung ausgegeben. Zusätzlich ist es bei einem Tuple Case möglich, mit dem Discard Sign einen oder mehrere der Werte zu ignorieren. In dem genannten Beispiel befindet sich zur Veranschaulichung ein zweiter Switch, der prüft, ob sich einer der beiden Werte am Rand einer Achse befindet.

Beispiel 4-11: Cases mit Tuple

```
var koordinate = (128, 64)

switch koordinate {
case (0, 0):
    println("\(koordinate) ist bei 0")
case (-256...256, -256...256):
    println("\(koordinate) innerhalb der Parameter")
default:
    println("Nicht innerhalb der Parameter")
}

var randKoordinate = (256, 128)

switch randKoordinate {
case (_, 256):
    println("Am Rand von Y")
case (256, _):
    println("Am Rand von X")
default:
    println("Keiner der Werte befindet sich am Rand")
}
```

Man kann sogar noch einen Schritt weiter gehen und den zweiten Switch aus unserem Beispiel mit *Value Bindings* ausstatten. Ein Value Binding, wie in Beispiel 4-12 zu sehen, kann dann anstelle des Discard-Zeichens geschrieben werden und hat dabei aber dasselbe Matching-Verhalten. Dies hat den Vorteil, dass der Wert, der zwar für das Matching nicht relevant ist, uns dennoch in einer Variablen oder einer Konstante zur Verfügung gestellt wird, wenn in der Konstante einer dieser Cases zutrifft. Natürlich können wir in unserem Switch jederzeit auf alle Komponenten des Tuples zugreifen; dieser kleine Shortcut kann aber deutlich zur Lesbarkeit beitragen. Beachten Sie bitte auch den letzten Case, der jeden Wert abfängt, der nicht auf die ersten beiden Cases zutrifft. Mit diesem kann der Switch nämlich alle möglichen Fälle abdecken, und wir benötigen keinen Default Case mehr.

Beispiel 4-12: Switch mit Value Binding

```
var koordinate = (255, 128)

switch koordinate {
case (256, let y):
    println("Am Rand von X. Y = \(y)")
case (let x, 256):
    println("Am Rand von Y. X = \(x)")
case (let x, let y):
    println("X=\(x) Y=\(y) nicht am Rand von X oder Y")
}
```

Als kleines Zuckerstück kann man zusätzlich zu dem *Value Binding* eine *Where Clause* nutzen, um Werte gezielt zu matchen und diese zu binden. Hierbei definiert man einen booleschen Term, der sogar mit logischen Verknüpfungen versehen werden kann. Beispiel 4-13 enthält zur Veranschaulichung drei verschiedene Fälle, die die *Where Clause* für das Matching nutzen. Der erste Fall trifft zu, wenn unserer Koordinate X den Wert 256 und Y den Wert 128 hat. Der zweite Fall trifft zu, wenn X 128 entspricht. Unser dritter Fall tritt ein, wenn X oder Y den Wert 0 auf seiner eigenen Achse hat. Der letzte Case fängt wieder alle anderen Varianten ab, die nicht von den drei genannten Fällen abgedeckt worden sind.

Beispiel 4-13: Switch mit Where Clause

```
var koordinate = (128, 128)

switch koordinate {
case let (x, y) where (x == 256 && y == 128):
    println("X: \(x) == 256 und Y:\(y) == 128")
case let (x, y) where (x == 128):
    println("X: \(x) befindet sich bei 128.")
case let (x, y) where (x == 0 || y == 0):
    println("Y oder X liegt auf einer Achse")
case (let x, let y):
    println("X=\(x) Y=\(y) nicht am Rand von X oder Y")
}
```

Schleifen

Schleifen bieten uns die Möglichkeit, Anweisungen und Codeblöcke zu wiederholen und dies wenn nötig an Bedingungen zu knüpfen, als hätte man eine sich ständig wiederholende if-Kontrollstruktur, die so lange ausgeführt wird, bis der Vergleich unwahr ist.

for-Schleife

Die *for*-Schleife ist das wohl bekannteste Schleifenkonstrukt aus vielen Programmiersprachen und diejenige Schleife, die am häufigsten Verwendung findet. Swift bietet zwei Formen der for-Schleife: eine konditionelle *for-condition-increment*-Schleife oder die *for-in*-Schleife, um über Objekte mithilfe von Iteratoren zu iterieren.

Beispiel 4-14: Syntax einer for-condition-increment-Schleife

```
for initialization; condition; increment {
    statements
}
```

for-condition-increment-Schleife

Die *for-condition-increment*-Schleife bietet uns die Möglichkeit, eine oder auch mehrere Variablen zu definieren, die einen Index beinhalten. Diesen Index benutzt man normalerweise, um eine Abbruchbedingung zu erzeugen. Diese könnte z.B. »Starte mit dem Index 0, und wiederhole solange, bis du den Wert 3 erreichst« lauten. Der Index selbst muss nach jedem Schleifendurchlauf inkrementiert (erhöht) oder dekrementiert (verringert) werden. Das Verhalten können wir je nachdem, was wir bei dem *increment*-Parameter angeben, festlegen. Nach der Definition unseres Schleifenkopfes folgt der Schleifenrumpf innerhalb geschweifter Klammern. Im Schleifenrumpf steht der Programmcode, der ausgeführt und wiederholt werden soll.

 Die *Abbruchbedingung* wird auch manchmal als *Kondition* (engl. *condition*) bezeichnet.

Beispiel 4-15: for-Schleife, die den aktuellen Indexwert ausgibt

```
for var index = 0; index < 3; ++index {
    println("index ist bei: \(index)")
}
```

Übung macht den Meister, und mit Beispiel 4-15 zaubern wir unsere erste for-Schleife in den Playground. Wir schreiben das Schlüsselwort for direkt, gefolgt von einer Variablendeklaration für unseren Index mit dem Variablennamen index, und initialisieren diesen direkt mit dem Startwert 0.

Wir trennen die Initialisierung dann mit einem Semikolon ; von der darauf folgenden Konditionsbeschreibung und schreiben unsere Bedingung, die dafür sorgt, dass die Schleife so lange läuft, bis der Vergleich wahr ist. Bei unserem Beispiel soll die Schleife laufen, solange index kleiner als 3 ist. Erneut müssen wir ein Semikolon setzen und fügen nach diesem unser Inkrement ein. Das bezieht sich im Normalfall auf die index-Variable. Sie soll in unserem Beispiel nach jedem Schleifendurchlauf um eins erhöht werden. Dies erreichen wir durch den ++-Operator, der den aktuellen Wert der Variable um eins erhöht. Man könnte statt ++index auch index = index + 1 schreiben.

Als Letztes schreiben wir noch unseren Codeblock, der solange wiederholt wird, bis die Schleifenbedingung erfüllt ist. Die Ausgabe des Beispiels gibt jeweils den Text »index ist bei: « und den aktuellen Wert der `index`-Variable aus. Schauen Sie sich die Konsolenausgabe doch einmal im Assistant View an.

 In der Praxis wird häufig für Schleifen der Buchstabe i für den Index benutzt. Benötigt man weitere Variablen oder hat man verschachtelte Schleifen, kommen häufig die nachfolgenden Buchstaben j, k, l usw. zum Einsatz.

break

Wie bei Switch-Case-Konstruktoren ist es auch bei Schleifen möglich, sie vorzeitig zu beenden. Dies erreichen wir wieder mit dem Schlüsselwort **break**. Wir erweitern dafür unser Beispiel 4-14. Wir überprüfen vor der Ausgabe mit **println()**, ob die Variable `index` gleich 2 ist. Sollte dies der Fall sein, beenden wir die Schleife mit dem Schlüsselwort **break**. Die Schleife wird unterbrochen, und der Programmcode nach der Schleife wird ausgeführt.

Beispiel 4-16: for-Schleife mit break-Anweisung

```
for var index = 0; index < 3; ++index {
    if index == 2 {
        break
    }
    println("index ist bei: \(index)")
}
println("Programmcode nach der Schleife")
```

continue

Mit dem Schlüsselwort **continue** können wir die Schleife anweisen, den nachfolgenden Programmcode nicht weiter auszuführen und den Codeblock erneut zu beginnen. Dabei wird das Inkrement entsprechend unserer Regel erhöht und auch unsere Abbruchbedingung überprüft. Wir haben praktisch einen Schleifendurchlauf übersprungen. Wir erweitern zur Übung das Beispiel 4-16 mit einer if-Kontrollstruktur und überprüfen, ob die `index`-Variable den Wert 1 hat. Sollte dies der Fall sein, überspringen wir den aktuellen Durchlauf. Die Funktion `println()` wird nicht ausgeführt, und die Schleife startet ihren nächsten Durchlauf.

Beispiel 4-17: for-Schleife mit continue

```
for var index = 0; index < 3; ++index {
    if index == 1 {
        continue
    }
```

```
    if index == 2 {
        break
    }

    println("index ist bei: \(index)")
}
```

Die Ausgabe in Beispiel 4-17 sollte sich auf den Index 0 beschränken.

 Die Schlüsselwörter break und continue funktionieren in allen Schleifen, die Sie in Swift kennenlernen werden.

for-in-Schleife

Objekte, die eine Liste von anderen Elementen beinhalten, bieten in Swift in der Regel ein Interface (das Protokoll SequenceType), über das die *for-in*-Schleife iteriert. Die for-in-Schleife lässt sich wunderbar benutzen, um die Inhalte einer solchen Sammlung in einer »Sequenz« schrittweise durchzugehen, um nacheinander jedes einzelne Element zu behandeln. Diese spezielle Schleifenform, alternativ auch *for-each*-Schleife genannt, findet man in vielen Programmiersprachen (wie Java, PHP oder auch C++11) wieder. Damit man eine for-in-Schleife nutzen kann, muss das zu iterierende Objekt diese auch unterstützen. In Swift sind iterierbare Objekte *Collections*, *Ranges*, *Sequences* sowie *Progressions*.

Um eine for-in-Schleife zu benutzen, schreiben wir das Schlüsselwort for und danach einen temporären Variablennamen, der nur innerhalb der Schleife verfügbar ist. Nach dem Variablennamen kommt das Schlüsselwort in, gefolgt von dem Objekt, das iteriert werden soll. In Beispiel 4-18 nutzen wir den *Half-Open-Range-Operator*, der uns ein Objekt vom Typ *Range<Int>* zurückgibt. Dieses Range-Objekt beinhaltet einen Zahlenbereich von 0 bis 5, über den wir mit for-in iterieren und uns jeweils jeden einzelnen Zahlenwert mit println() auf der Konsole ausgeben lassen.

Beispiel 4-18: Beispiel für eine for-in-Schleife mit Half-Range-Operator

```
for nummer in 0..<5 {
    println(nummer)
}
```

 Swift besitzt neben dem Half-Range- auch einen Close-Range-Operator. Im Gegensatz zu dem Half-Range-Operator bekommt man mit ihm eine Range inklusive des Endwertes zurück.

```
let halfRange = 0..<5 // Liefert 0,1,2,3,4
let closeRange = 0...5 // Liefert 0,1,2,3,4,5
```

while-Schleife

Im Gegensatz zu der *for-conditional-increment*-Schleife hat die *while*-Schleife als Parameter nur eine Abbruchbedingung. Man schreibt das Keyword while, gefolgt von einer Bedingung, die bestimmt, ob der Codeblock ausgeführt wird. In Beispiel 4-19 haben wir eine Variable mit dem Namen whileIndex, die mit dem Wert 0 initialisiert wurde. Die *while*-Schleife wird jetzt so lange wiederholt, wie der whileIndex kleiner als 3 ist.

Beispiel 4-19: while-Schleife

```
var whileIndex = 0
while whileIndex < 3 {
    println("Index ist bei \(whileIndex)")
    whileIndex++
}
```

do-while-Schleife

Die *do-while*-Schleife ähnelt vom Aufbau her der *while*-Schleife. Der Vorteil dieser Schleife ist, dass der Programmcode der Schleife mindestens einmal ausgeführt wird, da die Abbruchbedingung erst nach dem ersten Durchlauf zum ersten Mal überprüft wird. Diese Schleife kann sehr praktisch sein, wird aber in den meisten App-Projekten nur sehr selten benutzt.

Beispiel 4-20: do-while-Schleife, die nur einmal ausgeführt wird

```
var doWhileIndex = 0
do {
    println("Index ist bei: \(doWhileIndex) ")
    doWhileIndex++
} while doWhileIndex > 3
```

Sprunganweisungen

Obwohl Sprunganweisungen von vielen Entwicklern nicht gerne gesehen werden – führten sie doch zu kritischen und weitreichenden Bugs wie Heartbleed in der OpenSSL-Bibliothek im Jahre 2014 – haben sie dennoch ihren Weg in Swift gefunden, doch anders als in Sprachen wie C kann man in Swift nicht überall hinspringen: Swift erlaubt Sprünge nur im Kontext von Schleifen. In Swift heißen diese Sprunganweisungen *Labeled Statements*. Aber für was und wann kann man diese Sprunganweisungen einsetzen? Das folgende Beispiel benutzt Arrays, die hier zwar noch nicht behandelt wurden, aber in Kapitel 9 erläutert werden. Falls Sie Arrays zum aktuellen Zeitpunkt noch nicht kennen, ist dies kein Problem, denn Labeled Statements sind kein Teil von Arrays, sondern von Schleifen. Stellen Sie sich vor, Sie haben ein Array von Strings, die zum Beispiel Länder wie Deutschland, Österreich oder die Schweiz enthalten. Sie möchten nun herausfinden, welcher dieser Ländernamen ein »Ö«, ein »D« oder ein »S« enthält. Sollte ein »D« oder ein »S« gefunden werden, möchten Sie einen Text ausgeben. Wird jedoch ein »Ö« gefunden, soll nach der Ausgabe eines Textes die restliche Suche abgebrochen werden. Um ohne spezielle Stringfunktionen nach Buchstaben suchen zu können, muss man, wie Sie anhand von Beispiel 4-21 erkennen, mindestens zwei Schleifen programmieren. Hat man zusätzlich noch einen Switch, der die einzelnen Buchstaben überprüft, hat man ein großes Problem, denn ein Abbruch der äußersten Schleife ist mit dem Schlüsselwort break weder aus der inneren Schleife noch aus dem Switch heraus möglich. Hierfür können Sie jetzt aber ein sogenanntes Label mit einer eigenen Bezeichnung und durch einen Doppelpunkt getrennt vor eine Schleife schreiben. Es spielt dabei keine Rolle, ob es sich um eine *for*- oder *while*-Schleife handelt. Innerhalb der Schleife oder innerhalb von verschachtelten Schleifen und Kontrollstrukturen kann man jetzt das Schlüsselwort break schreiben, gefolgt von dem Label der Schleife, die unterbrochen werden soll. Die Schleife in unserem Beispiel wird bei dem Aufruf des break sofort beendet und iteriert nicht mehr über die restlichen Länder und deren Buchstaben.

Beispiel 4-21: Labeled Statement mit Schleifen und Switch

```
let countries = [
    "Deutschland",
    "Österreich",
    "Schweiz",
    "Holland"
]

outer: for country in countries {
    for char in country {
        switch char {
        case "D":
            println("Das könnte Deutschland sein.")
            println("Suche aber weiter.")
        case "S":
            println("Bestimmt die Schweiz!")
        case "Ö":
            println("Land mit Ö gefunden!")
            println("Es ist \(country). Abbruch!")
            break outer
        default:
            break
        }
    }
}
```

Sie können aber nicht nur eine äußere Schleife mit *Labeled Statements* unterbrechen. Dasselbe Verhalten funktioniert auch mit dem Schlüsselwort continue, das eine äußere Schleife frühzeitig anweisen kann, die nächste Iteration zu starten, und das dafür sorgt, dass der nachfolgende Code nicht mehr ausgeführt wird. Versuchen Sie, in der Praxis weitestgehend auf Labeled Statements zu verzichten. In der Vergangenheit hat sich wiederholt gezeigt, dass der Einsatz von Sprunganweisungen zu fehlerhaftem bis katastrophalem Verhalten führen kann.

Logische Operatoren

Wenn man Vergleiche erstellt, sei es bei Abbruchkriterien oder bei Kontrollstrukturen, kann es sehr schnell vorkommen, dass mehrere Bedingungen zutreffen sollen, damit man einen Wahrheitswert erhält. Damit man jetzt aber nicht endlos viele Kontrollstrukturen verschachteln muss, bietet Swift logische Operatoren an. Mit diesen können wir Vergleiche verknüpfen und somit z.B. eine Kontrollstruktur mit mehreren aneinander hängenden Vergleichen füttern. Das Schöne dabei ist, dass man sich die Formulierung einer solchen Bedingung im Kopf zurechtlegen kann. So könnte man formulieren: »Wenn A größer B UND C gleich D, dann mache...« Sollten die Werte links und rechts des Und-Operators wahr sein, so erhält man den Wahrheitswert *true*, und eine Kontrollstruktur könnte entsprechend den Programmcode ausführen.

Die Und-Verknüpfung

Die wohl bekannteste Verknüpfung ist die Und-Verknüpfung, die in Swift durch den **&&**-Operator dargestellt wird. Bei dieser Verknüpfung wird der Wahrheitswert der linken und rechten Seite überprüft. Sollten beide Seiten wahr bzw. *true* sein, so ist der Wert der Verknüpfung ebenfalls wahr. Sollte nur eine der beiden Seiten wahr und die andere Seite *false* oder unwahr sein, so ist der Wert der Verknüpfung *false*. In Beispiel 4-22 sehen Sie mehrere Vergleiche, die die Und-Verknüpfung verdeutlichen.

Beispiel 4-22: Verschiedene Beispiele, die die Und-Verknüpfung veranschaulichen

```
// Wenn 4 größer 2 UND 8 größer 4
// true && true == true
if 4 > 2 && 8 > 4 {
    println("Beide Seiten sind true")
}
// Ausgabe: Beide Seiten sind true

// Wenn 2 größer 4 und 10 größer 5
// false && true == false
if 2 > 4 && 10 > 5 {
    println("Das ist unmöglich!")
} else {
    println("Vergleich ist unwahr!")
}
// Ausgabe: Vergleich ist unwahr!

// Wenn 5 gleich 10 und 7 kleiner 5
// false && false == false
if 5 == 10 && 7 < 5 {
    println("Kann nicht wahr sein.")
} else {
    println("Vergleich ist auch unwahr!")
}
// Ausgabe: Vergleich ist auch unwahr!
```

Tabelle 4-1: Und-Verknüpfungstabelle

A	B	A && B
FALSE	FALSE	FALSE
FALSE	TRUE	FALSE
TRUE	FALSE	FALSE
TRUE	TRUE	TRUE

Die Oder-Verknüpfung

Anders als bei der Und-Verknüpfung reicht bei der Oder-Verknüpfung bereits ein Wahrheitswert auf der linken oder rechten Seite, damit der Vergleich wahr ist. Sollten aber beide Werte unwahr sein, so ist auch der Wert der Verknüpfung unwahr. Der Oder-Operator wird durch das Zeichen **||** dargestellt. Das sogenannte Pipe-Zeichen können Sie auf der deutschen Mac-Tastatur mit der Tastenkombination Alt+7 erzeugen. Beispiel 4-23 zeigt drei verschiedene Beispiele für die Oder-Verknüpfung.

Beispiel 4-23: Oder-Verknüpfung

```
// Wenn 4 größer 2 ODER 8 größer 4
// true || true == true
if 4 > 2 || 8 > 4 {
    println("Mindestens eine Seite ist true.")
}
// Ausgabe: Mindestens eine Seite ist true.

// Wenn 2 größer 4 oder 10 größer 5
// false || true == true
if 2 > 4 || 10 > 5 {
    println("Eine Seite muss true sein.")
} else {
    println("Das ist unmöglich.")
}
// Ausgabe: Eine Seite muss true sein.

// Wenn 5 gleich 10 oder 7 kleiner 5
// false || false == false
if 5 == 10 || 7 < 5 {
    println("Kann nicht wahr sein.")
} else {
    println("Vergleich ist unwahr!")
}
// Ausgabe: Vergleich ist auch unwahr!
```

Tabelle 4-2: Oder-Verknüpfungstabelle

A	B	A || B
FALSE	FALSE	FALSE
FALSE	TRUE	TRUE

Tabelle 4-2: Oder-Verknüpfungstabelle (Fortsetzung)

A	B	A || B
TRUE	FALSE	TRUE
TRUE	TRUE	TRUE

Der Not-Operator

Mit dem Not-Operator (!) können wir das Ergebnis eines Vergleichs umkehren. Haben wir z.B. einen Vergleich, der den Wahrheitswert *false* liefert, so können wir diesen mit dem Not-Operator zu einem *true* umkehren. Der Not-Operator wird vor den Wahrheitswert geschrieben und entspricht in Swift dem Ausrufezeichen. Mit diesem Trick können wir z.B. bewusst überprüfen, ob etwas nicht eingetroffen ist, das von uns erwartet wurde. Beispiel 4-24 demonstriert den Not-Operator im Einsatz.

Beispiel 4-24: Not-Operator im Einsatz

```
if !false {
    println("Der Wert ist nicht true gewesen")
}
// Ausgabe: Der Wert ist nicht true gewesen

let falseKonstante = false
if !falseKonstante {
    println("Die Konstante hat den Wert false")
}
// Ausgabe: Die Konstante hat den Wert false

let trueKonstante = true
if !trueKonstante {
    println("Hier kann nichts ausgeführt werden.")
} // Keine Ausgabe
```

Tabelle 4-3: Not-Verknüpfung

A	!A
FALSE	TRUE
TRUE	FALSE

Logische Operatoren kombinieren

Nicht selten kommt es vor, dass man mehrere selbst erstellte logische Verknüpfungen miteinander verknüpfen möchte. Dies funktioniert ebenfalls, denn jede logische Verknüpfung liefert einen Wahrheitswert, den man wieder mit einem anderen Wahrheitswert verknüpfen kann. Sie können diese Vergleiche auch klammern und gruppieren. Dabei werden die Verschachtelungen nach mathematischen Grundregeln berücksichtigt. Beispiel 4-25 zeigt einige mögliche Kombinationen.

Beispiel 4-25: Logische Operatoren miteinander verknüpfen

```
// (true && true) && (true) == true
if (2 > 1 && 4 > 2) && (2 == 2) {
    println("Bedingung ist wahr")
}
// Ausgabe: Bedingung ist wahr

// (false && false) || (true) == true
if (3 > 5 && 2 > 3) || (1 != 0)  {
    println("Rechte Bedingung muss wahr sein")
}
// Ausgabe: Rechte Bedingung muss wahr sein

if ((true == true) && true) || false {
    println("Linke Bedingung ist wahr")     .
}
// Ausgabe: Linke Bedingung ist wahr
```

KAPITEL 5

Hello World

Ein iOS-Projekt erstellen

Ein iOS-Projekt kann ebenso leicht erstellt werden wie ein Playground. Neben dem Shortcut ⌘+⇧+N haben wir im *Xcode File Menu* das Submenü *New*, unter dem sich der Menüeintrag *New Project* befindet. Zusätzlich existiert im Willkommensfenster, das beim Starten von Xcode erscheint, der *Create a new Xcode Project*-Button. Verwenden Sie eine der drei Methoden, um den Wizard zum Erstellen des neuen Projekts zu öffnen.

 Über das Tastenkürzel ⌘+⇧+1 lässt sich das Willkommen-Fenster öffnen, vorausgesetzt, Xcode ist die aktuell aktive Applikation.

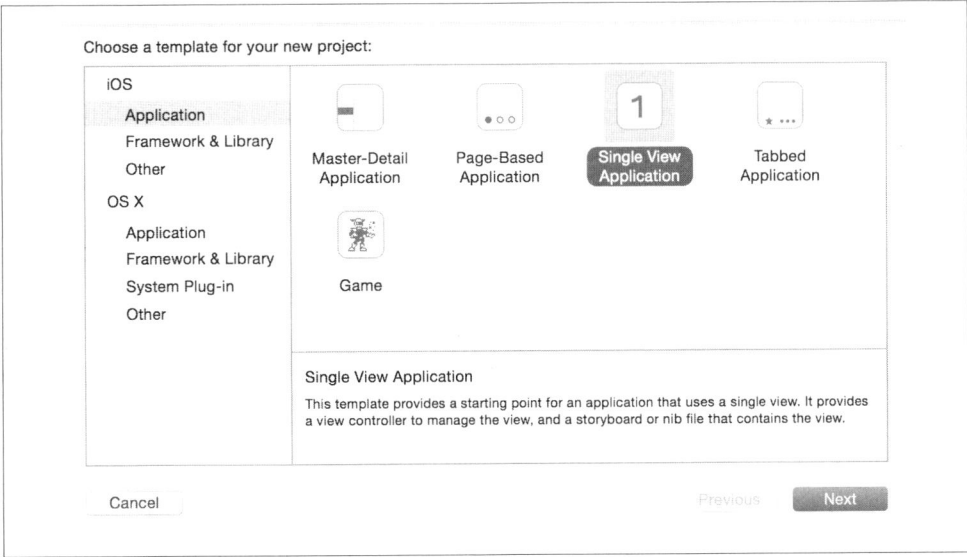

Abbildung 5-1: Maske, um ein Xcode-Projekt zu erstellen

Die Maske zum Erstellen des Projektes (siehe Abbildung 5-1) beinhaltet verschiedene Zielsysteme. Stellen Sie sicher, dass Sie den Punkt *iOS* oder den darunter liegenden Punkt *Application* gewählt haben. Für iOS stellt Xcode verschiedene Templates zur Entwicklung von Apps oder Bibliotheken zur Verfügung. Dies kann z.B. eine statische Bibliothek oder auch ein Template-Projekt zum Erstellen von Spielen mithilfe von *SpriteKit* sein. Für unsere erste App entscheiden wir uns für die *Single View Application*. Dieses Template erzeugt ein Storyboard, das exakt einen ViewController enthält sowie die dazugehörige View-Controller-Klasse. Über einen ViewController wird die Funktionalität der Ansicht sichergestellt. Er übernimmt die Aufgaben des Controllers im MVC-Architekturmuster. Details zu diesem Konzept finden Sie in der iOS Developer Library. Nachdem wir uns für dieses Template entschieden und dies mit dem *Next*-Button bestätigt haben, folgt eine Eingabemaske, in der verschiedene Projekteigenschaften festgelegt werden müssen. Der *Product Name* entspricht unserem App-Namen. Das Feld *Organization Name* kann Ihren oder den Namen Ihrer Firma enthalten. Der *Organization Identifier* setzt sich im Normalfall aus einer Domain zusammen, die aber mit der Top-Level-Domäne beginnt. In Abbildung 5-2 ist diese als *de.swift-blog* festgelegt. Der *Bundle Identifier* setzt sich automatisch aus dem *Product Name* und dem *Organization Identifier* zusammen.

 Daten wie den *Bundle Identifier* oder auch den *Product Name* kann man später noch in der *Info.plist*-Datei ändern, die automatisch in jedem Projekt erzeugt wird.

Im Dropdown-Menü *Language* wird die Entwicklungssprache festgelegt, mit der das Projekt umgesetzt werden soll. Für unser Projekt verwenden wir Swift, es ist aber später möglich, andere Programmiersprachen in einem Projekt zu mischen, sofern dies nötig ist. Im Dropdown-Menü *Device* legt man fest, für welche Produktfamilie die App spezialisiert sein soll. Hier definieren Sie, ob es sich um eine reine *iPad-* oder *iPhone-App* handelt oder um eine sogenannte *Universal App*, die beide Targets enthält. Für unsere Einsteiger-App werden wir uns auf das iPhone festlegen. Die Checkbox *Use Core Data* wird von uns deaktiviert. Core Data ist ein Objektgraph, den Sie später noch kennenlernen, aber in diesem Projekt nicht benötigen.

Nachdem alle Eigenschaften und Felder gesetzt sind, beenden wir den Wizard mit einem Klick auf den *Next*-Button und wählen zu guter Letzt noch den Speicherort für unsere App aus.

 In Xcode-Versionen vor Xcode 6 wurde für das iPad und das iPhone jeweils ein Storyboard erstellt. Seit Version 6 teilen sich beide Plattformen ein Storyboard. Mithilfe von *Auto Layout* und *Size Classes* wird dieses Verfahren ermöglicht. Es ist aber kein Bestandteil dieses Buchs.

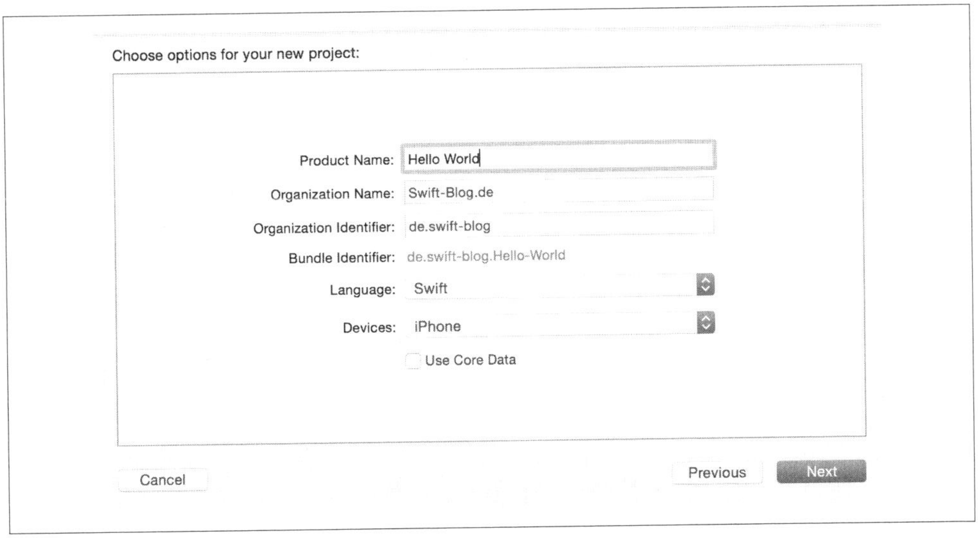

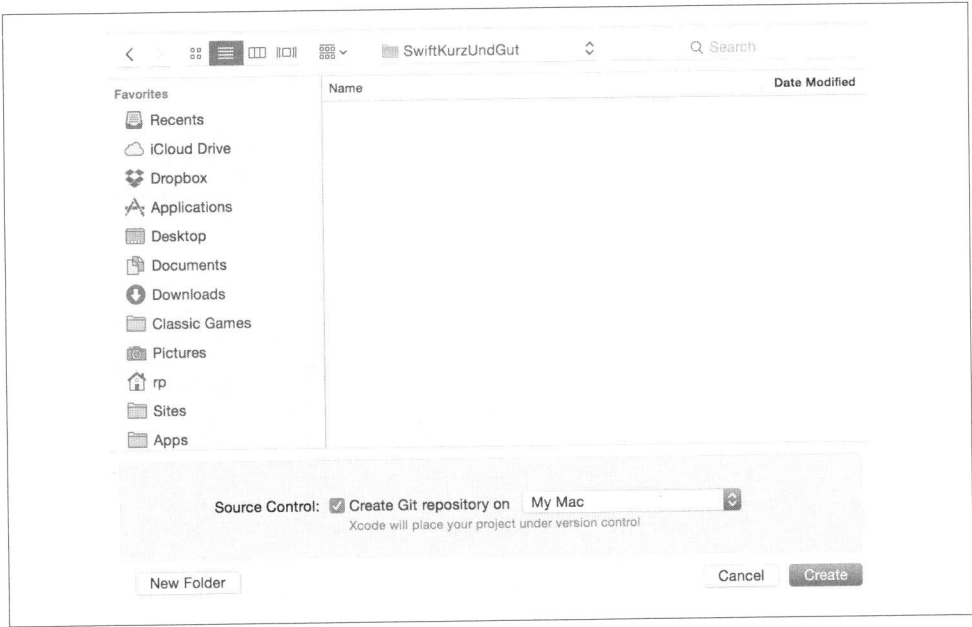

Abbildung 5-2: Die Eingabemaske nachdem Ausfüllen

In dem Auswahlfenster für den Speicherort befindet sich unter der Dateiauflistung eine Checkbox, um unser Projekt mit einer Git-Versionskontrolle zu erstellen (siehe Abbildung 5-3). Sie können diese Funktion gern aktivieren, jedoch werden wir in diesem Projekt keine Versionsverwaltung benötigen.

Abbildung 5-3: Auswahl des Speicherorts mit aktivierter Versionskontrolle

Sobald das Projekt erstellt ist, befindet sich links eine Auflistung der Dateien und Ressourcen des Projektes. Die Datei *AppDelegate.swift* ist eine Klasse, die verschiedene Funktionen beinhaltet, die aufgerufen werden, wenn die App verschiedene Zustände annimmt oder ein Benutzer bestimmten Berechtigungen, wie den Push Notifications, zugestimmt hat. In der Datei *ViewController.swift* befindet sich die Klasse, in der wir unserer App ein bisschen Leben einhauchen werden. Das Storyboard befindet sich in der Datei *Main.storyboard*, die eine visualisierte Darstellung der App ist. Sie enthält neben den View Controllern auch Interaktionen und Verläufe, bei denen man gut erkennen kann, wie innerhalb der App navigiert wird. Die Ressourcendatei *Image.xcassets* soll möglichst alle Grafiken beinhalten, die in unserer App genutzt werden. Sie veranschaulicht nicht nur, welche Grafiken existieren; mit Ihrer Auflistung nach verschiedenen Geräteklassen kann man auch gut und schnell erkennen, für welche Displays noch keine Grafiken vorhanden sind, was bei der Benutzung dieser Datei auch durch Warnungen während der Laufzeit unterstützt wird.

Die ersten UI-Elemente hinzufügen

Kaum etwas macht einem Entwickler mehr Spaß, als schnell eine App zusammenklicken zu können, um schnell einen Gedanken, eine Idee vom Stammtisch oder auch einfach nur ein Hirngespinst zu realisieren. Das Storyboard nimmt uns viele Aufgaben ab, die auf anderen Plattformen ohne Routine selbst für einfache Fenster eine halbe Ewigkeit benötigen.

Unsere erste App wird sehr einfach sein, beinhaltet aber bereits wichtige Schritte, um Ideen visualisieren zu können. Wir starten unser Storyboard, das im Interface Builder geöffnet wird.

In unserem Beispielprojekt möchten wir nicht mit Size Classes arbeiten, da diese genutzt werden, um gemeinsame Oberflächen für iPads und iPhones in einem Storyboard zu erstellen. Dies ist ein eigenes Thema, das sehr fortgeschritten ist. Weil es auch nicht Bestandteil dieses Buches ist, werden wir diese Option deaktivieren. Dafür deaktivieren wir im File-Inspector-Tab des Utilities-Bereichs die Option *Use Size Classes*, wie in Abbildung 5-4 zu sehen ist. Dabei wird ein Dialog angezeigt, in dem gefragt wird, zu welcher Produktreihe die bestehenden Views konvertiert werden sollen. Wir wählen hier das iPhone.

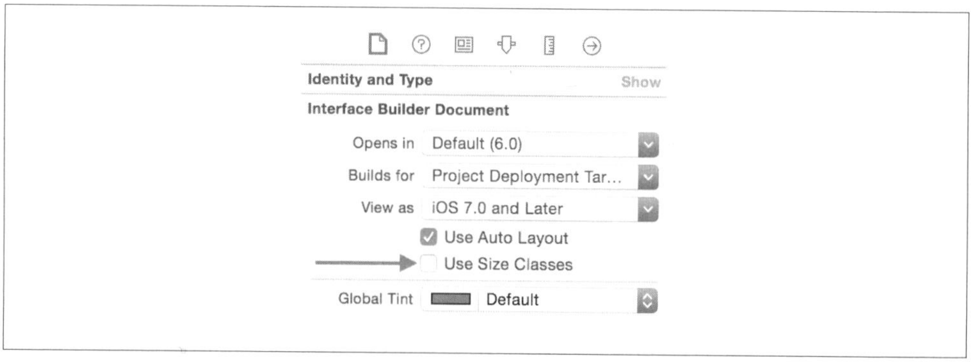

Abbildung 5-4: Deaktivieren der Size Classes

Wir betrachten jetzt unseren ersten ViewController, der beim Erstellen des Projekts automatisch erzeugt wurde. Er sollte wie in Abbildung 5-5 leer sein. Der Pfeil, der von links auf den View Controller zeigt, teilt uns mit, dass es sich bei diesem ViewController um den Einstiegspunkt des Storyboards (den *Initial Starting Point*) handelt. Dieser ViewController wird als erster instanziiert und angezeigt, sobald die App geöffnet wird. Ohne diesen Einstiegspunkt wird die App nichts anzeigen, und eine Navigation oder Interaktion wäre nicht möglich.

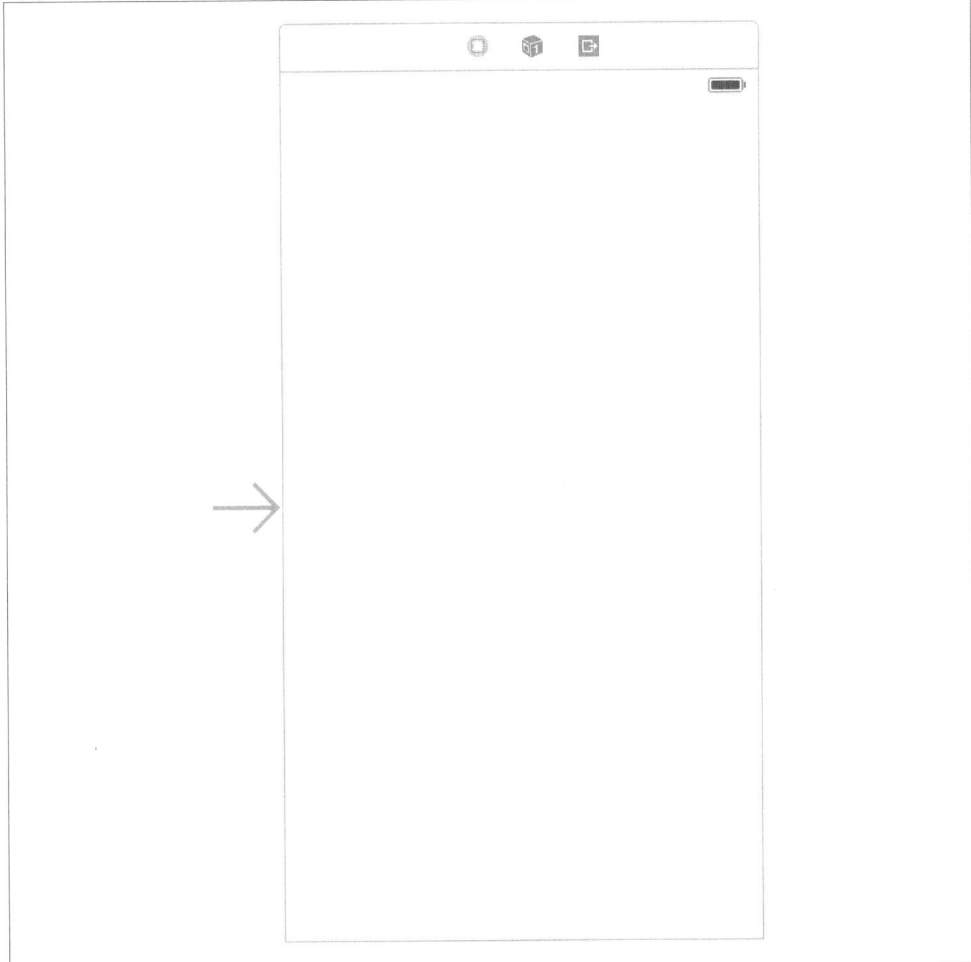

Abbildung 5-5: Ansicht eines leeren ViewControllers

Im Utilities-Bereich befindet sich im unteren Teil eine Bibliothek, aus der man mithilfe von Drag-and-Drop Elemente schnellstmöglich in den ViewController oder in das Storyboard platzieren kann. UI-Elemente befinden sich im Reiter OBJECT LIBRARY, wie in Abbildung 5-6 dargestellt. Diese Bibliothek umfasst nicht nur einfache Elemente (wie ein

Label oder einen *Button*), sondern neben normalen ViewControllern auch spezialisierte Elemente, wie einen *CollectionViewController*, verschiedene *Gesture Recognizer* oder auch *Container Views*. Eine Filterung gezielt nach dem Elementnamen ist über das Suchfeld unterhalb der Objektübersicht möglich.

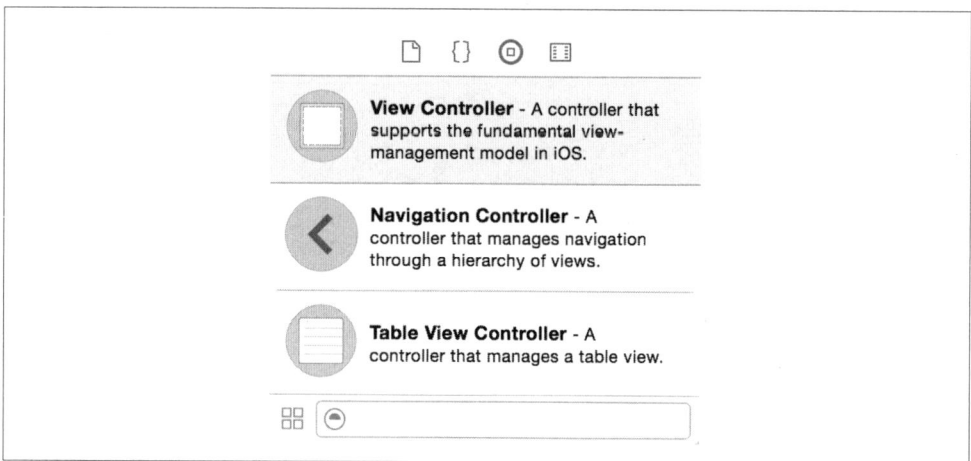

Abbildung 5-6: Übersicht der Object Library

Das erste Element, das wir platzieren möchten, ist ein sogenanntes Label. Ein Label repräsentiert einen statischen Text und hat verschiedene Eigenschaften, wie z.B. Farbe, Schriftart oder auch Schriftgröße. Am einfachsten finden Sie das Label, indem Sie den Objektfilter unterhalb der Objektbibliothek benutzen und das Wort »Label« eingeben, wie in Abbildung 5-7 zu sehen ist.

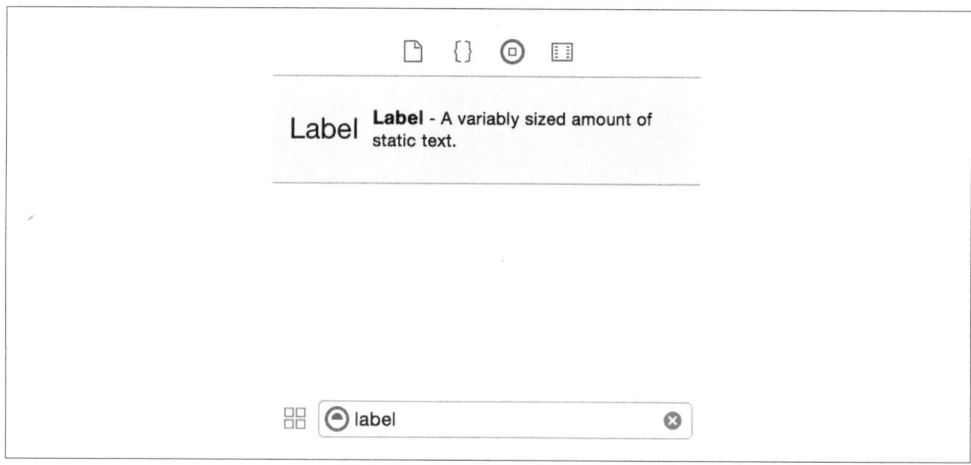

Abbildung 5-7: Gefiltertes Element in der Objektbibliothek

Um das Label zu platzieren, müssen Sie es einfach via Drag-and-Drop aus der Bibliothek herausziehen und auf dem View an der gewünschten Stelle ablegen. Der Interface Builder bietet uns beim Platzieren der Elemente Hilfslinien an, mit denen wir das Objekt einfacher ausrichten können. Zusätzlich erleichtern sie das Ausrichten der Elemente, vor allem dann, wenn bereits andere Elemente vorhanden sind.

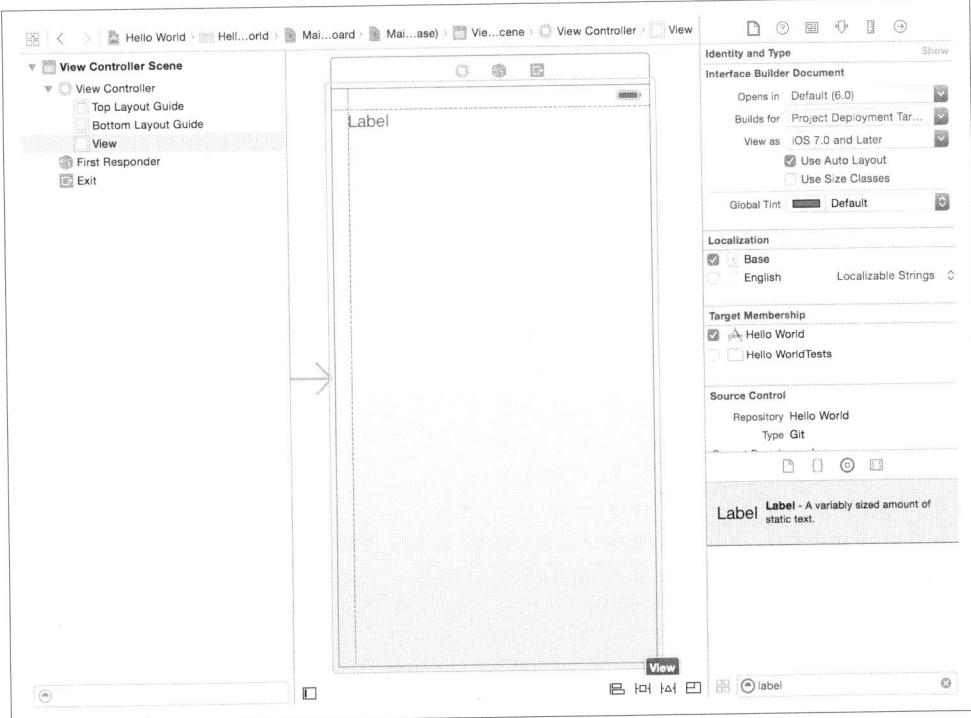

Abbildung 5-8: Objekt mit Drag-and-Drop platzieren

Damit wir den Text des Labels ändern können, bietet uns der Interface Builder die Möglichkeit, einfach auf das Label doppelzuklicken. Alternativ kann man das Element auch wie in Abbildung 5-9 mit einem einzigen Klick selektieren und den Wert über den *Attribute Inspector* ändern, der sich im Utilities-Bereich von Xcode befindet. Im Attribute Inspector finden Sie neben der Möglichkeit, den Labeltext anzupassen, auch Optionen zum Einstellen der Textfarbe, der Ausrichtung oder auch der Eigenschaften, die das Rendering-Verhalten beeinflussen können. Unser Label soll den Text »Hallo Welt« darstellen. Sollte das Label zu klein sein, können Sie es einfach selektieren und mit einem einzigen Klick nach Belieben vergrößern. Im Utilities-Bereich findet sich auch der SIZE INSPECTOR, in dem Sie die Möglichkeit haben, die Größe der Elemente pixelgenau einzustellen.

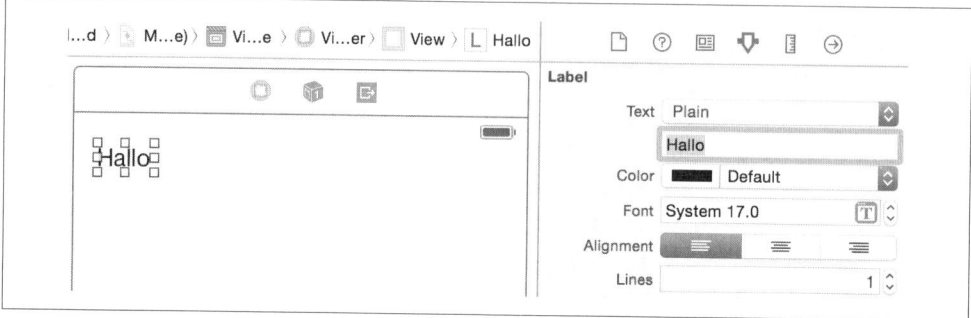

Abbildung 5-9: Verändern der Labeleigenschaften im Attribute Inspector

Nachdem das Label platziert ist, fügen wir noch ein weiteres Element hinzu. Wir suchen oder filtern in der Objektbibliothek nach dem Element *Text Field* und ziehen dieses unter das von uns erzeugte Label auf unseren View Controller. Ihnen wird dabei auffallen, dass das Text Field in der Nähe des Labels automatisch an verschiedenen Positionen einrastet, damit Sie es am Label ausgerichtet platzieren können. Durch einen Doppelklick auf das Text Field können Sie einen Text eingeben, der standardmäßig das Text Field füllt. Dieser Text ist aber kein Platzhalter und verschwindet später nicht automatisch, sobald ein Benutzer auf das Text Field drückt. Einen Platzhaltertext können Sie im Storyboard nur über den ATTRIBUTE INSPECTOR festlegen.

Wir haben die ersten Schritte für unsere UI abgeschlossen. Ehe wir der App ein wenig Leben einhauchen, beschäftigen wir uns zunächst mit dem Simulator. Wenn Sie es nicht zu eilig haben, empfehlen wir Ihnen, ein paar Elemente nach Belieben hinzuzufügen und ihre Eigenschaften im ATTRIBUTE INSPECTOR oder SIZE INSPECTOR zu verändern. Sie können Änderungen jederzeit über das EDIT-Menü von Xcode oder mit der Tastenkombination ⌘+Z rückgängig machen. Probieren Sie doch einmal, die Hintergrundfarbe des Views unseres View Controllers blau zu färben.

Der erste Start im Simulator

Der Simulator ist für uns während der Entwicklung der schnellste und einfachste Weg, um ein geschriebenes Programm zu testen. Leider gibt es bei Simulatoren jedoch auch Einschränkungen. Bei iOS sind diese aber recht gering und betreffen zumeist eher Beschränkungen wie das Fehlen der iPhone- oder iPad-GPU bei der 3D-Entwicklung. Ein weiterer großer Unterschied des Simulators gegenüber den Endgeräten ist, dass man nicht wie beim Endgerät mit einem ARM-Prozessor arbeitet, sondern mit der Intel-CPU des Entwicklungsrechners.

Sie sollten stets im Hinterkopf behalten, dass der Simulator gewisse Funktionen nicht bieten kann. So steht Ihnen z.B. keine Kamera zur Verfügung, und auch die GPS-Daten werden, sofern Sie diese nicht ändern, standardmäßig auf die Apple-Firmenzentrale gesetzt. Auch das Telefonieren und Verfassen von SMS sind mit dem Simulator nicht möglich.

Bevor man die App startet, muss man sich zunächst entscheiden, mit welchem Simulator man die App testen möchte. In Xcode 6.1 bietet sich hier eine breite Palette an Geräten an, unter anderem die verschiedenen iPads und die iPhones der Serie 4s bis 6 Plus. Die Auswahl des Simulators erfolgt in Xcode, indem man auf das aktuelle Build Target klickt, das sich oben links wie in Abbildung 5-10 befindet. Nachdem man auf es geklickt hat, bekommt man eine Auswahl an verschiedenen Testgeräten. Die Auswahl setzt sich aus den verschiedenen Möglichkeiten zusammen, die die Projekteinstellungen erlauben. Sollte z.B. eine alte Prozessorarchitektur in den Build Settings nicht vorhanden sein, so kann es passieren, dass der iPhone-4s-Simulator nicht mehr angezeigt wird.

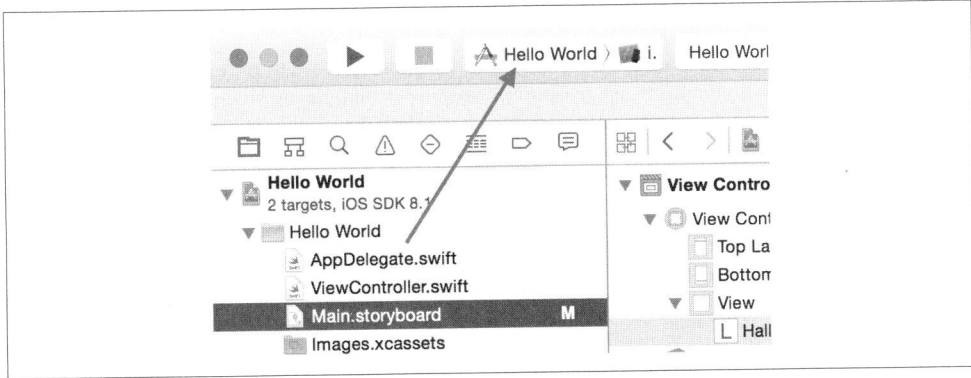

Abbildung 5-10: Öffnen der Geräteübersicht anhand des Build Targets

Bei der Auswahl des Simulators werden ebenfalls angeschlossene iPhones oder iPads angezeigt. Möchte man auf den Endgeräten testen, erfolgt die Auswahl in diesem Menü so, wie in Abbildung 5-11 dargestellt. Wir wählen für unseren ersten Start den iPhone-4s- oder iPhone-5-Simulator aus.

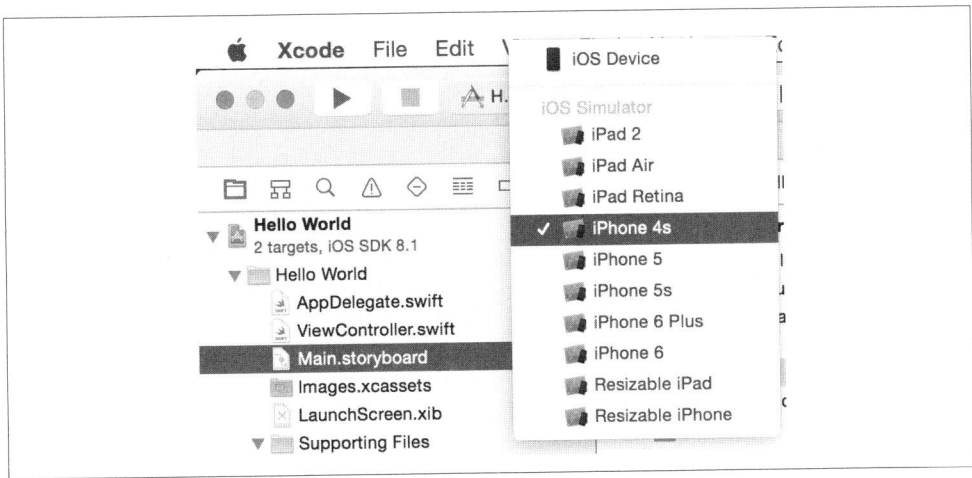

Abbildung 5-11: Übersicht der Simulatoren

 Da wir am Anfang des Kapitels in unserem Storyboard die Size Classes und das Auto Layout deaktiviert haben, kann es sein, dass Elemente auf kleineren Displaygrößen nicht sichtbar sind, wenn diese nicht innerhalb der möglichen Dimensionen des Testgeräts liegen.

Nachdem die Auswahl des Simulators erfolgt ist, können Sie die App jetzt ausführen, indem Sie auf den Start-Knopf neben dem Target oben links klicken oder die Tastenkombination ⌘+R drücken. Die App wird dann kompiliert. Sollte der Build-Prozess aus irgendeinem Grund fehlschlagen, wird Xcode dies entsprechend anzeigen. Im Erfolgsfall wird der Simulator gestartet und nach wenigen Sekunden auch die App.

 Gelegentlich schlägt das Starten des Simulators mit den unterschiedlichsten Fehlermeldungen fehl. Im Normalfall reichen das Beenden des Simulators und der erneute Start oder ein Clean der Build-Artefakte mit der Tastenkombination ⌘+↑+K, um dieses Problem zu beheben. In seltenen Fällen kann es aber sein, dass bereits eine andere App im Simulator ausgeführt wird. Diese muss zunächst beendet werden, damit eine andere App gestartet werden kann.

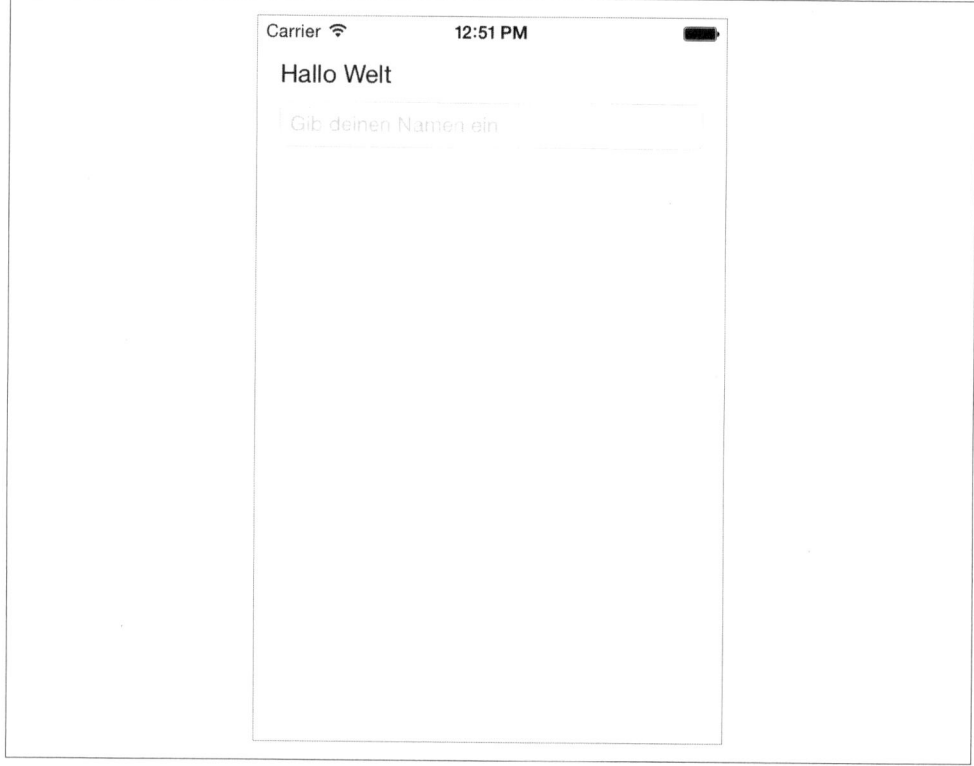

Abbildung 5-12: Der erste Start des Simulators

Sobald der Simulator (siehe Abbildung 5-12) unsere App anzeigt, können wir einige Möglichkeiten des Simulators ausprobieren. Generell können Sie die komplette App mit Ihrer Maus steuern. Alle Gesten, die Sie mit den Fingern machen würden, werden jetzt durch die Maus ersetzt. Ein Klick entspricht einem *Touch*, ein langer Klick ist einem *Long Touch* gleichgestellt. Mit gedrückter [Alt]-Taste können Sie Zoom-Gesten, wie z.B. in Map Views, simulieren. Der Simulator zeigt entsprechend zwei Kreise an, die die Touchpunkte von zwei Fingern darstellen sollen.

Reicht einmal der Platz auf Ihrem Monitor nicht aus, können Sie die Gesamtgröße des Simulators beeinflussen, indem Sie entweder im Simulator den Menüpunkt WINDOW aufrufen und das Untermenü ZOOM verwenden oder indem Sie die Tastenkombinationen [⌘]+[1]–[3] drücken. Entsprechend der Zahl 1–3 wird der Simulator dann zwischen 50% und 100% skaliert. Diese Größenkontrolle ist vor allem dann hilfreich, wenn man mit einem Retina-iPad-Simulator testen möchte und nur über ein MacBook Air verfügt.

Im Menüpunkt HARDWARE befinden sich noch einige Punkte, die Sie häufig verwenden werden, unter anderem die Rotation und Ausrichtung des Gerätes sowie die Möglichkeit, verschiedene Hardware- oder Softwarezustände zu simulieren. Dies kann z.B. das Sperren oder ein simuliertes Schütteln des Gerätes sein.

Der Menüpunkt DEBUG bietet zusätzlich einige verschiedene Rendering-Einstellungen an, die die gezielte Suche nach Rendering-Problemen vereinfachen. Zudem beinhaltet dieses Menü auch einen Menüpunkt, der die Synchronisation mit der iCloud auslöst. Um einen Screenshot vom aktuellen Simulatorinhalt zu erstellen, bietet sich die Tastenkombination [⌘]+[S] oder der entsprechende Menüpunkt zum Erstellen von Screenshots im FILE-Menü an. Die Screenshots werden auf Ihrem Desktop gespeichert.

Um den Simulator zu beenden, reicht es nicht aus, nur den Stopp-Button in Xcode zu klicken. Der Simulator ist ein eigener Prozess und muss entsprechend über sein Menü oder über die Tastenkombination [⌘]+[Q] beendet werden.

 Den Simulator und alle darauf vorinstallierten Daten, inklusive Ihrer Applikationen, finden Sie unter *Macintosh HD ▶ Users ▶ <username> ▶ Library ▶ Developer ▶ CoreSimulator*.

Outlets und Actions hinzufügen

Damit unsere App ein wenig an Interaktivität gewinnt, können wir mithilfe eines Buttons und der Eingabe eines Textes durch den Benutzer ein wenig Action hineinbringen. Unser Ziel wird es sein, durch einen Button-Klick und die Eingabe des Benutzernamens eine Grußnachricht auszugeben. Nach dem Klick auf den Button soll das Label »Hallo Welt« in »Hallo <name>« geändert werden.

Um per Code auf die Eigenschaften eines Labels zugreifen zu können, müssen wir es mit unserer Klasse »verbinden«. Hierfür erzeugen wir ein *Outlet* für das entsprechende Label, und zwar mithilfe des Interface Builders in unserer Klasse *ViewController*. Bei der Arbeit mit Xcode ist es üblich, dass man in einem Split-View-Modus das Storyboard und die betreffende Klasse gleichzeitig in einem Fenster geöffnet hat. Öffnen Sie als Erstes Ihr Storyboard und anschließend die Datei *ViewController*. Wir klicken diese Datei aber mit gedrückter ⎇Alt⎦-Taste an. Beide Dateien sollten jetzt in einem Fenster sichtbar sein, so wie in Abbildung 5-13 dargestellt.

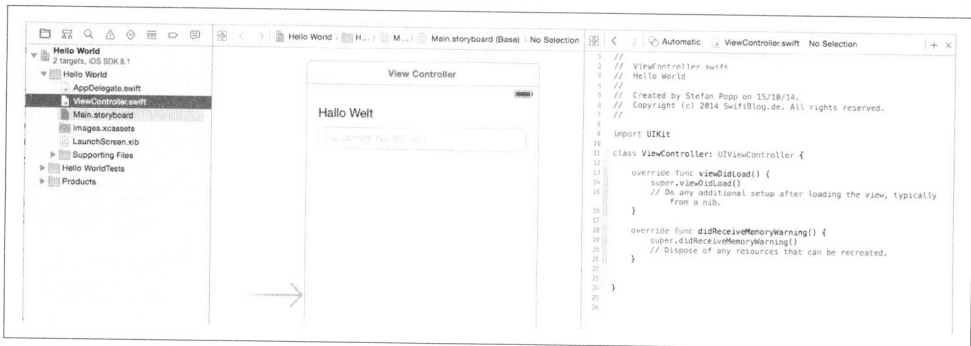

Abbildung 5-13: Storyboard und ViewController im Split-View-Modus

Das Outlet für das Label kann jetzt erzeugt werden, indem wir das Element zuerst mit einem einfachen Klick selektieren. Vergewissern Sie sich, dass es sich tatsächlich um das gewünschte Element handelt, indem Sie prüfen, ob die Markierung nach dem Klick auch tatsächlich auf dem gewünschten Element aktiv ist. Als Nächstes klicken Sie das Element mit der linken Maustaste und gedrückter ⎇Ctrl⎦-Taste an. Wenn Sie jetzt Ihren Mauszeiger von dem Objekt entfernen, sollten Sie eine blaue Linie sehen, die Ihrem Mauszeiger folgt. Bewegen Sie Ihren Mauszeiger in den Editor, der die *ViewController*-Klasse anzeigt, und platzieren Sie diesen im Leerraum zwischen der Zeile class ViewController: UIView-Controller und der nächsten Codezeile, die mit override func beginnt. Hierbei ist es wichtig, dass Sie sich im Leerraum zwischen den Zeilen befinden. Xcode hilft Ihnen dabei, einen Leerraum zu finden, indem es eine blaue Linie in der Klasse anzeigt und damit verdeutlicht, dass man diese Verbindung an dieser Stelle platzieren kann. Wenn Sie den Leerraum gefunden haben, können Sie die Maustaste loslassen, und es öffnet sich eine Eingabemaske. Abbildung 5-14 veranschaulicht, wie die Linie sich darstellt und wo sich der gewünschte Zwischenraum befindet.

Sollten Sie versehentlich im Assistant Editor die falsche Klasse geöffnet haben und versuchen, ein Outlet zu verbinden, das für eine andere Klasse bestimmt ist, so wird Xcode das Erstellen nicht zulassen. Xcode wird schlichtweg keine blaue Hilfslinie in den Leerräumen anzeigen, wodurch gleichzeitig auch das »Ablegen« des Elements unterbunden wird. Sie können folglich Actions und Outlets nur für Elemente eines View Controllers aus dem Storyboard in der entsprechenden Klasse des View Controllers erstellen.

Abbildung 5-14: Erstellen des Outlets mithilfe des Interface Builders

In der jetzt angezeigten Eingabemaske stellen wir sicher, dass in dem Dropdown-Menü für *Connection* der Wert *Outlet* steht. In das *Name*-Feld tragen wir einen Variablennamen ein, mit dem wir innerhalb der *ViewController*-Klasse auf das Element zugreifen können. Wir entscheiden uns hierbei für den Variablennamen `helloLabel`, der (wie die späteren Variablen auch) der Namenskonvention *CamelCase* folgt. Beim Benennen von Klassen und anderen Datentypen verwendet man üblicherweise *Pascal Case*. Der *Type* sollte der Klasse des entsprechenden Elements entsprechen. Für ein Label ist dies unter iOS *UILabel*. Wir bestätigen unsere Eingaben mit einem Klick auf den *Connect*-Button.

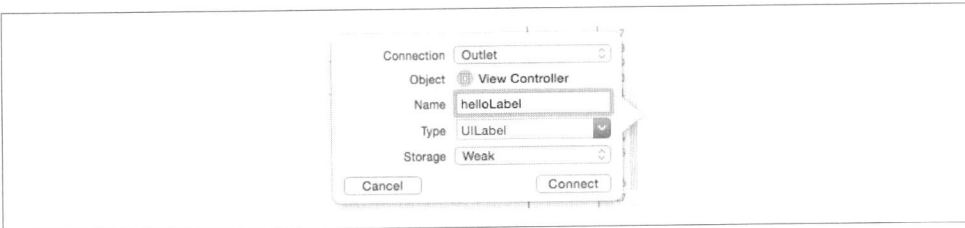

Abbildung 5-15: Ausgefüllte Parameter für das Label-Outlet

Nachdem der von uns bestätigte Dialog verschwunden ist, erzeugt Xcode auf Basis unserer Angabe eine neue Codezeile, die mit `@IBOutlet` beginnen sollte. Das gleiche Verfahren wiederholen wir auch noch für das Text Field, aus dem wir später den eingegebenen Namen auslesen werden. Wir ziehen wieder unsere Linie, dieses Mal von dem Text Field in die Klasse. Sie können gerne ein paar Leerzeilen nach dem Label-Outlet einfügen, um ein bisschen Platz zu schaffen. Die Hilfslinien von Xcode werden Ihnen aber auch dabei helfen, das Element zu platzieren, wenn einmal kein Freiraum zwischen Outlets und Methoden ist. Das Text Field soll den Namen `nameTextField` erhalten. Alle anderen voreingestellten Optionen müssen, wie beim Label zuvor, nicht von uns verändert werden.

Damit eine Aktion vom Benutzer ausgelöst werden kann, braucht unsere Oberfläche noch einen Button. Wir suchen in der Objektbibliothek den Button und ziehen ihn auf unsere

Oberfläche. Sie können wie bei einem Label den Text des Buttons ebenfalls mit einem Doppelklick oder über den Attribute Inspector verändern. Für den neu erstellten Button benötigen wir kein Outlet, da wir keine Eigenschaften von ihm verändern oder auslesen müssen. Allerdings möchten wir darauf reagieren, wenn ein Benutzer den Button drückt, und hierfür müssen wir eine sogenannte Action erstellen. Wir ziehen wieder unsere blaue Linie vom Button in unsere Klasse hinein, dieses Mal aber soweit unten wie möglich, am besten vor die letzte schließende geschweifte Klammer in der Klasse. Später kann man selbstverständlich natürlich Outlets und Actions platzieren, wo man möchte. Dieses Mal ändern wir in dem *Connection*-Dropdown-Menü den Wert von *Outlet* auf *Action*. Hierdurch wird eine Methode erzeugt, die beim Drücken des Buttons ausgelöst wird. Der Name für die Methode soll `pressMeTouched` lauten. In dem Dropdown-Menü bei *Type* selektieren wir statt *AnyObject* den *UIButton*. Dies ist normalerweise nicht nötig, in Kapitel 12 gehen wir aber nochmals darauf ein. Alle anderen Felder können unberührt bleiben, und wir klicken erneut auf den *Connect*-Button. Xcode hat für uns jetzt eine Methode mit genau den Eigenschaften erzeugt, die wir festgelegt haben.

Dieses Prinzip zum Erstellen von Actions und Outlets ist nahezu komplett identisch für jedes UI-Element aus der Objektbibliothek.

Ein bisschen Code muss sein

Als letzten Feinschliff muss unsere frisch erzeugte Action noch dafür sorgen, dass der Label-Text ersetzt wird, sobald der Button gedrückt wird. Wir müssen den hierfür erforderlichen Programmcode zwischen die geschweiften Klammern der `pressMeTouched()`-Methode platzieren. Wir versuchen uns noch einmal logisch das Ziel vorzustellen und überlegen, welche Reihenfolge an Aktionen wir benötigen, um dies zu erreichen. Der Benutzer gibt seinen Namen ein, er drückt den Button, und wir zeigen statt »Hallo Welt« in dem Label den Wert »Hallo <name>« an. In unserem Programmcode kann man dies fast eins zu eins widerspiegeln, indem man folgendermaßen formuliert:

1. Beschaffe und speichere den aktuellen Wert aus `nameTextField` in einer Konstante.
2. Erzeuge eine Zeichenkette »Hallo«, und füge den Wert des Text Fields am Ende an.
3. Füge den Text der Zeichenkette in dem `nameLabel` ein.

Wenn wir das Ganze in Form von Programmcode dann in unserer `pressMeTouched()`-Methode schreiben, ergeben sich auch drei Anweisungen. Die vollständige Methode sollte dann so wie Beispiel 5-1 aussehen.

Beispiel 5-1: Vollständige pressMeTouched()-Methode

```
@IBAction func pressMeTouched(sender: UIButton) {
    let nameString = nameTextField.text!
    let greetingString = String(format: "Hallo %@", nameString)
    helloLabel.text = greetingString
}
```

Nachdem wir die Methode vervollständigt haben, können wir den Simulator starten und in das Text Field klicken. Geben Sie einen Namen mithilfe der Tastatur oder mit dem Mauszeiger auf der Simulatortastatur ein, und drücken Sie den »Drück mich!«-Button. Das Label oberhalb des Text Fields sollte die neue Zeichenkette mit dem von Ihnen eingegebenen Text anzeigen. Sollten Sie nicht den vollständigen Text sehen, kann das daran liegen, dass Ihr Label nicht breit genug ist. Vergrößern Sie dieses einfach bei Bedarf im Storyboard.

 iOS 8 bietet für Labels eine automatische Längenfunktion an, die sich am Textinhalt orientiert. ACHTUNG: Diese Funktion ist nicht abwärtskompatibel zu iOS 7.

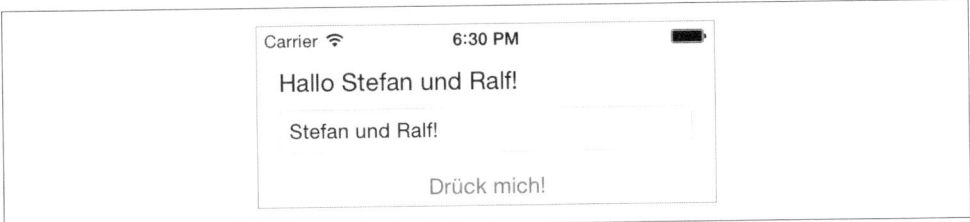

Abbildung 5-16: Fertige App im Test

KAPITEL 6

Datentypen und Funktionen

Datentypen und Funktionen gehen in Programmiersprachen Hand in Hand. An allen Ecken und Enden haben wir mit ihnen zutun – auch bei Funktionen, mit deren Hilfe man wiederkehrende Prozesse einmalig schreibt und immer wieder verwenden kann. Dieses Kapitel führt Sie Schritt für Schritt an Funktionen heran und hilft Ihnen, die zum Teil auch für Umsteiger sehr ungewohnte Syntax zu verinnerlichen.

Datentypen

In allen Programmiersprachen müssen die Inhalte der Variablen im Speicher gelagert werden. Sie stellen auf diese Art und Weise das Gedächtnis des Programms bereit. Neben den Variablen gibt es Konstanten, die ihren Wert nie verändern und auch schon zum Zeitpunkt der Kompilation direkt in den Programmcode eingebunden werden.

Die Speicherung eines Wertes findet dabei auf Basis eines Datentyps statt. Dieser beschreibt, wie der Inhalt zu verstehen ist – ob als Ganzzahl, Zeichen, boolescher Wert oder als Fließkommazahl. Neben diesen sogenannten primitiven Datentypen gibt es auch komplexere, wie Strings (da Strings aus mehreren Zeichen bestehen) oder Klassen, die nicht nur Variablen unterschiedlicher Datentypen, sondern auch Funktionen beherbergen können.

In diesem Kapitel erfahren Sie, welche Datentypen Swift unterstützt und wie Sie diese in Ihrem Programm nutzen können.

Zahlen

Swift kennt wie die meisten Programmiersprachen verschiedene Datentypen, um Zahlen zu repräsentieren. Ob Integer, Float oder Double – Swift und die iOS/OSX-Frameworks bieten für die meisten praxisrelevanten Anwendungsfälle schon den richtigen Datentyp an.

Integer

In Swift bilden Integer die sogenannten ganzen Zahlen ab. Variablen mit einem Integer-Datentyp (in Swift einfach **Int**) können sowohl negative als auch positive Zahlen speichern, und wir Entwickler können je nach Bedarf auch den benötigten Zahlenbereich bestimmen. Diese Optimierungen sind sicherlich für die meisten Anwendungen und Entwickler irrelevant, aber gerade dann, wenn man platzsparend arbeiten muss (z.B. bei Datenübertragungen), sollte man diese Möglichkeiten kennen.

Beispiel 6-1: Ganze Zahlen als Integer definieren

```
var a = 42
var b = -128
var c: Int = 4096
```

In Swift werden alle ganzen Zahlen, die nicht explizit mit einem anderen Int-Datentyp deklariert wurden, automatisch als Int typisiert. Nur das explizite Setzen des Datentyps kann dies beeinflussen. Sollten Sie den möglichen Wertebereich über- oder unterschreiten, wird dieser *Overflow* (Überlauf) mit einem Compiler-Fehler quittiert.

```
// UInt8 entspricht 0 - 255
var a: UInt8 = 255
a = 256 // Überlauf!
```

Damit wir den Zahlenbereich eingrenzen können, bietet uns Swift bereits verschiedene Integer von 8 bis 64 Bit an. Die Bitbreite einer Integer-Variablen entscheidet darüber, wie viel Speicherplatz für den Wert reserviert wird, und bestimmt somit auch die minimale und maximale Größe der darin gespeicherten Zahl. Wie auch in Objective-C können wir bestimmen, ob die ganzen Zahlen ein Vorzeichen haben oder nicht. Durch den Wegfall des *Sign Bit*, das entscheidet, ob eine Zahl negativ oder positiv ist, verdoppelt sich der Zahlenbereich im positiven Bereich. Eine Übersicht der Wertebereiche kann man sich selbst erstellen. Swift bietet hierfür die Properties min und max in Int-Datentypen, die wir aufrufen und ausgeben können. In Beispiel 6-2 sehen Sie einige dieser Beispielaufrufe.

Beispiel 6-2: Ausgabe von Wertebereichen verschiedener Int-Datentypen mit 64 und 8 Bit

```
println(UInt.min) // 0
println(UInt.max) // 18446744073709551615
println(Int.min)  // -9223372036854775808
println(Int.max)  // 9223372036854775807
println(Int8.min) // -128
println(Int8.max) // 127
```

 Die Autovervollständigung von Swift zeigt alle bereits bekannten Datentypen schon beim Eintippen an. Tippen Sie einfach mal zum Testen die Buchstaben UInt oder Int ein. Sie werden eine ausführliche Liste verschiedener Datentypen erhalten, die bei Int oder UInt allesamt über min und max verfügen.

 Beachten Sie bei der Auswahl der Datentypen, dass es sowohl 32- als auch 64-Bit-Endsysteme geben kann. Wenn Sie eine Applikation für 32-Bit-Systeme kompilieren (z. B. für das iPhone 5 oder älter), ist der Datentyp Int ein Int32, aber auf 64-Bit-Systemen ein Int64. Selbiges gilt selbstverständlich auch für UInt.

Double und Float

Neben den ganzen Zahlen benötigen wir auch einen Datentyp, der Zahlen mit Nachkommastellen speichern kann, und zusätzlich natürlich mathematische Operationen, um mit diesen zu rechnen. Swift bietet hier von Haus aus mehrere Möglichkeiten und Datentypen an, damit wir mit solchen Werten arbeiten können. Die gebräuchlichsten Datentypen für die sogenannten *Floating-Point-Berechnungen* sind *Double* und *Float*.

Der größte Unterschied zwischen Floats und Doubles ist nicht nur der Speicherverbrauch, den jede Variable benötigt. Während ein Float in einer 64-Bit-Umgebung nur 32 Bit benötigt, nutzt der Double volle 64 Bit aus, um seine Werte zu speichern. Natürlich bringt der Unterschied von 32 Bit auch wie bei den ganzen Zahlen seine Probleme mit sich – und das vor allem, wenn es um die Präzision beim Speichern und Rechnen geht. Denn generell gilt: Je mehr Bits man zur Verfügung hat, umso mehr Präzision erhält man.

 In Swift werden Zahlen mit Nachkommastellen generell als Double gespeichert. Apple empfiehlt, den Datentyp Float nur dann zu benutzen, wenn man auf Präzision verzichten kann.

In Beispiel 6-3 deklarieren wir jeweils einen Double und einen Float. Wir teilen jeweils die Werte beider Variablen durch 2. Man erkennt hierbei sehr deutlich, dass hinter dem Komma die Präzision abgenommen hat und die Ergebnisse dadurch sehr unterschiedlich sind. Beim Rechnen mit Datentypen, die Nachkommastellen unterstützen, sollten Sie generell auf Rundungsfehler achten, insbesondere wenn Zahlen sehr groß oder sehr klein werden!

Beispiel 6-3: Float-Ergebnisse

```
var meinFloat: Float = 3.141592653589
var meinDouble = 3.141592653589
println(meinFloat/2.0) // Ergibt 1.57079637050629
println(meinDouble/2.0) // Ergibt 1.5707963267945
```

 Vor allem bei sensiblen Berechnungen, wie von Geldbeträgen, sollten Sie auf keinen Fall dem Datentyp Float trauen. Nutzen Sie hierbei mindestens den Datentyp Double!

Rechnen mit Zahlen

Das Rechnen mit Zahlen funktioniert in Swift genauso wie bei den meisten großen Programmiersprachen. Sie haben verschiedene Rechenoperatoren für die Grundrechenarten. Dabei unterliegen die Rechenoperationen den gleichen Grundregeln der Mathematik, die Sie aus der Schule kennen. Ob Klammersetzung oder »Punkt vor Strich«, Swift beherrscht diese Regeln ohne Ihr Eingreifen. Dabei gibt es auch einige Shortcuts, wie den zusammengesetzten Zuweisungsoperator. Einige Rechenbeispiele, auch in Verbindung mit dem zusammengesetzten Zuweisungsoperator, sehen Sie in Beispiel 6-4.

Beispiel 6-4: Grundrechenarten, Kurzschreibweisen und Klammerung

```
// Grundrechenarten
var a = 1 + 2   // a = 3
var b = 4 - 2   // b = 2
var c = 2 * 2   // c = 4
var d = 16 / 4  // d = 4
var e = 16 % 3  // e = 1

// Zusammengesetzter Zuweisungsoperator
a += 2          // a = 5
b -= 1          // b = 1
c *= 2          // c = 8
d /= 2          // d = 2
e %= 1          // e = 0

// Klammern
var f = ((a + b) * c) / d
```

Tabelle 6-1: Rechenoperatoren

Operator	Beschreibung	Beispiel	Ergebnis
+	Addition	1 + 2	3
-	Subtraktion	3 - 2	1
/	Division	4 / 2	2
*	Multiplikation	2 * 2	4
%	Modulo	5 % 2	1
++	Inkrement	x++	x + 1
--	Dekrement	x--	x - 1

Swift bietet bereits einige mathematische Funktionen. Möchten Sie aber Zugriff auf weitere (z.B. für das Berechnen der Quadratwurzel), so müssen Sie das *Foundation Framework* mit dem Schlüsselwort **import** so wie in Beispiel 6-5 importieren. Im Foundation Framework finden Sie eine Vielzahl von mathematischen Funktionen und Konstanten. Aber auch Swift bietet einige nützliche Funktionen, wie min() und max() zum Ermitteln des niedrigsten und höchsten Wertes zweier gegebener Zahlen.

Beispiel 6-5: Mathematische Funktionen und Konstanten

```
import Foundation

var a = sqrt(4.0)       // a = 2
var b = log2(8.0)       // b = 3
var c = abs(-123)       // c = 123
var d = max(200, 100)   // d = 200
var e = min(200, 100)   // e = 100
var pi = M_PI           // PI
```

Funktionen

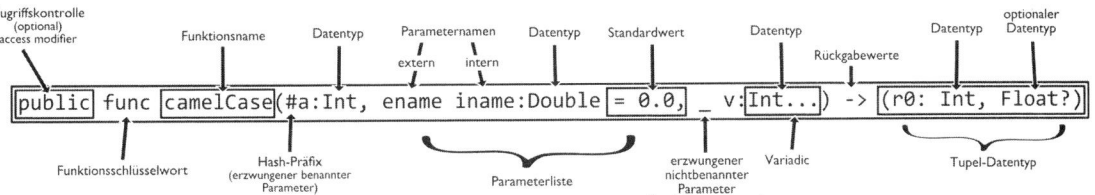

Eines der schwierigsten Themen für Anfänger ist neben der Objektorientierung vor allem das Schreiben und Verstehen von Funktionen. Gerade in Swift haben wir eine sehr gewöhnungsbedürftige Syntax, die einigen Sprachen ähnelt, aber bei genauerem Hinschauen deutliche Unterschiede aufweist. Dies wird sicherlich auch dem einen oder anderen Umsteiger ein wenig Kopfweh bereiten. Mit ein bisschen Übung und Training wird das Schreiben von Funktionen in Swift aber ein Kinderspiel!

Begriffserklärung

Funktionen kann man auch als Unterprogramme oder Routinen bezeichnen. Sie haben die Möglichkeit, wiederkehrenden Programmcode in eine Funktion zu schreiben, die Sie immer dann aufrufen, wenn Sie ihn benötigen. Gerade für Anfänger ist der Vergleich von Funktionen mit deren Ursprung aus der Mathematik sehr anschaulich, denn auch in der Mathematik gibt es Funktionen, mit denen wir durch einen fest definierten Ablauf ein bestimmtes Ergebnis erwarten und erzielen. Die bekanntesten Funktionen sind z.B. die Parabel- oder die Sinusfunktion.

Aufbau einer Funktion

Eine Funktion besteht aus dem sogenannten Funktionskopf, der durch das Schlüsselwort **func**, gefolgt von dem Namen der Funktion, eingeleitet wird. Nach dem Funktionsnamen folgt in Klammern die Definition möglicher Parameter. Im Gegensatz zu vielen anderen Programmiersprachen folgt in Swift erst nach den Parametern die Definition des Rückgabetyps, der sich in C z.B. vor dem Funktionsnamen befindet. Swift erinnert damit ein bisschen an funktionale Sprachen, wie z.B. Haskell. Nach der Definition des Rückgabewerts folgt der Funktionsrumpf. Dieser enthält den Programmcode, der bei jedem Aufruf der Funktion ausgeführt werden soll. Der Programmcode selbst wird innerhalb von zwei geschweiften Klammern geschrieben.

Beispiel 6-6 stellt exemplarisch die Syntax in vereinfachter Form dar.

Beispiel 6-6: Aufbau einer Funktion

```
func funktionsname() -> Rückgabewert {
    // Programmcode
}
```

Der Aufruf einer Funktion erfolgt normalerweise durch das Schreiben des Funktionsnamens, gefolgt von leeren Klammern, sofern keine Parameter vorhanden sind. Wie genau Funktionen aufgerufen werden und welche z.B. auch Parameter haben, erklären wir in den kommenden Lektionen.

Die erste eigene Funktion

Unser erstes und wichtigstes Ziel ist es, eine Funktion zu schreiben, in der wir einen String ausgeben. Damit wir eine der einfachsten Formen einer Funktion beherrschen, verzichten wir bewusst auf einen Rückgabewert oder Parameter.

In einem Playground können Sie Beispiel 6-7 einmal ausprobieren. Es definiert eine Funktion mit dem Namen gibEtwasAus und beinhaltet zweimal den Aufruf dieser Funktion, die dann den String auf der Konsole ausgibt.

Beispiel 6-7: Die erste Funktion, die zweimal hintereinander den gleichen String ausgibt

```
func gibEtwasAus() {
    println("Meine erste Ausgabe mit einer Funktion")
}

gibEtwasAus() // 1. Aufruf
gibEtwasAus() // 2. Aufruf
```

Auf der Konsole sehen Sie nun, wie unser definierter String ausgegeben wird. Sie können zum Testen den String abändern oder auch die Funktion innerhalb einer Schleife aufrufen.

 Das Schreiben von Funktionen hat nicht nur den Vorteil, dass Ihr Programm aufgeräumter und organisierter erscheint, es führt auch dazu, dass Änderungen an einer bestimmten Funktion sofort an allen Stellen wirksam werden, an der sie aufgerufen wird.

Funktionen mit Parametern

In Swift können wir Funktionen so definieren, dass diese Werte entgegennehmen können. Erinnern wir uns an die Sinusfunktion aus dem Mathematikunterricht. Diese bekommt von uns exakt einen Wert übergeben und liefert uns einen Wert zurück, wohingegen der Aufruf von Sinus ohne einen Wert unmöglich ist. In der Informatik sprechen wir hierbei aber nicht mehr von Werten, sondern von *Parametern*. Ein Parameter kann hierbei jeglicher Swift-Datentyp sein. Anders als bei der Variablendeklaration muss man in Swift den Datentyp bei Parametern immer mit angeben. Sollte man dies vergessen, führt das sofort zu einem Fehler.

Funktionen können in Swift beliebig viele Parameter jeglichen Typs entgegennehmen. Die Definition der Parameter erfolgt innerhalb von Klammern nach dem Funktionsnamen. Jeder Parameter erhält einen lokalen Namen, der nur innerhalb der Funktion existiert, gefolgt von einem Doppelpunkt und dem Datentyp, dem dieser Parameter entspricht.

In Beispiel 6-8 haben wir hierfür eine Funktion erstellt, die den übergebenen Wert in der lokalen Variable wertA bereitstellt. Innerhalb der Funktion wird eine Variable initialisiert, die das Ergebnis aus der Multiplikation von wertA und der Zahl 2 speichert. Das Ergebnis wird anschließend mit println()auf der Konsole ausgegeben.

Beispiel 6-8: Funktionen mit Parameter

```
func multipliziereMitZwei(wertA: Int) {
    var ergebnis = wertA * 2
    println(ergebnis)
}

multipliziereMitZwei(2)
```

 Parameter, die an eine Funktion übergeben werden, sind nicht veränderbar und somit konstant. In unserer Lektion über konstante und variable Parameter weiter unten im Abschnitt »Konstante und variable Parameter« lernen Sie, dieses Verhalten zu ändern.

Mehrere Parameter

Möchten wir mehrere Parameter übergeben, müssen wir diese im Funktionskopf mit einem Komma voneinander trennen. Bei dem Funktionsaufruf selbst müssen wir die zu übergebenden Werte ebenfalls mit einem Komma trennen.

Beispiel 6-9: Mehrere Parameter

```
func multipliziere(faktorA: Int, faktorB: Int) {
    var produkt = faktorA * faktorB
    println(produkt)
}

multipliziere(2,4)
```

Der Funktionskopf und auch der Funktionsaufruf hat in Beispiel 6-9 jetzt einen zweiten Parameter.

Rückgabewerte

Wir können Funktionen so definieren, dass sie einen Wert zurückgeben können. Der Rückgabewert kann jedem beliebigen Datentyp entsprechen. Ob Zahl, String oder Objekt – in den meisten Programmiersprachen kann man immer nur einen Wert zurückgeben; in Swift können wir mithilfe von Tuples aber auch mehrere zurückgeben.

Damit eine Funktion einen Wert zurückgeben kann, müssen wir den Datentyp vorher definieren. Der Rückgabetyp wird in vielen Programmiersprachen (z.B. in C) vor den Namen der Funktion geschrieben. In Swift schreiben Sie den Rückgabetyp zwischen die Parameterdefinition und den Codeblock im Funktionskopf. Eingeleitet wird dies mit -›, gefolgt von dem Rückgabetyp. In Beispiel 6-10 ist dies Int.

Beispiel 6-10: Funktion zur Multiplikation mit einem Rückgabewert vomTyp Int

```
func multipliziere(faktorA: Int, faktorB: Int) -> Int {
    var produkt = faktorA * faktorB
    return produkt
}

var meinProdukt: Int = multipliziere(4, 2)
println(meinProdukt) // 8
```

 Eine Funktion, die einen Rückgabetyp definiert, muss auch immer einen Wert zurückliefern, der diesem entspricht! Ausnahmen bilden hier einige Sonderfälle, wie optionale Werte oder Konzepte der Vererbung, die Sie in Kapitel 7 und 8 noch kennenlernen.

Benannte Parameter

Für diejenigen unter Ihnen, die bereits Erfahrung in Objective-C haben, dürften benannte Parameter kein unbekanntes Paradigma sein. Benannte Parameter bieten uns einen großen Vorteil, was die Lesbarkeit des Programmcodes betrifft. Sie können erheblich dazu beitragen, dass Programmcode sprichwörtlich wie ein Buch gelesen werden kann, was besonders vorteilhaft ist, wenn Sie Ihr Programm mehrere Monate nicht mehr gewartet haben.

In Beispiel 6-11 haben wir die Beispielfunktion Beispiel 6-10 aus der Lektion über Rückgabewerte erweitert. Auffällig ist hier, dass vor den lokalen Variablennamen jetzt eine # steht. Diese Raute sorgt dafür, dass der lokale Variablenname beim späteren Funktionsaufruf ebenfalls sichtbar ist. Der Wert, der für diese benannte Variable übergeben werden soll, ist mit einem Doppelpunkt vom Variablennamen getrennt.

Im Vergleich zu Objective-C ist diese Syntax aus unserer Sicht vorteilhafter, da sie für viele Programmierer – und vor allem für Anfänger – einfacher zu lesen und verstehen ist.

Schauen Sie sich den Funktionsaufruf einmal genauer an, und versuchen Sie, ihn wie einen Satz zu lesen.

Eine mögliche Formulierung könnte sein: »Deklariere eine Variable mit dem Namen Produkt, und weise ihr den Wert aus dem Funktionsaufruf Faktor A = 2, multipliziert mit Faktor B = 4, zu.«

Beispiel 6-11: Benannte Parameter

```
func multipliziere(#faktorA: Int, #faktorB: Int) -> Int {
    return faktorA * faktorB
}

var produkt = multipliziere(faktorA: 2, faktorB: 4)
```

Sie müssen nicht jedem Parameter eine Raute voranstellen, wenn Sie nicht möchten, dass dieser von außen benannt ist. Dies ist aber eher eine Ausnahme und ist auch ästhetisch nicht unbedingt schön.

```
func multipliziere(#faktorA: Int, faktorB: Int) -> Int {
    return faktorA * faktorB
}
var produkt = multipliziere(faktorA: 8, 4)
```

Wenn man möchte, dass der lokale Parametername nicht verwendet wird, sondern ein eigener, dann schreibt man den gewünschten Namen einfach vor den lokalen Parameternamen, wie Sie in Beispiel 6-12 sehen. Dies kann unter Umständen die Funktionsaufrufe deutlich ästhetischer und sinnvoller erscheinen lassen.

Beispiel 6-12: Benannte Parameter 2

```
func multipliziere(#faktorA: Int, mitFaktorB faktorB: Int) -> Int {
    return faktorA * faktorB
}

var produkt = multipliziere(faktorA: 2, mitFaktorB: 4)
```

Optionale Parameter

Dank optionaler Parameter können wir bestimmen, was passiert, wenn eine Funktion ohne einen bestimmten Wert aufgerufen wird. Bei optionalen Parametern gilt es, eine

Grundregel einzuhalten. Die optionalen Parameter stehen immer hinter den nicht optionalen Parametern, sofern sie vorhanden sind. Haben Sie z. B. eine Funktion, bei der die ersten zwei Parameter nicht optional sein sollen, so schreiben Sie diese vor die Parameter, die optional sein sollen.

Die Definition von optionalen Parametern ist in Swift erstaunlich einfach. Man fügt einfach hinter dem Datentyp eines Parameters ein Gleichheitszeichen ein, gefolgt von dem Standardwert, der benutzt werden soll, falls der Parameter nicht übergeben wurde.

 Optionale Parameter müssen stets benannt sein!

Beispiel 6-13: Optionale Parameter

```
func verbindeStrings(string1: String, string2: String, verbindungsZeichen: String = " ")
    -> String {
    return string1 + verbindungsZeichen + string2
}

var stefanString = verbindeStrings("Stefan", "Popp")
var ralfString = verbindeStrings("Ralf", "Peters", verbindungsZeichen: "-")
```

Beispiel 6-13 verdeutlicht, dass man die Funktion `verbindeStrings` sowohl mit zwei als auch mit drei Parametern aufrufen kann.

Es wird häufig der Fall auftreten, dass Sie optionale Parameter nutzen möchten und werden. Vor allem durch die einfache Syntax kann Swift hier eindeutig punkten. Objective-C bietet diese Möglichkeit nicht, aber dank Swift können Sie sich an dieser Stelle die ein oder andere Kontrollstruktur sparen.

Konstante und variable Parameter

Funktionsparameter sind in Swift standardmäßig konstant. Möchte man wie in Beispiel 6-14 den Wert von `wertA` anpassen, quittiert der Swift-Compiler dies mit einer Fehlermeldung.

Beispiel 6-14: Konstante Funktionsparameter

```
func testFunktion(wertA: Int) {
    wertA = 5 // Erzeugt einen Fehler!
}
testFunktion(12)
```

Wenn man den Wert innerhalb der Funktion ändern möchte, muss man im Funktionskopf bei dem betreffenden Parameter das Schlüsselwort **var** schreiben (siehe Beispiel 6-15).

 Der Wert eines Parameters kann zwar innerhalb der Funktion geändert werden, er wird aber nicht – um z. B. dadurch Ergebnisse zurückzuliefern – auch außerhalb der Funktion übernommen! Um dieses Verhalten zu ermöglichen, müssen Sie einen In-Out-Parameter verwenden.

Beispiel 6-15: Variable Funktionsparameter

```
func testFunktion(var wertA: Int) {
    wertA = 5
    println(wertA)
}
testFunktion(12)
```

In-Out-Parameter

Es kann vorkommen, dass man Variablen, die außerhalb einer Funktion definiert sind, innerhalb einer Funktion abändern möchte. Damit man dies tun kann, muss man dem Parameternamen im Funktionskopf das Schlüsselwort **inout** voranstellen. Variablen, die man dann an die Funktion übergibt, muss man mit einem vorangestellten **&**-Zeichen übergeben. Das **&**-Zeichen kennzeichnet in diesem Fall, dass der Wert innerhalb der Funktion verändert werden kann. In Programmiersprachen wie C++ oder PHP übergibt man mit dem **&**-Zeichen einer Funktion eine Variable als Referenz, die natürlich daraufhin innerhalb einer Funktion verändert werden kann.

Beispiel 6-16: In-Out-Parameter

```
func vertauscheInhalt(inout wertA: Int, inout wertB: Int) {
    var temporär: Int = wertA
    wertA = wertB
    wertB = temporär
}

var x = 3
var y = 5

// Ausgeben der Werte
println("\(x) \(y)")
// Vertauschen der Werte
vertauscheInhalt(&x, &y)
// Ausgeben der Werte
println("\(x) \(y)")
```

Zur Verdeutlichung sollten Sie sich Beispiel 6-16 genauer ansehen. Die Funktion nimmt zwei Werte entgegen. Die Parameter wertA und wertB sind jeweils mit inout markiert. Wir möchten die Werte der beiden Variablen x und y vertauschen. In der Funktion erstellen wir eine temporäre Variable, in der wir uns den Wert von wertA merken. Danach überschreiben wir die Variable wertA mit dem Inhalt aus wertB. Als letzten Schritt speichern wir den gemerkten Wert aus der Variable temporär in wertB.

Um sicherzustellen, dass die Werte richtig vertauscht wurden, geben wir sie jeweils vor und nach dem Funktionsaufruf aus.

Tuples

Tuples eignen sich hervorragend, um zusammengehörende Daten zusammenzufassen. Das kann eine Matrize aus der Mathematik sein oder auch die Namen eines Hochzeitspaares. Uns bieten Tuples eine schöne Möglichkeit, Daten sinnvoll anzuordnen und anzusprechen.

Beispiel 6-17: Einen Tuple erzeugen

```
var authorTuple = ("Stefan Popp", "Autor", "Informatiker")
println(authorTuple.0) // Gibt "Stefan Popp" aus
println(authorTuple.1) // Gibt "Autor" aus
```

In Beispiel 6-17 erzeugen wir einen Tuple mit dem Variablennamen authorTuple. Ein Tuple wird initialisiert, indem wir unsere Werte einfach kommagetrennt zwischen normale Klammern schreiben.

Der Zugriff auf die Werte erfolgt bei dieser Schreibweise durch den Variablennamen, gefolgt von einem Punkt und der Position, an der der Wert im Tuple steht. Die Position beginnt aber nicht bei 1, sondern bei 0.

 In Swift beginnen Datensammlungen stets mit der Position 0, sofern der Datentyp über einen Index verfügt.

Ähnlich wie bei Funktionen können wir auch die Daten in Tuples benennen. Dafür schreiben wir unseren gewünschten Namen einfach vor den Wert, der benannt werden soll, und trennen das Ganze mit einem Doppelpunkt.

Beispiel 6-18: Daten in einem Tuple benennen

```
var authorTuple = (Name: "Stefan Popp", Status: "Autor", Beruf: "Informatiker")

// Zugriff über den Namen
println(authorTuple.Name)
println(authorTuple.Status)

// Zugriff über den Index ist weiterhin möglich
println(authorTuple.0)
println(authorTuple.1)
```

 Der Zugriff auf die Werte innerhalb eines Tuples ist über den Index natürlich weiterhin möglich, wenn man benannte Daten verwendet.

Tuples kann man auch verschachteln, wodurch sich Daten relativ einfach zusammenstellen lassen. Aus unserer Sicht gibt es aber für komplexe Datenstrukturen deutlich geeignetere Datentypen. Ein gewaltiger Nachteil der Tuples ist zudem, dass sie nicht iterierbar sind. Es gibt kein einfaches Verfahren, um mit Schleifen auf die Daten in Tuples zuzugreifen. Selbstverständlich gibt es auch hierfür Lösungen. Wenn man aber auf einfachste Weise dieses Verhalten wünscht, sollte man auf Arrays oder Dictionaries zurückgreifen.

Tuples kann man auch nutzen, um Daten ein wenig kompakter anzuordnen und gegebenenfalls fachlich schöner zu verdeutlichen. Beispiel 6-19 soll dies anhand von X/Y-Koordinaten zeigen.

Beispiel 6-19: Tuples auflösen

```
//Ein Tuple mit 2 Datensätzen erstellen
var einPunkt = (xAchse: 12, yAchse: 14)

// Ausgabe
println("X: \(einPunkt.xAchse) Y: \(einPunkt.yAchse)")

// Zwei Konstanten erstellen (X und Y)
// Werte aus "einPunkt" zuweisen
// Reihenfolge und Anzahl müssen identisch sein!
let (x, y) = einPunkt
```

 Die Anzahl und auch die Reihenfolge ist beim Auflösen wichtig und muss eingehalten werden. Sollte die Anzahl nicht übereinstimmen, wird dies mit einem Fehler quittiert!

Multiple Rückgabewerte mit Tuples

Mit Swift kann eine Funktion auch mehrere Werte mithilfe eines Tuples zurückgeben. Diese können auch benannt werden, um mit den Namen außerhalb der Funktion darauf zuzugreifen.

Beispiel 6-20: Multiple Rückgabewerte mit Tuples

```
func testMethode() -> (Int, Int) {
    return (1,5)
}

func zweiteTestMethode() -> (x: Int, y: Int) {
    return (2, 3)
}

var testTuple = testMethode()
println("Werte sind \(testTuple.0) und \(testTuple.1)")

var zweiterTestTuple = zweiteTestMethode()
println("Werte sind \(zweiterTestTuple.x) und \(zweiterTestTuple.y)")
```

Variadic – variable Parameteranzahl

Manchmal kommt es vor, dass man unbekannt viele Parameter an eine Funktion übergeben möchte.

Wenn wir in Swift von »variabler Parameteranzahl« sprechen, meinen wir *Variadics*. Eine Funktion mit Variadic kann mit beliebig vielen Werten gefüttert werden. Ein Variadic ist immer der einzige oder der letzte Parameter in einem Funktionskopf.

 Mehrere Variadics in einem Funktionskopf sind nicht möglich!

Wie in Beispiel Beispiel 6-21 im Funktionskopf zu erkennen ist, haben wir bei dem Konstantennamen für werte nach dem Datentyp drei Punkte geschrieben. Diese drücken aus, dass in werte eine variable Anzahl von Parametern vorhanden sein kann.

Die Konstante werte können wir sehr schön mit einer *for-Schleife* iterieren, was uns im Gegensatz zu Variadics wie in C sehr viel an Tipparbeit und Befehlen erspart.

Beispiel 6-21: Einfache Funktion, um den Durchschnittswert von unbestimmt vielen Doubles zu berechnen

```
func durchschnitt(werte: Double ...) -> Double {
    // Gib 0 zurück, wenn keine Parameter übergeben wurden
    if (werte.count == 0) {
        return 0.0
    }

    // Variable, in der wir alle Werte addieren
    var gesamtSumme = 0.0

    // Iteriere über alle Werte
    for wert in werte {
        // Addiere aktuellen Wert auf die Gesamtsumme
        gesamtSumme += wert
    }

    // Summe / Anzahl teilen.
    // Konvertiere (werte.count) Int zu Double
    return (gesamtSumme / Double(werte.count))

}


// Aufruf ohne Parameter sollte 0.0 zurückliefern
println(durchschnitt())

// Liefert 5 zurück
println(durchschnitt(2.0, 3.0, 5.0, 10.0))

// Liefert 8.5 zurück
println(durchschnitt(1,2,3,4,5,6,7,8,9,10,11,12,13,14,15,16))
```

Type Aliases

Manchmal ist es sinnvoll, einen Datentyp mit einem Namen zu erstellen, der in Wahrheit nur ein Alias oder eine Verknüpfung zu einem anderen Typ ist. Mit dem Schlüsselwort **typealias** können wir dies in Swift tun. Beispiel 6-22 erzeugt dabei den Datentyp **Fahrgestellnummer**, der vom Typ String ist. Wenn wir nun irgendwo eine Fahrgestellnummer benötigen, können wir die Variable mit diesem Datentyp deklarieren und nutzen. Sie können diesen Alias einfach überall da nutzen, wo Datentypen hingeschrieben werden können.

Beispiel 6-22: Type Alias für einen String

```
typealias Fahrgestellnummer = String
var bmwVIN: Fahrgestellnummer = "WBABB13270A123321"
var vwVIN = Fahrgestellnummer("WVWZZZ3BZWE689233")

func ausgabe(nummer: Fahrgestellnummer) {
    println("Fahrgestellnummer: \(nummer)")
}
```

KAPITEL 7

Enumerationen und Strukturen

Aufzählungen

Ein *Enumerator*, kurz *Enum*, ist ein Datentyp, den man im Deutschen auch als *Aufzählung* bezeichnen kann. In Programmiersprachen wie C ist ein Enumerator eine Liste von symbolischen Konstanten, wobei jede dieser Konstanten einen Zahlenwert repräsentiert. Swift bietet diese einfache Funktionalität auch an, geht aber einige Schritte weiter und erlaubt auch das Definieren von einzelnen Zeichen, Strings oder Zahlen mit Nachkommastellen.

Aber damit nicht genug. Enumeratoren in Swift erlauben es sogar, dass man Werte jeglichen Datentyps mit jeder symbolischen Konstante im Enumerator verknüpfen kann. Außerdem ist es möglich, in Ihrem Enumerator Sachen einzuprogrammieren, die normalerweise nur Klassen vorbehalten sind. Dazu zählen unter anderem *Computed Properties*, Instanzmethoden oder auch das Definieren eines eigenen Konstruktors. Die Möglichkeiten, in Swift sogar Protokolle (die Sie in Kapitel 10 kennenlernen) zu adaptieren und deren Vorgaben zu implementieren, gehen weit über die Funktionalität hinaus, die Enumeratoren in anderen Sprachen zulassen.

Einige dieser Fähigkeiten von Enumeratoren lernen Sie beiläufig in anderen Kapiteln kennen; diese Lektion beschäftigt sich mit spezifischen Eigenschaften und Aufgaben von Aufzählungen.

Der Enumerator hat auf den ersten Blick eine sehr ähnliche Syntax wie ein Switch. Lassen Sie sich aber nicht dadurch täuschen. Enumeratoren sind außerdem wie Strukturen auch *Value Types* und haben dadurch dasselbe Kopierverhalten, das im Abschnitt »Kopierverhalten und Übergabe von Strukturen« noch erklärt wird. Eingeleitet wird die Aufzählung mit dem Schlüsselwort **enum**, und ihr Inhalt befindet sich in geschweiften Klammern. Nehmen wir zur Veranschaulichung an, dass wir eine Aufzählung von Ländern implementieren möchten. Wie in Beispiel 7-1 zu sehen ist, müssen Sie pro Zeile einen **case** definieren, dem ein symbolischer Konstantenname folgt, wobei auf einer Zeile mehrere Werte kommagetrennt geschrieben werden können. Da jeder Enumerator ein eigener Datentyp ist und keine Variable oder Konstante, sollte man diese wie alle anderen Datentypen auch mit einem Großbuchstaben beginnen.

Beispiel 7-1: Enumerator mit Ländern

```
enum Land {
    case Deutschland
    case Österreich
    case Schweiz
    case Holland, Dänemark, Norwegen
}
```

Das Definieren einer Variablen mit dem Wert eines Enumerators ist denkbar einfach. Wir schreiben den Namen unseres Enumerators und, durch einen Punkt getrennt, den symbolischen Konstantennamen, den unsere Variable repräsentieren soll. Man muss bei der Variablendeklaration nicht explizit den Datentyp mit angeben, da Swift auch hier in der Lage ist, einen Rückschluss auf den Datentyp zu ziehen. Das hat zudem den Vorteil, dass man, wie Sie in Beispiel 7-2 sehen, später den Enumeratornamen weglassen kann und man einfach nur noch den Punkt, gefolgt von dem symbolischen Konstantennamen, schreibt.

Beispiel 7-2: Variable mit Enumeratorwert definieren

```
enum Land {
    case Deutschland
    case Österreich
    case Schweiz
    case Holland, Dänemark, Norwegen
}

var importLand = Land.Deutschland
importLand = .Schweiz
```

Vor allem bei Vergleichen kann ein Enumerator sehr von Vorteil sein. Da in vielen anderen Programmiersprachen Enumeratoren nur numerische Symbole beinhalten können, ist dort der Zusammenhang nicht sofort erkennbar. Grundsätzlich dienen Enumeratoren dazu, eine feste Menge an Konstanten für Vergleiche oder anderweitige Definitionen festlegen zu können, mit denen dann Ihr Programmcode arbeitet. Hierdurch können Sie ganz genau nachvollziehen, welche Werte sich in ihm befinden und mit welchen Werten Sie arbeiten können. Natürlich hat jeder Wert in einem Enumerator auch einen symbolischen Namen, den man sich besser einprägen kann. Beispiel 7-3 zeigt einen Vergleich von konstanten Werten, die wir frei definiert haben, und einem Enumerator, der diese Werte wesentlich übersichtlicher aufführt. Dieser Enumerator nutzt hierbei bereits *Raw Values*, die wir uns ein wenig später ansehen werden.

Beispiel 7-3: Vergleich Konstanten vs. Enumerator

```
let httpStatusCodeOk = 200
let httpStatusCodeCreated = 201
let httpStatusCodeAccepted = 202
let httpStatusCodeFound = 302
let httpStatusCodeSeeOther = 303
```

Beispiel 7-3: Vergleich Konstanten vs. Enumerator (Fortsetzung)

```
enum HttpStatus: Int {
    case Ok = 200
    case Created
    case Accepted
    case Found = 302
    case SeeOther
}
```

Stellen wir uns vor, wir versuchen eine Webseite von einem Webserver abzurufen. Der Webserver antwortet normalerweise mit einem Statuscode, den man auswerten kann. Jeder dieser Codes kann für einen anderen Zustand stehen. Unser Programm sollte auf einzelne Fälle reagieren können und entsprechend weiter mit dem Webserver kommunizieren, wenn es möglich ist. Diesen Ablauf können wir wunderschön mit einem Switch programmieren. Jeder Case in einem Switch könnte hierbei dem Namen eines Wertes aus unserem Enumerator entsprechen. Da dem Switch bekannt ist, um welchen Datentyp es sich handelt, nimmt er uns auch einiges an Tipparbeit ab, und wir werten einfach unsere Statuscodes so aus, wie in Beispiel 7-4 zu sehen ist.

Beispiel 7-4: Enumerator im Zusammenspiel mit Switch

```
enum HttpStatus {
    case Ok
    case Created
    case Accepted
    case SeeOther
}

var serverAntwort = HttpStatus.Ok

switch serverAntwort {
case .Ok:
    println("Website kann abgeholt werden")
case .Accepted:
    println("Anfrage akzeptiert")
default:
    println("Noch nicht implementiert")
}
```

 Erinnern Sie sich noch? Wenn alle möglichen Cases eines Enumerators in einem Switch abgedeckt sind, kann der Default Case entfernt werden.

Verknüpfte Werte

In unseren bisherigen Beispielen haben wir einer Variable einen symbolischen Wert unseres Enumerators zugewiesen. Manchmal kann es aber sinnvoll sein, mehr als nur diesen symbolischen Wert zu kennen. Stellen wir uns hierzu vor, dass wir einen Enumerator haben, der unterschiedliche Farbräume definiert. Diese könnten beispielhaft RGB, RGBA und HSL sein. Nun möchten wir zusätzlich einen Farbwert speichern. Dies würde man in anderen Sprachen häufig mit Dictionaries, Strukturen oder gar Klassen lösen. Ein Enumerator kann bei einem so einfachen Problem bereits selbst mithilfe von *Associated Values* aushelfen.

Hierbei wird hinter einem Case, der mit einem Wert verknüpft werden soll, der Datentyp zwischen zwei normale Klammern geschrieben. Man kann hierbei auch mehrere Datentypen kommagetrennt schreiben, wenn mehrere Verknüpfungen benötigt werden. Eine Beschränkung auf bestimmte Datentypen gibt es hierbei nicht, wodurch man auch Objekte oder Strukturen verwenden könnte. In Beispiel 7-5 ist ein **Farbraum**-Enumerator definiert, wobei die unterschiedlichen Farbräume eine unterschiedliche Anzahl an Werten bieten. Weist man einer Variable jetzt einen solchen symbolischen Konstantennamen zu, muss gleichzeitig der jeweilige Farbwert mit angegeben werden. In dem Beispiel muss man beim Zuweisen des RGB-Farbraums die jeweiligen Werte für Rot, Grün und Blau hinzufügen. Die verknüpften Werte können später innerhalb von Switch-Anweisungen wieder ausgelesen werden. Hierbei definiert man pro Case wie beim Enumerator-Case eine Liste von Konstanten oder Variablennamen, um Zugriff auf diese Daten zu erhalten. Dabei muss die Reihenfolge und die Anzahl der Werte pro Case gleich sein. Hierbei gibt es, wie ebenfalls in dem Beispiel zu sehen ist, zwei verschiedene Schreibweisen. Die erste ist dabei deutlich länger. Man kann hierbei aber pro Wert sagen, ob dieser konstant oder variabel ist. In der Praxis wird aber die Schreibweise des zweiten Case wohl häufiger anzutreffen sein. Diese legt direkt nach dem Schlüsselwort **case** fest, dass alle Werte in der Klammer konstant sind. Man definiert für diese dann nur noch die Namen für die einzelnen Werte.

Beispiel 7-5: Associated Values mit Switch

```
enum Farbraum {
    case RGB(Float, Float, Float)
    case RGBA(Float, Float, Float, Float)
    case HSL(Float, Float, Float)
}
var rgbaPixelFarbraum = Farbraum.RGBA(128, 255, 32, 128.0)
var hslPixelFarbraum = Farbraum.HSL(102, 51, 43)
switch rgbaPixelFarbraum {
case .RGBA(let red, let green, let blue, let alpha):
    println("RGBA-Farbraum")
println("R:\(red) G:\(green) B:\(blue)")
case let .HSL(hue, saturation, lightness):
    println("HSL-Farbraum")
println("H:\(hue) S:\(saturation) L:\(lightness)")
default:
    break
}
```

Raw Values

Mit *Raw Values* gibt uns Swift eine weitere Möglichkeit, für einen Case einen Wert zu speichern. Im Gegensatz zu den *Associated Values* werden die Raw Values aber nicht beim Erstellen einer Variablen oder Konstante mit einem Case definiert, sondern beim Deklarieren des Enumerators selbst. Das bedeutet, dass die Werte, die wir hinter einem Case angeben, vordefiniert und konstant für die spätere Benutzung sind.

Damit Sie Raw Values zur Verfügung stellen können, müssen Sie den Datentyp des Raw Value bei der Definition des Enumerators mit angeben. Mit Ausnahme des Datentyps Int muss für jeden Case ein Raw Value definiert sein. In Beispiel 7-6 ist ein Enumerator definiert, der verschiedene Autohersteller auflistet und den Cases einen Raw Value zuweist. Dabei wird nach dem Namen des Case der Zuweisungsoperator geschrieben, gefolgt von dem Wert, der als Raw Value für diesen definiert sein soll. Natürlich muss der zugewiesene Wert auch dem Datentyp entsprechen, den wir hinter unserem Enumeratornamen definiert haben. Um z. B. den Inhalt des Raw Value selbst auszugeben, müssen Sie nichts weiter tun, als das Property `rawValue` des Case aufzurufen. Dies tun Sie, indem Sie den Namen des Case oder einer Variable, die einen Case enthält, schreiben, gefolgt von einem Punkt und dem Property-Namen `rawValue`. Diesen könnte man wie in Beispiel 7-6 mit der `println()`-Funktion ausgeben.

Beispiel 7-6: Enumerator mit Raw Values

```
enum Autohersteller: String {
    case AUDI = "AUDI AG"
    case BMW = "BMW AG"
    case MERCEDES = "Daimler AG"
    case VW = "Volkswagen AG"
}

var hersteller = Autohersteller.AUDI
println(hersteller.rawValue)
println(Autohersteller.VW.rawValue)
```

 Ein Raw Value darf in einem Enumerator nicht doppelt vorkommen. Versuchen Sie stets, einmalige Werte zu definieren, um einen Compiler-Fehler zu vermeiden.

Wie wir bereits erwähnt haben, gibt es bei den Raw Values eine Ausnahme, und zwar bei der Verwendung des Datentyps Int. Hierbei reicht es aus, den ersten Case mit einem Raw Value zu definieren. Swift wird dann für Sie alle nachfolgenden Cases mit Raw Value versehen und den Raw Value pro Case hochzählen. Sie haben dies bereits in Beispiel 7-3 gesehen, das HTTP-Statuscodes definiert. Dabei beginnt die erste Zahlenreihe mit den Statuscodes ab 200, gefolgt vom nächsten Block, der bei 302 beginnt. Bei diesem Beispiel ist auch schön zu erkennen, dass Sie immer noch manuell eingreifen können. Denn beginnt ein späterer Case mit einem höheren Zahlenwert, so müssen Sie wieder lediglich den ersten Wert festlegen.

Möchte man anhand eines Raw Value den entsprechenden Enumerator-Case erhalten, so kann man dies über einen automatisch erzeugten Initialisierer des Enumerators tun. Dieser wird selbstverständlich nur bei Enumeratoren mit Raw Values angeboten. Stellen wir uns vor, dass wir mit einem Webservice kommuniziert haben und dessen Statuscode auswerten möchten. Wir haben bereits einen Enumerator mit den verschiedenen Codes definiert und möchten nun anhand des Statuscodes vom Webservice den entsprechenden Case finden und einer Konstante zuweisen. Eine Auswertung über den Erfolgsfall der Initialisierung wird direkt bei der Zuweisung zur Konstante von einer if-Kontrollstruktur durchgeführt.

Unsere Lösung, die Sie in Beispiel 7-7 sehen, versucht, einen Enumerator mit dem Raw Value zu initialisieren. Der Wert zur Initialisierung entspricht dabei dem Int, der vom Webservice geliefert wurde. Sollte die Initialisierung erfolgreich sein, so wird der entsprechende Enumeratorwert in der Konstante **status** gespeichert. Bei einem Misserfolg liefert der Initialisierer den Wert **nil** zurück, der für eine Kontrollstruktur *false* entspricht. Eine genaue Erläuterung zu **nil** erhalten Sie in der Lektion über Optionals in Kapitel 9 auf Seite 142.

Da der Wert erfolgreich zugewiesen werden konnte, ist die Bedingung der Kontrollstruktur erfüllt und der Programmcode für den Erfolgsfall wird ausgeführt. In diesem befindet sich ein Switch, der je nach Enumeratorwert einen String auf der Konsole ausgibt.

Beispiel 7-7: Enumerator mit Raw Value initialisieren

```
enum HttpStatus: Int {
    case Ok = 200
    case Created
    case Accepted
    case Found = 302
    case SeeOther
}

if let statusCode = HttpStatus(rawValue: 200) {
    switch statusCode {
    case .Ok:
        println("Website kann abgeholt werden")
    case .Accepted:
        println("Anfrage akzeptiert")
    default:
        println("Noch nicht implementiert")
    }

} else {
    println("Statuscode wurde nicht gefunden!")
}
```

Strukturen

Damit wir Daten geschickter zusammenfassen können, haben wir in Swift die Möglichkeit, Strukturen zu erstellen. In diesen können wir sowohl einfache als auch komplexe

Datentypen deklarieren. Zusätzlich kann man in Swift, ähnlich wie in C++, Strukturen mit Funktionen erweitern und diese später bei Instanzen unserer Struktur aufrufen. Die aus der Objektorientierung bekannte Vererbung ist mit Strukturen in Swift aber nicht möglich. Strukturen haben im Gegensatz zu Klassen einige Einschränkungen, die uns fast dazu zwingen, Strukturen für sehr einfache Anwendungsfälle zu nutzen. Entscheiden Sie aber selbst, in welchem Umfang Sie Strukturen nutzen möchten. Das spätere Umschreiben einer Struktur zu einer Klasse ist in den meisten Fällen deutlich einfacher, als eine Klasse in eine Struktur umzuwandeln.

In der Softwareentwicklung bezeichnet man Funktionen, die in Strukturen oder Klassen geschrieben werden, normalerweise als *Methoden*.

Alles, was Sie über Strukturen lesen und erfahren werden, entspricht bis auf wenige Ausnahmen auch der Syntax und dem Verhalten von Klassen und Objekten. Eine Vertiefung über Klassen, die objektorientierte Programmierung und deren Unterschiede sowie über weitere Möglichkeiten im Vergleich zu Strukturen folgt direkt im Anschluss an diese Lektion.

Deklaration einer Struktur

Sie leiten eine Struktur durch das Keyword **struct** ein, auf das der Name folgt, den die Struktur annehmen soll. Anschließend deklarieren Sie Ihre Datentypen, die sowohl variabel als auch konstant sein können (siehe Beispiel 7-8). Die Syntax für Methoden innerhalb einer Struktur ist ebenfalls exakt die gleiche, die Sie für Funktionen außerhalb der Struktur verwenden. Unterschiede bilden hierbei nur die Aufrufe von Methoden, auf die wir später noch genauer eingehen.

Variablen oder Konstanten werden bei Strukturen und Klassen *Properties* genannt. Swift unterscheidet hierbei zusätzlich zwischen verschiedenen Arten von *Properties*, die Sie im späteren Verlauf noch kennenlernen werden.

Beispiel 7-8: Beispiel für den Aufbau einer struct

```
struct Strukturname {
    var variablenName = 0
    let eineKonstante: Datentyp = "DefaultWert"

    func methodenname() -> returnValue {

        return wert
    }
}
```

Um uns den Nutzen von Strukturen besser veranschaulichen zu können, versuchen wir, ein Quadrat mit Eigenschaften und Methoden als Struktur zu definieren. Die Struktur soll die Seitenlänge des Quadrats beinhalten sowie eine Handvoll Methoden, mit denen wir z. B. die Fläche oder auch den Umfang berechnen können.

 In Swift (wie auch in vielen anderen Programmiersprachen) ist es üblich, dass der Name einer Struktur oder einer Klasse großgeschrieben wird, damit man diese von Variablen oder Objektinstanzen unterscheiden kann.

Beispiel 7-9: Eine Struktur für Quadrate

```
struct Quadrat {
    var seitenlänge = 0

    func umfang() -> Int {
        return seitenlänge * 4
    }

    func fläche() -> Int {
        return seitenlänge * seitenlänge
    }
}
```

In Beispiel 7-9 haben wir eine Struktur mit dem Namen Quadrat deklariert. Sie enthält eine Variable seitenlänge, die beim Erstellen des Quadrats mit 0 initialisiert wird. Swift bietet elegantere Möglichkeiten der Initialisierung, die Sie später noch kennenlernen werden. Außerdem bietet das Beispiel zwei Methoden, mit denen wir den Umfang und die Fläche des Quadrats berechnen lassen können.

Instanziieren und Methoden aufrufen

Beim Instanziieren wird aus der Struktur ein Objekt erzeugt, wobei die Struktur als eine Art Bauplan für das Objekt dient. Hier ist es genauso einfach wie mit allen anderen Datentypen in Swift. Beispiel 7-10 erstellt eine Instanz unserer Struktur vom Datentyp Quadrat und weist diese der Variable kleinesQuadrat zu. Nach der Zuweisung wird die Seitenlänge festgelegt, es werden verschiedene Methoden aufgerufen, und der Rückgabewert wird mithilfe der println()-Funktion auf der Konsole ausgegeben. Der Aufruf von Methoden bei Strukturen und Klassen erfolgt über die sogenannte Punkt-Syntax. In unserem Beispiel kann man gut erkennen, dass zuerst der Variablenname für das Quadrat geschrieben wird, gefolgt von einem Punkt und dem Property-Namen. Die gleiche Syntax wird auch für Methodenaufrufe verwendet.

Beispiel 7-10: Instanziieren der Struktur und Aufrufen verschiedener Methoden

```
var kleinesQuadrat = Quadrat()
kleinesQuadrat.seitenlänge = 5
println(kleinesQuadrat.umfang())
println(kleinesQuadrat.fläche())
```

Kopierverhalten und Übergabe von Strukturen

Natürlich können Sie Instanzen von Strukturen auch an Funktionen oder Methoden übergeben, Sie müssen sich bei Strukturen aber merken, dass es sich immer nur um eine Kopie dieser Struktur handelt! Selbiges gilt auch, wenn Sie die Struktur einer neuen Variable zuweisen. Bei Funktionen und Methoden gibt es hierbei aber wieder die Möglichkeit, eine Referenz der Struktur zu nutzen, indem Sie bei der Methodendeklaration das Schlüsselwort **inout** benutzen. Beispiel 7-11 veranschaulicht, wie eine Funktion eine Referenz auf eine Struktur erhält, und zeigt das Verhalten, wenn wir unsere Struktur einer anderen Variable zuweisen.

 Wenn Sie eine Instanz einer Struktur in einer Konstante speichern, ist diese inklusive ihrer Properties nicht mehr veränderbar. Dies gilt auch, wenn ihre Properties als Variablen deklariert sind!

Beispiel 7-11: Kopierverhalten von Strukturen

```
func ändereSeitenlänge(inout meineStruktur: Quadrat, neuerWert: Int) {
    meineStruktur.seitenlänge = neuerWert
}

var meinQuadrat = Quadrat()
meinQuadrat.seitenlänge = 5          // Initialwert festlegen
println(meinQuadrat.umfang())        // Ergibt 20
ändereSeitenlänge(&meinQuadrat, 20)  // Neue Seitenlänge über eine Funktion definieren
println(meinQuadrat.umfang())        // Ergibt jetzt 80
var quadratKopie = meinQuadrat       // Erzeugt eine Kopie von meinQuadrat!
quadratKopie.seitenlänge = 10        // Neue Seitenlänge definieren
/* Der Umfang von meinQuadrat wird weiterhin 80 sein, da
   quadratKopie nur eine Kopie von meinQuadrat ist */
println(meinQuadrat.umfang())        // Ergibt 80
```

 Bitte prägen Sie sich sehr gut ein, wann Sie in welchen Fällen eine Kopie von einer Struktur erhalten. Eine große Fehlerquelle, die Ihnen unerwartete Ergebnisse liefert, wird nicht selten die falsche Übergabe von Strukturen an Funktionen und Methoden sein.

Aufruf mit benannten Parametern

Methoden innerhalb von Strukturen und Klassen veröffentlichen automatisch die Namen so, dass alle Parameter benannt sind. Ausgenommen davon ist nur der erste Parameter, der automatisch nicht mit angezeigt wird. Möchte man dennoch, dass der erste Parameter benannt ist, stellt man diesen wie bei Funktionen außerhalb von Strukturen ein Doppelkreuz voran. Ansonsten verhalten sich die Methodendeklaration und der Aufruf identisch zu dem von Funktionen. Beispiel 7-12 ist eine einfache Verdeutlichung verschiedener Deklarationsmöglichkeiten, die sowohl für Strukturen als auch für Klassen zutreffen.

Beispiel 7-12: Deklarations- und Aufrufmöglichkeiten bei Strukturen und Klassen

```swift
struct MethodenBeispiele {
    func addiere(wertA: Int, wertB: Int) -> Int {
        return wertA + wertB
    }

    func multipliziere(#wertA: Int, mitWertB wertB: Int) -> Int {
        return wertA * wertB
    }

    func dividiere(wertA: Int, _ wertB: Int) -> Int {
        return wertA / wertB
    }
}

var beispiele = MethodenBeispiele()
beispiele.addiere(1, wertB: 2) // Standardverhalten
beispiele.multipliziere(wertA: 2, mitWertB: 4) // Beide benannt
beispiele.dividiere(10, 2) // Ohne benannte Parameter
```

Statische Variablen und Methoden

In Swift ist es nicht nur möglich, Methoden von Instanzen aufzurufen. Sie können ebenfalls Methoden oder Properties so definieren, dass diese auf dem Datentyp einer Struktur selbst aufrufbar sind. Dies erreicht man durch das Schlüsselwort **static** vor einer Methode oder einer Property. In Beispiel 7-13 haben wir eine Struktur für mathematische Konstanten erstellt, die auch eine Umrechnungsmethode beherrscht. Der Aufruf dieser Methode erfolgt nicht wie bisher auf einer erstellten Instanz einer Struktur, sondern direkt auf dem Datentyp selbst. Man schreibt folglich den Namen des Datentyps, gefolgt von einem Punkt und dem Methodennamen. Das Schlüsselwort **self** referenziert innerhalb der statischen Methoden nicht eine Instanz, sondern den Datentyp selbst. Das Property pi_2 ist eine *Computed Type Property* und kann Berechnungen zur Laufzeit vornehmen. Erwartet wird dabei ein Rückgabewert, der als Typ der Property definiert wurde.

Beispiel 7-13: Struktur mit static-Methode

```swift
struct MatheKonstanten {
    static let pi: Double = 3.14159265359
    static var pi_2: Double {
        return self.pi / 2.0
    } // Computed Type Property

    static func deg2rad(radius: Double) -> Double {
        return radius * self.pi / 180.0
    }
}
println(MatheKonstanten.deg2rad(15.0))
```

Möchte man Werte von Properties innerhalb derselben Struktur nutzen, müssen diese ebenfalls statisch sein. Selbiges gilt auch, wenn man andere Methoden innerhalb der Struktur nutzen möchte. Andernfalls wird das Programm nicht kompilieren und einen entsprechenden Fehler anzeigen. Probieren Sie doch einmal aus, was passiert, wenn Sie das Schlüsselwort static bei pi entfernen.

Da pi selbst statisch ist, kann man auf das Schlüsselwort self innerhalb der statischen deg2rad-Methode verzichten.

Was mit Methoden funktioniert, kann ebenfalls mit Variablen oder Konstanten gemacht werden. In Beispiel 7-14 könnte eine Struktur genutzt werden, um global verschiedene Statistiken zu sammeln. Ein Vorteil durch dieses Vorgehen wäre, dass man keine Instanz der Struktur benötigt und diese überall verfügbar wäre. Natürlich könnte man die statischen Variablen auch ohne eine Struktur irgendwo im Programmcode platzieren. Wir erinnern uns aber daran, dass Strukturen dazu genutzt werden können, um Daten sinnvoll zusammenzufassen.

Beispiel 7-14: Struktur mit statischen Variablen

```
struct ProgrammStatistik {
    static var funktionsAufrufe = 0
    static var angemeldeteBenutzer = 0
}

++ProgrammStatistik.funktionsAufrufe        // Um 1 erhöhen
++ProgrammStatistik.angemeldeteBenutzer     // Um 1 erhöhen
```

Neben der Bezeichnung *statische Methode* oder *statische Variable/Konstante* werden diese auch als *Type Methods* oder *Type Properties* bezeichnet, da sie sich auf den Typ beziehen und nicht auf eine Instanz der Struktur.

Konstruktoren

Was sich in anderen Sprachen als sehr nützlich erwiesen hat, darf in Swift selbstverständlich nicht fehlen. Als Entwickler haben wir die Möglichkeit, zu beeinflussen, wie eine Klasse oder Struktur zu instanziieren ist oder ob während der Instanziierung weiterer Programmcode ausgeführt werden soll oder muss. Dies kann zum Beispiel dann der Fall sein, wenn ein bestimmter Wert zur Zeit der Instanziierung übergeben werden muss oder Werte als Grundlage für Properties innerhalb einer Struktur oder Klasse genutzt werden sollen.

In Swift sind Konstruktoren ein sehr umfangreiches Thema, und es gibt viele verschiedene Möglichkeiten, eine Struktur oder ein Objekt zu initialisieren. Wir geben Ihnen einen Überblick über einige dieser Möglichkeiten, damit Sie sicher im Umgang mit Konstruktoren bei

Strukturen werden. In der objektorientierten Programmierung unterscheiden sich Klassen in einigen Punkten von Strukturen, diese werden in Kapitel 8 separat behandelt.

 Apple selbst nennt Konstruktoren in Swift *Initialisierer*, englisch: *Initializer*. Da der Begriff *Konstruktor* in den meisten Sprachen aber durchaus gängig ist und *Initialisierungsfunktion* im Deutschen etwas umständlich klingt, haben wir uns entschieden, diese Bezeichnung beizubehalten.

Jede Struktur oder Klasse hat eine **init()**-Methode. Diese Methode wird immer dann aufgerufen, sobald eine Instanz von ihr erstellt wird. Wir können in dieser Methode beispielsweise unseren Properties Standardwerte zuweisen oder auch nötige Umrechnungen erledigen. Die Einsatzmöglichkeiten sind sehr verschieden und vielseitig. In unserer Beispielstruktur eines Quadrats haben wir das Setzen des Standardwerts für die Seitenlänge bisher beim Deklarieren der Seitenlängenvariable definiert. Wir könnten dies entfallen lassen, indem wir zum Beispiel in unserer **init()**-Methode der Seitenlängenvariable den Standartwert zuweisen.

 Properties in Strukturen benötigen generell keinen Standardwert bei der Deklaration. Voraussetzung dafür ist aber, dass die Properties einen fest definierten Datentyp haben. Der automatisch erstellte Konstruktor hat für jede Property ohne Standardwert einen Parameter, mit dem diese Property initialisiert wird.

```
struct Quadrat {
    var seitenlänge: Double
}
var meinQuadrat = Quadrat(seitenlänge: 5.0)
```

Beispiel 7-15: Standardwert in der init()-Methode definieren

```
struct Quadrat {
    var seitenlänge: Double

    init() {
        seitenlänge = 0.0
    }
}

var meinQuadrat = Quadrat()
```

Neben dem Überschreiben der **init()**-Methode können wir auch kinderleicht eigene Konstruktormethoden definieren, die benannte Parameter nach außen anzeigen. Sie können beliebig viele **init()**-Methoden schreiben; Sie müssen nur sicherstellen, dass keine Signatur einer **init()**-Methode doppelt vorkommt. Beispiel 7-16 veranschaulicht mit drei verschiedenen Konstruktoren einige Möglichkeiten.

Allen Konstruktoren ist gemeinsam, dass sie keinen Rückgabetyp besitzen. Schließlich wird bei der Instanziierung ein Objekt erzeugt, daher wäre das auch nicht sinnvoll.

Die ersten beiden Konstruktoren ermöglichen es, anhand der Fläche oder des Umfangs die Seitenlänge zu setzen. Wir haben jeweils eine **init()**-Methode, der man die entsprechenden Werte übergeben kann, und innerhalb der Methode wird die Seitenlänge ausgerechnet und in der Konstante seitenlänge gespeichert.

Der letzte Konstruktor nimmt eine Sonderstellung ein. Wenn wir uns z. B. wie beim Quadrat sicher sind, dass ein Quadrat nur mit einer Seitenlänge initialisiert werden kann, so können wir darauf verzichten, dass der Name der Konstante nach außen angezeigt wird. Indem wir einen Unterstrich vor den lokalen Variablennamen schreiben, sorgen wir dafür, dass der Name nicht veröffentlicht wird, und können beim Erstellen des dritten Quadrats einfach den Zahlenwert für unsere Seitenlänge übergeben. Zusätzlich hat unser Code eine weitere Besonderheit, denn die Variablen- bzw. Konstantennamen lauten beide seitenlänge. Damit wir dem Compiler zuverlässig beschreiben können, welche Variable oder Konstante jetzt welche ist, bietet uns Swift das Schlüsselwort **self** innerhalb von Strukturen und Klassen. Durch **self** können wir sowohl in Strukturen als auch in Klassen auf uns selbst »zeigen«. In C++ kennt man **self** auch als den *this-Pointer*.

Die letzte Form des Konstruktors ist für sehr eindeutige Strukturen oder Klassen durchaus geeignet. Da Swift aber eine Sprache ist, die sich wie ein Buch lesen lassen soll, würden wir persönlich lieber auf benannte Parameter zurückgreifen. Diese können, wenn sie richtig geschrieben sind, dem Entwickler sehr eindeutig vermitteln, welche Werte gefordert sind. Sollten die Konstruktoren parameternamenlos sein, ist dies um ein Vielfaches schwieriger – vor allem, weil die meisten Entwickler gern auf Dokumentationen verzichten.

Beispiel 7-16: Verschiedene Konstruktormöglichkeiten mit einem Quadrat

```
import Foundation
struct Quadrat {
    let seitenlänge: Double

    init(seitenlängeAusUmfang umfang: Double) {
        seitenlänge = umfang / 4.0
    }

    init(seitenlängeAusFläche fläche: Double) {
        seitenlänge = sqrt(fläche)
    }

    init(_ seitenlänge: Double) {
        self.seitenlänge = seitenlänge;
    }
}

var erstesQuadrat = Quadrat(seitenlängeAusUmfang: 16)
var zweitesQuadrat = Quadrat(seitenlängeAusFläche: 49)
var drittesQuadrat = Quadrat(12.0)
```

Vielleicht ist Ihnen bereits in Beispiel 7-16 aufgefallen, dass der Wert einer konstanten Property gesetzt wird. Dies ist nur innerhalb einer init()-Methode möglich!

Getter und Setter

Bisher haben wir in unseren Strukturen immer mit sogenannten *Stored Properties* gearbeitet. Diese Properties speichern immer den Wert, den man übergibt, und geben immer exakt den Wert zurück, den sie aktuell besitzen. Neben *Stored Properties* gibt es in Swift aber auch *Computed Properties,* die es uns ermöglichen, einen Wert beim Lesen oder Speichern bewusst zu verändern oder erst dort zu berechnen. Dabei belegen die *Computed Properties* im Gegensatz zu *Stored Properties* keinen expliziten Speicher für den zu behandelnden Wert in der Struktur. Dies kann zum Beispiel dann recht praktisch sein, wenn man einen Wert beim Abfragen ganz bewusst verändern will, ohne aber seinen Originalwert, auf dem er basiert, verändern zu müssen. Bisher haben wir dies mithilfe von Methoden realisiert. Mit dem Benutzen von Gettern und Settern können wir uns dies aber sparen. Computed Properties existieren sowohl innerhalb von Strukturen als auch bei Klassen.

In Beispiel 7-17 verwenden wir die **get**- und **set**-Definition, um unsere Berechnungen sowohl beim Speichern als auch beim Lesen von Werten durchzuführen. Zusätzlich haben wir eine weitere Berechnung hinzufügt, die wir nutzen, um die Länge der Diagonale zu berechnen und zurückzugeben. Sicherlich ist Ihnen hierbei aufgefallen, dass es keinen Setter für die Länge der Diagonale gibt. Auf diesen haben wir bewusst verzichtet, da es schlichtweg nicht möglich sein soll, über die Länge der Diagonale einen Wert zu setzen. Sollte man später versuchen, der Property für die Diagonallänge dennoch einen Wert zuzuweisen, würde dies mit einem Compiler-Fehler quittiert werden. Innerhalb einer Setter-Definition ist der neue Wert, der zugewiesen werden soll, unter dem Konstantennamen **newValue** abrufbar.

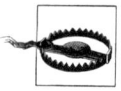

Es ist nicht möglich, bei einer Property nur einen Setter zu schreiben. Eine Computed Property benötigt immer mindestens einen Getter, während die Setter immer optional sind. Zusätzlich müssen Sie beachten, dass der Datentyp bei Computed Properties immer angegeben werden muss!

Beispiel 7-17: Computed Properties in einer Struktur

```
import Foundation

struct Quadrat {
    var seitenlänge: Double
    var umfang: Double {
        get {
            return seitenlänge * 4
        }
        set {
            seitenlänge = newValue / 4
        }
    }
```

```
    var fläche: Double {
        get {
            return seitenlänge * seitenlänge
        }
        set {
            seitenlänge = sqrt(newValue)
        }
    }
    var diagonallänge: Double {
        get {
            return seitenlänge * sqrt(2.0)
        }
    }
}

var meinQuadrat = Quadrat(seitenlänge: 5.0)
println(meinQuadrat.umfang) // durch den Getter berechnet
println(meinQuadrat.fläche) // durch den Getter berechnet
println(meinQuadrat.diagonallänge) // Getter berechnet
meinQuadrat.fläche = 25.0 // Setter setzt Seitenlänge
meinQuadrat.umfang = 12.0 // Setter setzt Seitenlänge
```

 Falls nötig ist es möglich, bei Settern den Konstantennamen für den neuen Wert selbst festzulegen. Normalerweise ist dieser **newValue**. Hierfür schreibt man zwischen das Schlüsselwort **set** und der ersten geschweiften Klammer den Namen der Konstante in normale Klammern:

```
        set (meinNeuerWert) {
            seitenlänge = meinNeuerWert / 4
        }
```

Mutating Methods

Normalerweise ist es in Swift nicht möglich, Werte von Properties innerhalb von Instanzmethoden einer Struktur oder einer Enumeration zu verändern. Da es aber durchaus sinnvolle Anwendungsmöglichkeiten für dieses Verhalten gibt, bietet Swift das Schlüsselwort **mutating** an. Stellt man **mutating** vor das Schlüsselwort **func**, kann man Properties modifizieren.

Beispiel 7-18: Methode, die Werte von Properties verändern kann

```
struct Quadrat {
    var seitenlänge: Double

    mutating func vergrößern(um expansionsWert: Double) {
        seitenlänge += expansionsWert
    }
}
var meinQuadrat = Quadrat(seitenlänge: 5.0)
meinQuadrat.vergrößern(um: 2.0)
```

In Swift ist es möglich, die Instanz selbst innerhalb einer Mutating Method zu überschreiben. So könnten wir in Beispiel 7-18, anstatt einen neuen Wert zu setzen, gleich die ganze Instanz ersetzen:

```
mutating func vergrößern(um expansionsWert: Double) {
    self = Quadrat(seitenlänge: seitenlänge + expansionsWert)
}
```

Property Observers

Manchmal ist es interessant, zu erfahren, wann ein Wert von einer *Stored Property* geändert werden soll oder geändert wurde. In Swift ist dies durchaus möglich, ohne sich mit Gettern und Settern herumschlagen zu müssen. Dadurch bietet Swift ein weiteres Sprachmerkmal gegenüber Objective-C, das sicherlich schnell seinen Weg in die Werkzeugkiste vieler Programmierer finden wird.

Beispiel 7-19: willSet und didSet bei einer Stored Property

```
import Foundation
struct Quadrat {
    var seitenlänge: Double {
        willSet {
            println("Alte Länge \(seitenlänge) ersetzen durch \(newValue)")
        }
        didSet {
            println("Neuer Wert gesetzt")
        }
    }
}
var meinQuadrat = Quadrat(seitenlänge: 5.0)
meinQuadrat.seitenlänge = 20.0
```

Das Beispiel 7-19 gibt jeweils einen von uns definierten Text vor und gibt ihn nach dem Setzen des neuen Wertes auf der Konsole aus. Ähnlich wie bei den Settern von *Computed Properties* ist der neue Wert in der `willSet`-Definition ebenfalls in der Konstante `newValue` gesetzt. Dieser Name kann ebenfalls wie bei den Settern überschrieben werden. `willSet` und `didSet` werden jeweils vor und nach dem Speichern des Wertes aufgerufen.

willSet und didSet werden nicht beim Instanziieren der Property aufgerufen, sondern erst beim ersten Setzen des Wertes von außerhalb! Zusätzlich muss man wie auch bei Settern und Gettern beachten, dass `willSet` und `didSet` nur definiert werden können, wenn der Datentyp explizit definiert wurde!

KAPITEL 8

Klassen und Objekte

Klassen unterscheiden sich in nur wenigen Punkten von Strukturen, aber dennoch gibt es ausreichend wichtige und sinnvolle Unterschiede, die man kennen muss. Um die Syntax und Anwendungsweise von Klassen verstehen zu können, sollten Sie die Lektion über Strukturen in Kapitel 7 gelesen haben.

Wichtige Unterschiede und Gemeinsamkeiten

Klassen und Strukturen teilen sich nicht nur optisch eine sehr ähnliche Syntax. Folgende Punkte verbinden sie miteinander:

- Beide können Properties zum Speichern von Werten besitzen.
- Beide können Methoden beinhalten, um Funktionalitäten zu erweitern.
- Beide können Subscripts definieren, um Zugriff auf Werte mit Subscript-Syntax zu bieten.
- Beide können Konstruktoren anbieten.
- Beide können durch Extensions erweitert werden.
- Beide können Protokollen entsprechen, um weitere Standardfunktionalitäten anbieten zu können.

Darüber hinaus bieten Klassen folgende Punkte, die mit Strukturen nicht möglich sind:

- Vererbung von Klassen, so dass eine Klasse die Methoden und Eigenschaften einer anderen erben kann
- Type Casting und Überprüfungen, ob eine Klasse von einer anderen Klasse geerbt hat
- Klassen besitzen einen Destruktor zum Freigeben der Ressourcen, sobald ein Objekt gelöscht wird.
- Reference Counting, so dass eine Instanz an vielen Stellen gleichzeitig genutzt werden kann

- Klassen sind im Gegensatz zu Strukturen und Enumeratoren *Reference Types*; sie werden also in Funktionen und Methoden als Referenz übergeben und nicht als Kopie der Werte, die sie enthalten.

In diesem Kapitel werden Sie sich Schritt für Schritt in die einzelnen Aspekte der objektorientierten Programmierung mit Swift einarbeiten, um einen sicheren Umgang damit zu erlernen. Im Alltag eines Programmierers nutzt man oft nur einen Bruchteil der Paradigmen und Möglichkeiten, die eine Programmiersprache bietet. Das ein oder andere sollte man aber zumindest einmal gehört oder gesehen haben.

Deklaration und Instanziierung

Eine Klasse wird in Swift mit dem Schlüsselwort **class** eingeleitet, auf das der Name folgt, den die Klasse erhalten soll. Wie bei einer Struktur ist es üblich, den Klassennamen groß zu schreiben. Die Instanziierung erfolgt analog zu den Strukturen. Eine Instanz einer Klasse bezeichnet man im Allgemeinen als *Objekt*.

 Eine Instanz von einem Objekt ist im Gegensatz zu der Instanz einer Struktur immer eine Referenz auf das Objekt, nie eine Kopie. Würden Sie das Objekt in einer Konstante speichern, könnten Sie weiterhin alle Properties innerhalb des Objekts verändern. Bei Strukturen ist dies nicht mehr möglich.

Beispiel 8-1: Beispiel für den Aufbau einer Klasse

```
class Klassenname {
    var variablenName = 0
    let eineKonstante: Datentyp = "DefaultWert"
    var einOptionalerString: String?

    func methodenName() -> returnValue {
        //
        return wert
    }
}
```

Beispiel 8-2 ist äquivalent zu der ersten Quadratstruktur aus Kapitel 7 über Strukturen. Sie beinhaltet ebenfalls eine Property für die Seitenlänge sowie zwei Methoden, um die Fläche und den Umfang berechnen zu können. Die Instanziierung erfolgt ebenfalls durch das Schreiben des Klassennamens, auf den eine einfache öffnende und eine schließende Klammer folgen.

Beispiel 8-2: Das Quadrat als Klasse

```
class Quadrat {
    var seitenlänge = 0

    func umfang() -> Int {
        return seitenlänge * 4
    }
```

Beispiel 8-2: Das Quadrat als Klasse (Fortsetzung)

```
    func fläche() -> Int {
        return seitenlänge * seitenlänge
    }
}
var meinQuadrat = Quadrat()
```

 Im Gegensatz zu Strukturen wird ein Objekt, das zum Beispiel an Funktionen übergeben wird, immer als Referenz übergeben. Das bedeutet, dass Sie nie auf einer Kopie des Objekts arbeiten und somit immer die Instanz übergeben, die Sie auch erzeugt haben.

Methoden

Klassen haben – wie auch Strukturen – dasselbe Verhalten bei der Deklaration und dem Aufruf von Methoden. Sie können die Kenntnisse, die Sie bereits über Strukturen erworben haben, hier eins zu eins anwenden. Unterschiede, die sich durch die Vererbung ergeben, werden in der entsprechenden Lektion behandelt.

Statische Variablen und Methoden

Wie auch Strukturen beherrschen Klassen statische Methoden und Variablen, die auf dem Datentyp selbst anwendbar sind. Zu dem Zeitpunkt, als Swift 1.1 veröffentlicht wurde, war es aber möglich, nur statische Methoden in einer Klasse zu deklarieren und aufzurufen.

Statt dem Schlüsselwort **static** kommt bei Klassen das Schlüsselwort **class** zum Einsatz. Dies kann sehr verstörend wirken, da dies doch leicht mit der Deklaration einer neuen Klasse zu verwechseln ist. Eine spätere Anpassung durch Apple ist hier durchaus nicht ausgeschlossen.

Beispiel 8-3 stellt eine Umrechnungsmethode zur Verfügung. Die statische Konstante pi wird in Version 1.1 von Swift noch nicht unterstützt, und der Compiler quittiert dies mit einer entsprechenden Fehlermeldung, die darauf hinweist, dass dieses Feature in einem späteren Release von Swift vorhanden sein soll.

Beispiel 8-3: Statische Methode innerhalb einer Klasse

```
class Mathematik {
    // Noch nicht verfügbar in Swift 1.1
    // class let pi: Double = 3.14159265359

    class func deg2rad(radius: Double) -> Double {
        let pi: Double = 3.14159265359
        return radius * pi / 180.0
    }
}
println(Mathematik.deg2rad(15.0))
```

Konstruktoren

Bei Klassen haben Konstruktoren die gleiche Funktion und Aufgabe wie auch Strukturen oder Enumeratoren.

Sie sind Funktionen, die aufgerufen werden, wenn eine neue Instanz von einem Objekt erstellt wird. Swift reserviert zunächst Speicher für das Objekt und möchte sicherstellen, dass jede Klassenvariable und jede *Stored Property* vor der Benutzung einen sinnvollen Wert enthält; das Lesen aus uninitialisiertem Speicher stellt in anderen Sprachen einen typischen Fehler dar, der in der Regel auch nur schlecht und zeitaufwendig zu finden ist.

Deshalb macht es Swift dem Programmierer unmöglich, an irgendeiner Stelle lesend auf einen uninitialisierten Speicher zuzugreifen, und nach der Initialisierung des neuen Objekts muss jede Stored Property korrekt initialisiert sein. (In Wahrheit gibt es mit den *Lazy Properties* eine Ausnahme, die aber das generelle Konzept nicht umgeht.)

Die Konstruktorfunktionen heißen in grober Anlehnung an Objective-C immer *init*, können unterschiedliche Parameter haben und liefern normalerweise nichts zurück. (Auch hier gibt es eine Ausnahme – die *failable*-Konstruktoren. Wir werden sie in einer der folgenden Lektionen besprechen.)

Die meisten Klassen verfügen häufig über eine deutlich größere Komplexität als Strukturen, und somit werden Properties aus diesem Grunde normalerweise als optional deklariert, da häufig die Werte erst im späteren Programmverlauf zur Verfügung stehen müssen. Ein optionaler Wert wird deklariert, indem man nach dem Datentyp ein Fragezeichen schreibt. Dadurch muss der Wert weder im eigenen Konstruktor noch mit einem Standardwert bei der Deklaration versehen sein. Der Wert von optionalen Properties wird bei der Initialisierung einer neuen Instanz standardmäßig auf **nil** gesetzt.

"init" wird nicht direkt von uns aufgerufen. Obwohl die Konstruktoren im Grunde wie jede andere Klassenfunktion definiert werden, kann man sie nur in Konstruktoren selbst direkt aufrufen – sie erscheinen auch nicht in den Funktionsvorschlägen im Editor. Wenn wir ein Objekt erstellen, beispielsweise wie in Beispiel 8-4, dann erstellt Swift einen unsichtbaren Konstruktor namens **init()**, der aufgerufen wird, wenn wir via Auto() ein neues Objekt instanziieren.

Beispiel 8-4: Eine Klasse mit implizitem Konstruktor

```
class Auto {
    var räder = 4
    var achsen = 2
}

var porsche = Auto()
```

Swift kann diesen impliziten Konstruktor nur dann erzeugen, wenn für sämtliche Properties Standardwerte deklariert sind; wenn wir diese Default-Werte herauslassen, weiß der Compiler nicht, wie wir ein neues Objekt belegen wollen, und weigert sich, ohne einen entsprechenden expliziten Konstruktor zu kompilieren.

Beispiel 8-5: Eine Klasse, die nicht funktioniert

```
class Auto {
    var räder: Int  // Keine Standardwerte, darum müssen
    var achsen: Int  // wir die Datentypen explizit angeben
}

var porsche = Auto() // führt zu einem Compiler-Fehler
```

Was an dieser Stelle mit Klassen nicht funktioniert, würde für eine Struktur insofern funktionieren, als dass Swift an der Stelle einen internen Konstruktor erzeugt, der als Parameter die fehlenden Standardwerte abfragt. In einer Klasse müssen wir so etwas leider selbst schreiben:

Beispiel 8-6: Unser erster eigener Klassenkonstruktor

```
class Auto {
    var räder: Int
    var achsen: Int

    init(räder: Int, achsen: Int) { // wäre das eine normale Funktion,
                                    // wären diese Parameter beim
        self.räder = räder          // Aufruf nicht benannt; bei
                                    // Konstruktoren müssen sie
        self.achsen = achsen        // angegeben werden!
    }
}

var lkw = Auto(räder: 2 * 5, achsen: 5)
```

 Sobald wir anfangen, unsere eigenen Konstruktoren in einer Klasse zu schreiben, erzeugt Swift für diese Klasse keine eigenen Default-Konstruktoren mehr.

Im obigen Beispiel sieht man auch, dass innerhalb einer Methode einer Klasse die Variable self zur Verfügung steht, die das aktuelle, neue Objekt repräsentiert. Die Parameter der Funktion verschatten in diesem Fall den Zugang auf die Objekt-Properties; mit self kann weiterhin auf sie zugegriffen werden.

Andere Konstruktoren kann man nur über die self-Variable aufrufen, möglicherweise um auf den Umstand hinzuweisen, dass in diesen Fällen erst nach diesem Aufruf self – und damit der Zugriff auf die Properties – zur Verfügung steht.

Klassen und Strukturen können mehrere Konstruktoren enthalten, solange sich die Parameter unterscheiden. Wenn wir beispielsweise zu faul sind, immer den Namen der Parameter beim Erzeugen eines neuen Objekts zu schreiben, können wir mit dem Unterstrich _ aus den benannten Parametern wieder unbenannte machen (siehe Beispiel 8-7).

```
// Diese Klasse hat 2 unterschiedliche Konstruktoren
class Auto {
    var räder: Int
    var achsen: Int

    init(räder: Int, achsen: Int) {
      self.räder = räder
      self.achsen = achsen
    }

    init(_ räder: Int, _ achsen: Int) {
      self.räder = räder
      self.achsen = achsen
    }
}

var bus = Auto(6, 3)
```

Konstruktoren können bei Bedarf auch mal keine Parameter entgegennehmen – entscheidend ist, dass nach dem Durchlauf des Konstruktors alle Properties des Objekts belegt wurden (siehe Beispiel 8-8).

Beispiel 8-8: Ein Trabbie ist hier leider kein gutes Auto.

```
class KaputtesAuto {
  var räder: Int
  var achsen: Int

  init(räder: Int) { // achsen sind undefiniert!
    self.räder = räder
  }
}

var trabbie = KaputtesAuto(4) // funktioniert nicht!

class Auto {
  var räder: Int
  var achsen = 2
  var lenkrad: Int

  init(räder: Int) {
    self.räder = räder
    lenkrad = 1
  }
}

var porsche = Auto(4) // funktioniert, alle Elemente des Objekts
                      // wurden belegt
```

Swift besteht in jedem Fall darauf, dass man Properties im Konstruktor belegt. Es hilft auch nicht, wenn man in seiner Klasse Typen benutzt, die selbst einen Standardkonstruktor ohne Parameter besitzen und die theoretisch an der Stelle ihre Initialisierung selbst erreichen könnten (insbesondere C++-Programmierer könnte das kurz wundern). Das Erste, was Swift macht, bevor es die init-Funktion aufruft, ist, die deklarierten Standardwerte des Objekts zu belegen. Deshalb sind diese im Konstruktor auch schon verfügbar, und darum kann man in Beispiel 8-9 eine init-Funktion ohne weiteren Inhalt definieren.

Beispiel 8-9: Standardkonstruktoren initalisieren sich nicht von selbst.

```
class Mini {
    let grösse = 0
    init() { }
}

class Transporter {
    let inhalt: Mini
    init() {
        inhalt = Mini() // ohne diese Zeile kompiliert
                        // Swift nicht!
    }
}

class Transporter2 {
    let inhalt = Mini() // so funktioniert's auch
    init() { }
}
```

Ein Konstruktor darf natürlich nicht lesend auf die Properties zugreifen, die er noch nicht initialisiert hat (siehe Beispiel 8-10). Das würde ja bedeuten, dass er uninitialisierten Speicher liest.

Beispiel 8-10: Der Compiler verhindert das Lesen von uninitialisiertem Speicher

```
class Speicherzugriff {
    var wert: Int

    init(_ meinwert: Int) {
        wert = meinwert
        let warinitialisiert = wert // funktioniert
    }

    init(meinwert:Int) {
        let nichtinitialisiert = wert // funktioniert nicht
        wert = meinwert
    }
}
```

Des Weiteren ist ein Konstruktor die einzige Methode, die schreibend auf die konstanten Properties ihres Objekts zugreifen darf. Danach sind die Methoden auf reine Lesezugriffe beschränkt (siehe Beispiel 8-11).

Beispiel 8-11: Nur Konstruktoren dürfen Konstanten initialisieren.

```
class Konstantenmanipulator {
    let wert: Int // eine Konstante

    init(meinwert: Int) {
        wert = meinwert // geht später nicht mehr
    }
}
```

Konstruktoren, die der grundlegenden und notwendigen Aufgabe gewachsen sind, sämtliche Properties ihrer eigenen Klasse zu initialisieren, nennt Apple in Swift auf Englisch *Designated Initializers*, und wir werden sie, wie schon bei den Strukturen erwähnt, *designierte Konstruktoren* nennen. »Designiert« wohl deshalb, weil beim erfolgreichen Erstellen eines Objekts alles auf sie hinausläuft.

Ein Konstruktor darf andere Methoden seiner Instanz aufrufen, sofern sichergestellt ist, dass diese *nicht* auf Properties zugreifen, die bis zu diesem Zeitpunkt noch nicht initialisiert wurden, und er darf keine anderen Konstruktoren aufrufen. (Da er »designiert« ist, ist er für die vollständige und komplette Initialisierung selbst zuständig.)

Beispiel 8-12: Ein Versuch, Swift zu überlisten

```
class Betrug {
    var wert: Int

    func falscher_zugriff() {
        let a = wert // bisher uninitialisiert
    }

    init() {
        falscher_zugriff() // Swift kompiliert das nicht!
        wert = 0
    }
}
```

Angenommen, die Properties einer Klasse sind aus irgendeinem Grund sehr aufwendig zu initialisieren, das Aufruf-Szenario verlangt viele unterschiedliche Konstruktoren und man möchte verhindern, die ganze Arbeit in jedem Konstruktor zu wiederholen – dann könnte man natürlich die Arbeit in einer Funktion unterbringen, die Teile der aufwendigen Arbeit auslagert.

Da sich aber die Designer von Swift wohl überlegt hatten, dass sie in einigen Fällen nicht wollten, dass nach der Erstellung des Objekts diese Arbeitsfunktionen auch vom Ersteller des Objekts nachträglich aufgerufen werden können und da Zugangskontrolle (dazu finden Sie in einer der folgenden Lektionen Details) erst sehr spät ins Sprachdesign von Swift einfloss, gibt es einen zweiten Typ von Konstruktor – den sogenannten *Convenience Initializer* bzw. für uns *Convenience-Konstruktor*.

Dieser hat ein paar Freiheiten, die ein designierter Konstruktor nicht hat: Er muss nicht alle Properties initialisieren – jedoch bevor er irgendeine Property seiner Klasse benutzen kann (oder eine Funktion aufrufen kann, die es tut), muss er zwingend einen anderen Konstruktor der Klasse aufgerufen haben.

Am Ende einer Aufrufkette muss also zwingend *immer* ein designierter Konstruktor aufgerufen werden; Swift erlaubt uninitialisierten Speicher auf keinen Fall. Um aus einem Konstruktor einen Convenience-Konstruktor zu machen, schreiben Sie einfach vor die Funktionsdefinition »**convenience**« (siehe Beispiel 8-13).

Beispiel 8-13: Convenience-Konstruktoren

```
class BeispielKlasse {

    var einwert: Int

    init(_ wert: Int) { // designiert
        einwert = 0
    }

    convenience init(_ wert: Int, _ wert1: Int) {
        einwert = 1 // funktioniert NICHT, vorher einen
                    // Konstruktor aufrufen
        self.init(wert) // ohne den Aufruf eines anderen
                        // Konstruktors
                        // kompiliert Swift keine
                        // Convenience-Konstruktoren...
        einwert = 2 // Das funktioniert
    }

    convenience init(_ wert: Int, _ wert1: Int, _ wert2: Int) {
        self.init(wert, wert1) // anderer Convenience-Konstruktor
        einwert = 1            // Rückkehr vom designierten
                              // Konstruktor
        self.init(wert) // geht NICHT - init darf nur einmal
                        // aufgerufen werden
    }

}
```

Failable-Konstruktoren

Mal angenommen, der Inhalt eines Objekts soll gewissen Regeln folgen, und der Konstruktor möchte diese Regeln erzwingen. Er kann jetzt versuchen, falsche Inhalte beispielsweise aus fehlerhaft übergebenen Parametern irgendwie in valide Standardinhalte zu ändern. In Swift kann sich aber ein Konstruktor entscheiden, dass er das Objekt so gar nicht erst erstellen will. In diesem Fall schreibt man ein Fragezeichen hinter den Funktionsnamen **init** und hat fortan im Konstruktor die Chance, durch Rückgabe des Wertes **nil** die Konstruktion des Objekts abzubrechen. Das ist auch der einzige Punkt, an dem ein Konstruktor einen Rückgabewert haben kann (der nicht mal an der Stelle der Rückgabewerte in der Funktionsdefinition steht). Selbstverständlich ist der Typ des Objekts, das durch die Klasse erzeugt wird, dann auch immer ein Optional-Datentyp, weil nicht mehr sichergestellt werden kann, dass das Objekt nach dem Konstruktionsversuch auch wirklich existiert. Optionales lernen wir in Kapitel 9 kennen.

Beispiel 8-14: Äpfel und Birnen sind nicht dasselbe.

```
class Apfel {
    var gewicht: Int = 0

    init?(art: String, gewicht: Int) {
        if ("Apfel" != art) {
        return nil
        }
        self.gewicht = gewicht
    }
}

let a = Apfel(art: "Birne", gewicht: 5) // a ist nil
let b = Apfel(art: "Apfel", gewicht: 4) // b ist ein apfel-objekt
```

 Der Raw-Value-Konstruktor von Enumeratoren ist immer *failable*, da Swift keinen Enumerator mit einem Wert erzeugen kann, der möglicherweise nicht durch seine Cases gedeckt ist.

Leider ist im Aufrufercode nicht erkennbar, ob bei der Erstellung eines Objekts ein Failable-Konstruktor verwendet wird. Darum sollte man wohl diese Programmierpraxis auf die notwendigsten Fälle beschränken, um nicht unnötig Verwirrung zu stiften.

Hier eine kurze Übersicht über die wichtigsten Regeln für Konstruktoren:

- Designierte Konstruktoren müssen alle Stored-Properties in ihrer eigenen Klasse definieren (insofern diese keine Standardwerte haben oder Optionals sind).
- Designierte Konstruktoren dürfen keine anderen Konstruktoren aufrufen – und Methoden ihrer eigenen Klasse nur dann, wenn diese auf vorher initialisierte Properties zugreifen.
- Convenience-Konstruktoren müssen einen Konstruktor ihrer Klasse aufrufen und dürfen erst danach auf Klassen-Properties zugreifen.
- Konstruktoren dürfen als einzige schreibend auf Konstanten der Klasse zugreifen.
- Bevor Swift Konstruktoren aufruft, initialisiert es die Properties der Klasse, für die Standardwerte definiert sind.

Destruktoren

Im Unterschied zu Strukturen und Enumeratoren kann für Klassen eine Funktion aufgerufen werden, wenn Swift erkennt, dass die Instanz nicht mehr benötigt wird und darum zerstört werden sollte. Diese Entscheidung wird in Swift von dem zugrundeliegenden

Modell für die automatische Speicherverwaltung (ARC, *Automatic Reference Counting*) getroffen und ist für den Programmierer transparent. Er braucht sich also nicht selbst darum zu kümmern. Der Name dieser Klassenmethode ist **deinit** und wird – völlig unüblich für Funktionen – ohne Parameterklammern definiert.

Beispiel 8-15: Das kurze Leben von Johnny

```
class Spieler {
    let nummer: Int

    init(nummer: Int) {
        self.nummer = nummer
        println("Nummer \(nummer) lebt!!")
    }

    deinit {
        println("Spieler Nummer \(nummer) ist nun inexistent")
    }
}

var johnny : Spieler?
// Nummer 5 lebt!!
johnny = Spieler(nummer: 5)
// Spieler Nummer 5 ist nun inexistent
johnny = nil
```

 Im Playground wird man die Nachricht des Destruktors aus Beispiel 8-15 nie sehen, da Xcode die Objekte nie löscht, um sie weiterhin inspizieren zu können. In einer normalen App würden sie aber aufgerufen werden.

Eine Klasse hat maximal einen Destruktor. Bei abgeleiteten Klassen wird der Destruktor der Kindklasse vor dem der Vaterklasse aufgerufen, und man muss sich auch nicht wie in den Konstruktoren um den jeweiligen Aufruf selbst kümmern.

Properties

Das Verhalten von Properties ist größtenteils identisch mit dem von Strukturen. Sie haben weiterhin die Möglichkeit, Getter und Setter selbst zu definieren; ebenso können Property Observer in gewohnter Form benutzt werden, auch wenn Sie die Properties von einer anderen Klasse erben.

Lazy Properties

Eine kleine Besonderheit bei Properties in Klassen gibt es dann doch: Man kann sie veranlassen, sich erst zu initialisieren, wenn sie benötigt werden. Dazu schreiben Sie einfach das Schlüsselwort **lazy** vor die Property. Nützlich ist das vor allem, wenn die Initialisierung der Property sehr aufwendig ist, viel Speicher verbraucht wird oder wenn die Ressourcen zur erfolgreichen Initialisierung erst während der Lebenszeit des Objekts zur Verfügung stehen.

Beispiel 8-16: Demonstration von Lazy Properties

```
func ladeSpieler() -> [Int] {
  /* ... */
}

class Spielfeld {
    lazy var map: [Int] = {
        // hier die Datenbank
        // anwerfen und die
        // map laden
        return [1,2,3]
    }()
    lazy var spieler: [Int] = ladeSpieler()
}
```

Lazy Properties kann der Ersteller des Objekts genauso nutzen wie normale Properties. Beim ersten Lesen wird die Property erstmals über den Defaultwert initialisiert.

 Nur nichtkonstante Properties – die mit dem Schlüsselwort var angelegt wurden – können lazy sein.

Vererbung

Eines der schwierigsten und komplexesten Themen, das einen Anfänger, aber auch einen Profi in Karriere und Hobby begleitet, ist die objektorientierte Programmierung. Für viele scheitert der Einstieg in komplexere Anwendungen an dieser Schwelle, da nur die wenigsten das Konzept auf Anhieb verstehen.

Die Grundidee der objektorientierten Programmierung besteht darin, Dinge als Objekte und Klassen zu betrachten. Der Bauplan für ein Objekt ist eine Klasse. Sie ist die Blaupause, in der wir verschiedene Eigenschaften definieren, die wir später mit Werten befüllen können. Unsere Klasse kann auch Methoden beinhalten, die ein Objekt später zur Verfügung stellt. Wird die Methode von einem Objekt aufgerufen, so kann innerhalb der Methode mit allen Eigenschaften und Werten gearbeitet werden, die dieses Objekt zu diesem Zeitpunkt kennt.

Das Objekt ist für uns eine Instanz einer Klasse. Jedes Objekt, das wir von einer Klasse erstellen, ist einzigartig, kann aber die gleichen Zustände wie ein anderes Objekt haben. In der Natur gibt es dies auch mit Zwillingen, die sich bis ins kleinste Detail ähneln, aber dennoch zwei eigene Körper haben.

Zur besseren Veranschaulichung von Klassen und Objekten gibt es verschiedenste Beispiele. Stellen Sie sich vor, Sie möchten einen Bauplan erstellen, der als Schablone für einen Menschen gilt. Dieser Bauplan könnte verschiedene Eigenschaften beschreiben, wie die Augenfarbe oder auch die Größe eines Menschen. Nur selten legt man einen festen Wert fest, der nicht geändert werden soll. Da ein Mensch nur selten aus reinen Eigenschaften besteht, hin und wieder spricht oder auch Nahrung aufnimmt, bietet es sich an, verschiedene Prozesse in unserem Bauplan zu definieren. Diese Prozessbeschreibungen sind unsere Klassenmethoden, die dem Menschen das Sprechen mit anderen Menschen ermöglichen könnten.

Nachdem man einen Bauplan erstellt hat, kann man anfangen, Objekte von dieser Klasse Mensch mit jeweils verschiedenen Eigenschaften zu erstellen. Die Instanziierung kann man somit auch als Geburt eines Menschen betrachten. Stück für Stück könnte man sich so eine kleine Welt mit Menschen erstellen, die allesamt den gleichen Bauplan haben, aber mit verschiedensten Eigenschaften im Leben stehen.

Was ist Vererbung?

Die Vererbung ist wie auch in der Natur ein sehr mächtiges und alltägliches Paradigma in der Informatik geworden. Sie ermöglicht es uns, einen neuen Bauplan zu erstellen und Eigenschaften und Prozesse eines anderen, meist vorher bestehenden Bauplans zu übernehmen. Bei Bedarf können wir verschiedene Dinge abändern und damit unserem neuen Bauplan Verbesserungen oder Erneuerungen hinzufügen, ohne dabei den anderen Bauplan verändern zu müssen. Die Veränderung des ursprünglichen Bauplans könnte ja zur Folge haben, dass alle anderen Objekte auf einmal Eigenschaften oder Mutationen haben, die Sie nicht gebrauchen können.

Gehen wir drei Schritte zurück. Stellen wir uns vor, wir möchten neben dem Bauplan für Menschen auch einen Bauplan für Tiere haben. Schnell stellen wir fest, dass ein Tier viele Eigenschaften hat, die auch ein Mensch besitzt, dennoch sind beide für uns doch sehr unterschiedlich. Der Einfachheit halber verzichten wir in diesem Beispiel auf zu viel Komplexität und beschränken uns darauf, dass wir gern einen Bauplan für Säugetiere haben möchten.

Unser Ziel ist es, eine Klasse zu haben, die grob einen Menschen und einen Hund beschreibt. Beide sind Säugetiere, und deswegen definieren wir eine Klasse Säugetier und geben ihr verschiedene Eigenschaften, die sich beide teilen. Dies kann zum Beispiel die Farbe der Augen oder die Anzahl der Gliedmaßen sein. Möchten wir Eigenschaften definieren, die nur ein Mensch hat, so tun wir dies in einer Klasse Mensch. Damit der Mensch jetzt aber auch alle Eigenschaften des Säugetiers hat, benutzen wir die Vererbung und definieren, dass eine Klasse Mensch von der Klasse Säugetier alle Eigenschaften und Methoden erbt.

Beispiel 8-17: Ein Mensch, der die Eigenschaften der Säugetier-Klasse erbt

```
class Säugetier {
    var anzahlBeine: Int?
    var augenFarbe: String?

    func hüpf() {
        println("Ich hüpfe hoch!")
    }
}
```

Beispiel 8-17: Ein Mensch, der die Eigenschaften der Säugetier-Klasse erbt (Fortsetzung)

```
class Mensch: Säugetier {
    var beruf: String?

    func sprich(text: String) {
        println(text)
    }
}
var meinMensch = Mensch()
meinMensch.hüpf()
meinMensch.sprich("Hallo Welt!")
```

Beispiel 8-17 veranschaulicht die Definition zweier Klassen. Dabei erbt die Klasse Mensch alle Eigenschaften des Säugetiers. Würde man jetzt ein Objekt von der Klasse Mensch instanziieren, hätte dieses sämtliche Eigenschaften, die auch in Säugetier definiert sind. Das Beispiel zeigt zudem, dass die Methode hüpf() aus der Klasse Säugetier aufgerufen wird, die einen String auf der Konsole ausgibt. Die Klasse Mensch hat eine zusätzliche Methode sprich(), die nur in der Klasse Mensch und allen Klassen, die von Mensch erben, existiert.

Syntax für die Vererbung

Damit eine Klasse von einer anderen erben kann, schreibt man nach dem Namen der Klasse, die gerade definiert wird, erst einen Doppelpunkt und dann den Namen der Klasse, von der man erben möchte. Sollte die Klasse Säugetier selbst von einer Klasse erben, so erbt die neue Klasse auch alle Eigenschaften und Methoden der Vaterklasse.

 Eine Mehrfachvererbung, wie sie unter anderem in C++ existiert, ist in Swift nicht möglich. Sie können immer nur von einer Klasse gleichzeitig erben. In C++ führt die Mehrfachvererbung oft zu unschönen Effekten, so dass beispielsweise Signaturen einer Methode die Signaturen anderer Methoden der abgeleiteten Klasse verschatten können.

Methoden und Properties überschreiben

Nachdem man von einer Klasse geerbt hat, kann man nicht nur deren Methoden aufrufen, man hat auch die Möglichkeit, diese zu überschreiben. Dieses Verhalten beschränkt sich aber nicht nur auf Methoden, sondern kann auch auf *Stored Properties* und *Computed Properties* angewendet werden.

Dabei wird nicht einfach die alte Methode oder die Property ersetzt, man kann sogar innerhalb der Kindklasse mit dem Schlüsselwort super weiterhin auf die Methoden oder Properties der Vaterklasse zugreifen. In Beispiel 8-18 wird demonstriert, wie man Methoden oder auch Properties überschreibt. Das Beispiel verdeutlicht zudem, wie man Werte aus der Vaterklasse auf- und abrufen kann.

Beispiel 8-18: Überschreiben von Methoden und Properties mit Aufruf der Vaterklasse

```
class Säugetier {
    var beschreibung: String {
        return "Ich bin ein Säugetier."
    }

    func sagHallo() {
        println("Hallo!")
    }
}

class Mensch: Säugetier {
    var name: String = ""

    override var beschreibung: String {
        return super.beschreibung + "Ein Mensch!"
    }

    override func sagHallo() {
        super.sagHallo()
        println("Mein Name ist \(name)")
    }
}
var meinMensch = Mensch()
meinMensch.name = "Stefan Popp"
meinMensch.sagHallo()
println(meinMensch.beschreibung)
```

Um eine Methode oder eine Property überschreiben zu können, beginnen Sie mit dem Schlüsselwort **override**. Möchten Sie eine Methode überschreiben, schreiben Sie einfach die Methodendefinition aus der Vaterklasse hinter das Schlüsselwort **override** und füllen dann den Methodenrumpf mit dem Programmcode, den Sie benötigen. Selbiges gilt auch für Properties. Schreiben Sie ebenfalls das Schlüsselwort **override**, gefolgt von der Definition der Property, die Sie aus der Vaterklasse überschreiben möchten.

Selbstverständlich ist es auch möglich, Methoden oder Properties zu überschreiben, die sich in einer Vaterklasse einer Klasse befinden, von der Sie erben.

Swift kennt im Gegensatz zu Objective-C das Schlüsselwort final, das verhindert, dass eine Property, eine Methode, Subscripts oder gar die Klasse selbst nach einer Vererbung geändert werden kann. Somit verhindert man das Überschreiben durch eine Kindklasse.

Jeder Versuch, eines dieser Elemente zu überschreiben, führt zu einem Fehler beim Kompilieren.

```
final class Foo {
    // Es kann nicht mehr von Foo geerbt werden
}

class Bar {
    // Foo ist nicht mehr überschreibbar
    final var FooBar: String?
}
```

Konstruktoren in abgeleiteten Klassen

Wenn eine Klasse von einer anderen erbt, dann werden die Konstruktoren der abgeleiteten Klasse etwas komplexer, da nun auch die Superklasse initialisiert werden will. Dazu steht der abgeleiteten Klasse das Schlüsselwort **super** zu Verfügung, über das sie die **init**-Funktion aufrufen kann.

Die Regeln, die sich daraus ergeben, liegen im Grunde auf der Hand und resultieren aus der Überlegung, dass auch hier jede *Stored Property* initialisiert werden muss und man niemals auf uninitialisierten Speicher zugreifen darf.

Regeln für Konstruktoren abgeleiteter Klassen

Für die Konstruktoren abgeleiteter Klassen gelten folgende Regeln:

- Ein designierter Konstruktor der ableitenden Klasse muss einen designierten Konstruktor der Superklasse aufrufen.
- Er kann erst auf abgeleitete Properties und Funktionen zugreifen (oder auf Funktionen der eigenen Klasse, die dies tun), nachdem er den Konstruktor der Superklasse aufgerufen hat.
- Er muss sämtliche Properties der eigenen Klasse definieren, bevor er den Konstruktor der Superklasse aufrufen darf.
- Ein Convenience-Konstruktor kann keinen Konstruktor der Superklasse aufrufen.
- Ein Konstruktor kann niemals schreibend auf die Konstanten seiner Superklasse zugreifen.

Man könnte also sagen, dass designierte Konstruktoren immer in die Klassenhierarchie »hinauf« rufen und Convenience-Konstruktoren nur »seitwärts« innerhalb der eigenen Klasse.

In Abbildung 8-1 sieht man auch schön den Trichtereffekt, den diese Regeln verursachen. Alle Konstruktoren rufen in Richtung der designierten Konstruktoren oder nach oben in Richtung Superklasse auf.

In Swift ist es üblich, zuerst alle eigenen Properties zu setzen und erst danach den Konstruktor der übergeordneten Klasse aufzurufen. Damit verhält sich Swift genau umgekehrt wie beispielsweise C++, das ein Objekt immer von der Superklasse zur abgeleiteten Klasse hin aufbaut. Der Nachteil dieses vom Compiler erzwungenen Vorgehens ist, dass bei der erstmaligen Initialisierung der Properties nicht auf die der Vaterklasse zurückgegriffen werden kann. Möglicherweise wollten die Designer von Swift dadurch verhindern, dass überschriebene Methoden, die in Konstruktoren aufgerufen werden, auf uninitialisierten Speicher zugreifen.

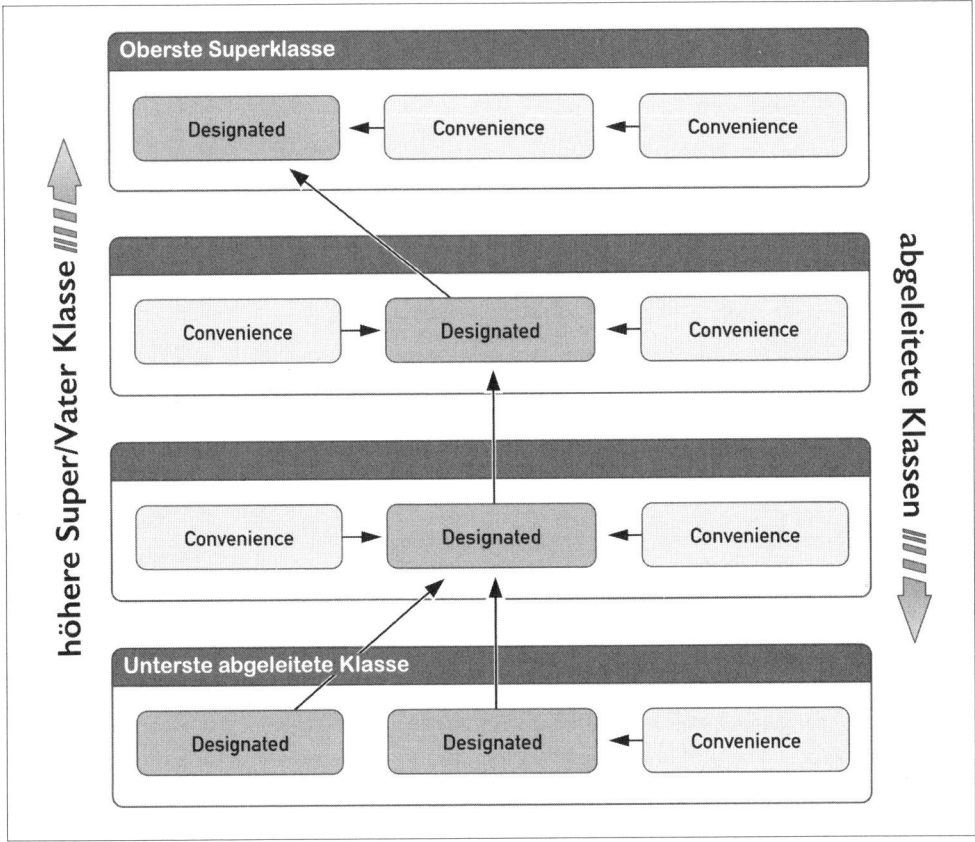

Abbildung 8-1: Aufrufweg von Konstruktoren einer Klassenhierarchie

Ein Konstruktor kann zudem das Schlüsselwort **required** in seiner Definition verwenden, um zu erzwingen, dass jede abgeleitete Klasse einen Konstruktor mit der gleichen Signatur implementieren muss. In diesem Fall kann man auf das Schlüsselwort **override** für diesen Konstruktor verzichten.

Sehen wir uns das mal in einem kleinen Beispiel an:

Beispiel 8-19: Ein möglicher Code aus einem zukünftigen Spiel

```
class Soldat {
    var lebenskraft: Int
    let maximalLeben = 1337

    init() {
        lebenskraft = 4
    }
}
```

Beispiel 8-19: Ein möglicher Code aus einem zukünftigen Spiel (Fortsetzung)

```
    required init?(leben: Int) {
        lebenskraft = leben
        if (lebenskraft > maximalLeben) {
            return nil
        }
    }
}

class Ubersoldat: Soldat {

    var bfg: Bool // kennt jemand Doom 2?

    override init() {
        bfg = true
        super.init()
    }

    required init?(leben: Int) {
        bfg = true
        super.init(leben: leben)
        println(lebenskraft)
    }
}

let blazkowicz = Ubersoldat(leben: 3000) // leider nil
```

Der Konstruktor der Klasse `Ubersoldat` muss zuerst seine Property `bfg` setzen, bevor er den Konstruktor der Superklasse `Soldat` aufrufen darf, der entscheidet, dass eine Lebenskraft von 3000 das physikalisch Machbare überschreitet, und darum – nachdem er die Properties seiner eigenen Klasse initialisiert hat – von der Erstellung des Objekts absieht. Der Befehl `println` wird aus diesem Grund auch gar nicht mehr aufgerufen.

Konstruktoren verhalten sich beim Ableiten ansonsten wie gewöhnliche Klassenfunktionen: Wenn man in der Kindklasse die gleiche Funktionssignatur verwendet, muss man das Schlüsselwort **override** hinzufügen.

Zugangskontrolle

Zugangskontrollen (engl. *Access Control*) beziehen sich nicht etwa auf passwortgeschützten Quellcode, sondern auf die Sichtbarkeit von Funktionen, Datentypen und Klassen für einen Anwender.

Manchmal möchte man nicht, dass Hilfsfunktionen oder gewisse Elemente einer Klasse von außen sichtbar und zugreifbar sind, da sie vielleicht nur interne Repräsentationen von Daten darstellen oder weil der Zugang über eine *Computed Property* erfolgen soll, die die Inhalte eines Objekts konsistent hält.

Das Konzept der Zugangskontrolle in Swift ähnelt mehr dem von Java oder Objective-C als beispielsweise dem Konzept von C++. In C++ liegt der Fokus mehr auf einer bestimmten Klasse, und die Schlüsselwörter **private**, **public** und **protected** regeln, ob eine abgeleitete Klasse auf ausgewählte Teile ihrer Superklasse zugreifen darf oder welche Teile der Klasse der Ersteller der Instanz direkt benutzen kann.

In Java ist das prinzipiell recht ähnlich, nur hier erzwingt der Compiler, dass der Dateiname des Quellcodes, der eine Klasse implementiert, mit dem Klassennamen übereinstimmen muss. Man könnte deshalb also sagen, dass die Zugangskontrolle hier für die ganze Datei gilt.

In Swift und in Objective-C zwingt Sie der Compiler zu gar nichts. Allerdings ist es auch hier Konvention, dass man den Dateinamen passend zur Klasse wählt, die dort implementiert wird. Das Konzept der Zugangskontrolle ist in Swift aber zum Teil tatsächlich dateibasiert.

Auch hier hat man wieder drei Schlüsselwörter, diesmal jedoch **public**, **internal** und **private**. Der Bereich, in dem der Zugang gilt, ist hier aber nicht klassenweit, sondern dateiweit, modulweit und »überall«.

Dabei ist in Xcode ein Modul eine Sammlung aus einem oder mehreren Targets, die in der Regel eine Sammlung von Sourcedateien sind, die ein Framework oder eine App definieren. Frameworks können von anderen Programmen importiert werden, um dort Funktionen bereitzustellen. In Swift importiert man ein Framework einfach mit dem Keyword **import**.

Um das besser deutlich zu machen, zeigt Abbildung 8-2, was welches Keyword bewirkt.

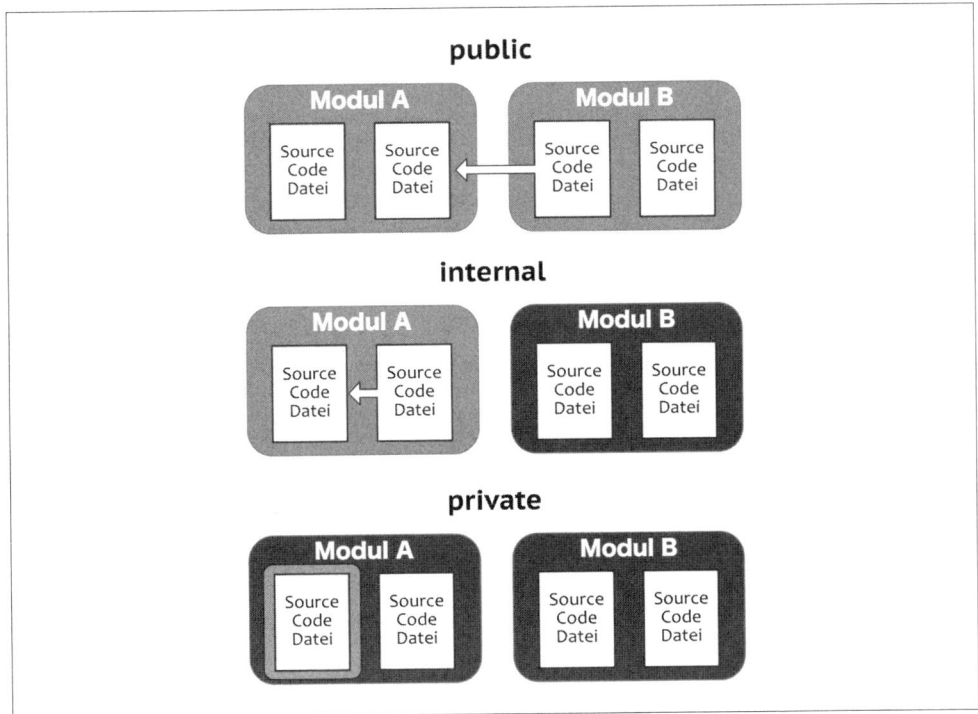

Abbildung 8-2: Auswirkung der Schlüsselwörter für die Zugangskontrolle

- **public** – Erlaubt den Zugriff auf die Inhalte des Sourcecodes innerhalb des gleichen Moduls oder aus Code heraus, der das Modul importiert. Dieses Level sollten Sie nutzen, wenn Sie ein eigenes Framework erzeugen wollen.

- **internal** – Erlaubt den Zugriff innerhalb des gleichen Moduls, aber nicht aus anderen Modulen heraus. Das ist das Standardlevel, wenn nichts weiter angegeben wurde.

- **private** – Begrenzt den Zugriff auf die Datei, in der der Datentyp deklariert wurde. Es ist zwar Konvention, dass jede Klasse, Struktur, Enumeration usw. in einer eigenen Datei deklariert wird, man muss sich aber nicht daran halten.

Syntax

Elemente wie Datentypen, Properties, Variablen und Konstanten bekommen ihre Zugangslevel einfach, indem man das entsprechende Schlüsselwort vor ihre Definition schreibt (siehe Beispiel 8-20).

Beispiel 8-20: Access-Control-Syntax

```
public class EinePublicKlasse {}
internal class EineInternalKlasse {}
private class EinePrivateKlasse {}

public var einePublicVariable = 0
internal let eineInternalConstant = 0
private func einePrivateFunction() {}
```

Sofern Sie nichts anderes deklarieren, ist das *Default Access Level* von Klassen und Objekten wie Variablen internal. Interessanterweise sind die Elemente innerhalb einer Klasse, die Sie als public gekennzeichnet haben, auch weiterhin vom Zugangslevel internal.

Beispiel 8-21 soll dies noch einmal veranschaulichen.

Beispiel 8-21: Access-Level-Klassen

```
public class EinePublicKlasse {                         // public
    public var einPublicProperty = "Hello World!"       // public
    var einInternalProperty = "Hello World!"            // internal
    private func einePrivateMethod() {}                 // private
}

class EineInternalKlasse {                              // internal
    var einInternalProperty = "Hello World!"            // internal
    private func einePrivateMethod() {}                 // private
}

private class EinePrivateClass {                        // private
    var einPrivateProperty = "Hello World!"             // private
    func einePrivateMethod() {}                         // private
}
```

Generell gilt: Sie können Zugangslevel nur einschränken; eine als `internal` markierte Klasse kann keine `public`-Elemente enthalten, und eine Variable mit einem Datentyp, der als `private` definiert wurde, kann nicht selber `public` sein, da diese ja sonst nicht überall, wo sie sichtbar ist, genutzt werden könnte.

Tuples

Da der Typ eines Tuples nie explizit definiert wird, sondern sich aus seiner konkreten Anwendung ergibt, kann man ihn auch nicht mit einem Zugangslevel markieren. Sein Zugangslevel ergibt sich also aus dem restriktivsten Datentyp, den er enthält (siehe Beispiel 8-22).

Beispiel 8-22: Zugangslevel eines Tuples

```
let a = (InternalTyp, PrivateTyp) // der Tuple hat das
                                   // Zugangslevel private
```

Funktionen

Die Zugangsbeschränkung von *Funktionen* berechnet sich anhand des restriktivsten Levels der Parameter und des Rückgabewerts. Sollte dies nicht das Standardzugangslevel `internal` sein, muss das Level explizit vor der Funktionsdefinition angegeben werden.

Beispiel 8-23: Funktionstypen 1

```
func eineFunktion() -> (EineInternalKlasse, EinePrivateKlasse) {
    // ...
} // kann so NICHT kompilieren
```

Die Funktion aus Beispiel 8-23 hat kein Zugangslevel angegeben, wäre also eigentlich `internal`, jedoch aufgrund eines der Rückgabewerte – `EinePrivateKlasse` – müsste sie mit dem restriktiveren Zugangslevel `private` markiert werden, um erfolgreich kompiliert zu werden.

Die korrekte Funktion würde also so wie in Beispiel 8-24 aussehen.

Beispiel 8-24: Funktionstypen 2

```
private func eineFunktion() -> (EineInternalKlasse, EinePrivateKlasse) {
    // ...
}
```

Das Markieren dieser Funktion mit den Zugangsleveln `public` oder `internal` wäre hier ungültig.

Enumeratoren

Das Zugangslevel eines Enumerators ergibt sich aus den Zugangsleveln der Datentypen seiner Cases. Auch hier kann man vor dem enum ein explizites Level angeben, jedoch darf dieses nicht weniger restriktiv sein als seine Cases.

```
public enum BassSaiten {
    case G
    case D
    case A
    case E
}
```

Zugangslevel bei abgeleiteten Klassen

Eine Klasse kann von jeder Klasse ableiten, auf die sie Zugriff hat. Das bedeutet:

- Von einer public-Klasse kann man von überall ableiten.
- Eine internal-Klasse kann man nur innerhalb des gleichen Moduls ableiten.
- Eine private-Klasse kann man nur innerhalb der gleichen Source-Datei ableiten.

Die neue Klasse erbt dabei nicht automatisch das Zugangslevel der abgeleiteten Klasse; sie ist standardmäßig erst einmal internal. Wenn Sie ein anderes Level wünschen, müssen Sie das gewünschte Level erneut vor die Klassendefinition schreiben.

Auch hier gilt: Die neue Klasse kann kein offeneres Zugangslevel haben als die Klasse, von der sie erbt. Die Elemente einer Klasse können stärker eingeschränkt werden als das Level, das die Klasse hat. So kann z.B. eine public-Klasse eine private-Property enthalten. Allerdings können Sie das Zugangslevel jedes Klassenelements überschreiben, egal ob es sich um *Properties*, *Initializer*, *Subscripts* oder andere Elemente handelt. Dieses Überschreiben kann Objekte zugänglicher machen, als diese in der Superklasse sind. Eine Funktion, die in der Superklasse beispielsweise als private deklariert ist, kann in der Subklasse eine vererbte internal-Funktion werden. Ebenso ist es möglich, in einer Funktion der abgeleiteten Klasse eine Funktion der Vaterklasse mit einem restriktiveren Zugangslevel aufzurufen, wie in Beispiel 8-25.

Beispiel 8-25: Subclassing

```
public class GibEtwasAus {
    private func sagHallo() {}
}

internal class GibNochEtwasAus: GibEtwasAus {
    override internal func sagHallo() {
        super.sagHallo()
    }
}
```

Diese Implementierung ist gültig, da die Superklasse `GibEtwasAus` und die Subklasse `GibNochEtwasAus` in derselben Quelldatei enthalten sind.

Konstanten, Variablen, Properties und Subscripts

Konstanten, Variablen, Subscripts oder Properties können sich nur in dem Access Level bewegen, in dem sich auch ihr Typ bewegt. Das heißt im Klartext: Man kann kein `public`-Property eines `private`-Typs schreiben. Ähnlich ist das auch bei Subscripts, die nicht »mehr `public`« als ihre Typen oder Rückgabewerte sein können.

Getters und Setters

Eine Besonderheit gibt es bei Gettern und Settern für Konstanten, Variablen, Properties und Subscripts. Sie erhalten zunächst automatisch dasselbe Zugangslevel, wie die Objekte besitzen, zu denen sie gehören. Allerdings können wir Settern ein niedrigeres Access Level zuweisen als dem dazugehörigen Getter.

Durch eine spezielle Notation vor der Definition des Klassenelements kann man das Zugangslevel von einem Setter stärker beschränken als das seines Getters. Dazu schreibt man das Zugangslevel-Keyword und in Klammern **set** vor die Definition des Elements, je nachdem, welche Einschränkung man wünscht (siehe Beispiel 8-26).

Beispiel 8-26: Zugangseinschränkungen von Gettern und Settern

```
public class Person {
    public init(_ name: String, _ adresse: String) {
        self.name = name
        self.adresse = adresse
    }

    public var name: String
    public private(set) var adresse: String
}
```

Konstruktoren

Benutzerdefinierte Konstruktoren können ein niedrigeres oder gleiches Zugangslevel wie das der abgeleiteten Klasse haben. Im Gegensatz zu anderen Funktionen kann hier ein Override kein höheres Level erzwingen. Eine Ausnahme bilden Konstruktoren mit dem `required`-Schlüsselwort – sie dürfen das Zugangslevel nicht verändern.

Besonderheiten

Klassen, deren Definition mit dem Attribut `@objc` ausgezeichnet wurde, oder Elemente, die mit dem Attribut **@IBOutlet**, **@IBAction** oder ihrerseits mit **@objc** ausgestattet wurden, sind wegen der Bindung mit Objective-C immer `public`, egal welches Zugangslevel man sonst angegeben hatte.

Zugangslevel für andere Sprachelemente

Für Protokolle, Extensions, Generics und andere Sprachelemente gelten sehr ähnliche Regeln wie diejenigen, die wir oben besprochen haben. In der Regel werden Sie auf keine Überraschungen stoßen, solange Sie die Zugriffslevel Ihrer neuen Elemente nur weiter beschränken und nicht versuchen, höhere Level zu vergeben, als die benötigten Unterelemente anbieten.

KAPITEL 9

Container, Mutability und weitere Sprachelemente

Arrays

Ein Array ist ein Container, in dem Sie eine Reihe von Objekten desselben Typs ablegen können. Die Objekte werden dabei in geordneter Reihenfolge abgelegt und können in dieser Reihenfolge auch wieder entnommen werden. Sie können mittels einer for-Schleife über alle Daten iterieren oder gezielt ein Element anhand seiner Indexnummer auslesen. Dabei ist der Index des ersten Elements die Null und erhöht sich jeweils für jedes weitere Element um eins.

Arrays initialisieren

Sie können ein Array mit verschiedenen Schreibweisen erstellen. Die wohl einfachste Variante ist die Kurzschreibweise mithilfe von Literalen, die sowohl für die Datentypdeklaration als auch für die Erstellung der Liste von Objekten existieren. Beide Schreibweisen werden in Beispiel 9-1 angewandt. Dabei erkennen Sie, dass die Objekte für die autoren jeweils Strings sind und sich zwischen eckigen Klammern befinden, die das Literal für ein Array sind. Der Datentyp wird dabei über die *Type Inference* erkannt. Für den Datentyp der lektoren gilt das gleiche Prinzip: Dieser befindet sich bei der Deklaration ebenfalls in eckigen Klammern. Eine Kombination beider Schreibweisen ist natürlich möglich.

Beispiel 9-1: Initialisierung und Deklaration in Kurzschreibweise

```
var autoren = ["Ralf", "Stefan"]
var lektoren: [String] = ["Christopher", "Andrè"]
```

Natürlich können Sie die lange Variante benutzen, die in Beispiel 9-2 zu sehen ist; in der Praxis sollte sie aber gemieden werden. Viele Programmiersprachen nutzen eine ähnliche Syntax, und gerade Umsteigern kommt es zugute, Ähnlichkeiten wiederzuerkennen.

Beispiel 9-2: Initialisierung und Deklaration in der Langschreibweise

```
var autoren = Array<String>(arrayLiteral: "Ralf", "Stefan")
var lektoren: Array<String> = ["Christopher", "Andrè"]
```

Damit aber noch nicht genug! Swift bietet für Arrays auch noch zwei sehr nette Gimmicks an. Zum einen ist es wie in Beispiel 9-3 möglich, ein Array mit dem +-*Operator* zu »mergen«, also zwei oder mehrere Arrays miteinander zu einem neuen zu vereinen, das die Elemente aller Arrays beinhaltet. Zum anderen gibt es einen Konstruktor, dem man einen Wert übergibt, wobei man eine Anzahl von Wiederholungen vorgibt. Das resultierende Array beinhaltet dann den Wert so oft wie von uns angegeben.

Beispiel 9-3: Arrays mergen und Erzeugen eines Arrays mit »repeatedValue«

```
// Arrays mergen
var autoren = ["Stefan", "Ralf"]
var lektoren = ["Christopher", "Andrè"]
var buchGruppe = autoren + lektoren

// Array mit 50 Strings mit dem Wert "iPhone" erstellen
var bestesProdukt = [String](count: 50, repeatedValue: "iPhone")
// Gibt 4 und 50 aus
println("Editoren \(buchGruppe.count)")
println("Produkte \(bestesProdukt.count)")
```

Zugriff auf Elemente

Mithilfe von Schleifen können Sie sehr einfach über alle Objekte iterieren. Beispiel 9-4 gibt dabei jeweils den Inhalt eines Zahlen-Arrays auf der Konsole aus.

Beispiel 9-4: Mit der for-Schleife über ein Array iterieren

```
var primzahlen = [2, 3, 5, 7, 11, 13, 17, 19]
for primzahl in primzahlen {
    println("Primzahl ist \(primzahl)")
}
```

Wie Sie in Beispiel 9-5 sehen, können Sie das Array an die Funktion enumerate() übergeben. Diese liefert uns den Index und den zugehörigen Wert, die wir innerhalb der Schleife nutzen können.

Beispiel 9-5: Index und Wert des Arrays mit der enumerate()-Funktion erhalten

```
var primzahlen = [2, 3, 5, 7, 11, 13, 17, 19]
for (index, primzahl) in enumerate(primzahlen) {
    println("Primzahl an Index \(index) ist \(primzahl)")
}
```

Möchte man über den Index auf ein Element zugreifen, kann man dies tun, indem man den Variablen- oder Konstantennamen schreibt, gefolgt von eckigen Klammern, in denen sich der Index befindet. Der Index muss dabei vom Typ Integer sein. Beispiel 9-6 gibt jeweils einen Wert mit der println()-Methode aus. Der Datentyp Array besitzt eine Property count, die uns die Anzahl der Elemente zurückliefert. Mit dieser Information können wir eine for-Schleife benutzen, um selbst auf jedes Element zugreifen zu können.

Beispiel 9-6: Zugriff auf Elemente im Array mittels Index

```
var primzahlen = [2, 3, 5, 7, 11, 13, 17, 19]
for var index = 0; index < primzahlen.count; index++ {
    println("Primzahl an Index \(index) ist \(primzahlen[index])")
}
```

Elemente verändern

Ein Array, das sich in einer Variable befindet, kann im Gegensatz zu einem konstanten Array modifiziert werden. Man spricht dabei von der sogenannten *Mutability*, was zu Deutsch *Veränderlichkeit* bedeutet. Durch ein *mutable* Array haben wir die Möglichkeit, Elemente zu ersetzen, zu löschen oder hinzuzufügen. Beispiel 9-7 gibt Ihnen eine Übersicht über einige Methoden. Interessant ist dabei auch, dass Swift den +=-*Operator* anbietet, der Elemente aus einem anderen Array hinzufügen kann.

Beispiel 9-7: Array modifizieren

```
// Leeres Array erstellen
var autoren = [String]()

// Ralf hinzufügen
autoren.append("Ralf")

// Komplett neu erstellen
autoren = ["Stefan", "Christopher", "Andrè"]

// Andrè entfernen
autoren.removeLast()

// Ralf an zweiter Position hinzufügen
autoren.insert("Ralf", atIndex: 1)

// Stefan entfernen
autoren.removeAtIndex(0)

// Hinzufügen von Elementen aus einem Array
autoren += ["Stefan", "Andrè"]
```

Dictionaries

Dictionaries sind in Swift Container, mit deren Hilfe Sie nach dem *Key-Value-Prinzip* (Schlüssel-Wert-Prinzip) Objekte ungeordnet ablegen können. Der Key (Schlüssel) kann dabei aber nur ein einziges Mal vorkommen und ist damit *unique*! Das bedeutet, dass er innerhalb eines Dictionarys nur einmal vergeben werden kann. Im Vergleich zu Objective-C sind Dictionaries in Swift deutlich besser typisiert, da bei der Deklaration angegeben wird, welchen Typ der Key und der Value (Wert) haben.

Bei der Deklaration muss man nicht zwingend den Datentyp angeben. Wir erinnern uns daran, dass der Swift-Compiler den Datentyp automatisch erkennt. Selbstverständlich können Sie aber auch die Datentypen innerhalb des Größer- und Kleiner-Zeichens kommagetrennt angeben. Beispiel 9-8 veranschaulicht beide Möglichkeiten der Deklaration und zeigt darüber hinaus, wie ein Key-Value-Paar gebildet wird. Innerhalb von eckigen Klammern müssen Sie zuerst den Key schreiben, gefolgt von einem Doppelpunkt, nach dem der Value kommt. Bei mehreren Paaren werden diese durch Kommas getrennt. Die Definition der Paare kann hierbei über mehrere Zeilen erfolgen, was der Lesbarkeit deutlich entgegenkommt.

Beispiel 9-8: Erstellen eines Dictionarys mit und ohne explizite Typangabe

```
// Typisierung erfolgt durch Type Inference
var myBand = ["Gitarre" : "Ralf", "Schlagzeug" : "Stefan"]

// Typisierung ohne Type Inference
var myBand: Dictionary<String, String> = [
    "Gitarre" : "Ralf",
    "Schlagzeug" : "Stefan",
    "Bass" : "Andrè",
    "Keyboard" : "Christopher"
]
```

Anhand der Schlüssel, die wir vergeben haben, kann man gezielt Werte abfragen. Hierbei müssen Sie aber aufpassen, da das Dictionary einen Wert vom Typ *Optional* zurückliefert. Optionals werden in diesem Kapitel in einer eigenen Lektion erklärt, dennoch möchten wir Ihnen nicht vorenthalten, wie wir an den Wert hinter einem Optional gelangen. Beispiel 9-9 veranschaulicht, wie man anhand eines Schlüssels den Wert aus einem Dictionary abfragen kann. Der Schlüssel steht hierbei innerhalb von eckigen Klammern hinter dem Variablen- bzw. Konstantennamen. Da es sich bei unseren Schlüsseln um Strings handelt, können wir den Schlüsselnamen einfach in Anführungszeichen angeben. Wir erhalten dann einen Wert vom Typ Optional, an dessen Inhalt wir entweder über eine Kontrollstruktur gelangen, mit der Zuweisung an eine temporäre Variable, oder indem wir ein Ausrufezeichen hinter unsere Wertabfrage setzen. Die erste der beiden Methoden ist dabei die ungefährlichste Variante, wenn man sich nicht sicher sein kann, dass ein Wert zu einem Schlüssel tatsächlich existiert. Würde man nämlich wie bei der zweiten Variante versuchen, einen nicht existenten Wert aus einem Optional zu holen, würde das Programm mit einem Fehler abstürzen. Probieren Sie hierzu bei unserem aktuellen Beispiel doch einmal einen nicht existenten Schlüssel bei beiden Varianten aus.

Beispiel 9-9: Abfrage anhand des Schlüssels

```
var myBand = ["Gitarre" : "Ralf", "Schlagzeug" : "Stefan"]

// Variante 1 stellt sicher, dass der Wert existiert
if let schlagzeuger = myBand["Schlagzeug"] {
    println("Schlagzeuger ist \(schlagzeuger)")
}

// Variante 2 geht davon aus, dass der Wert existiert
var gitarrist = myBand["Gitarre"]!
```

Neben der Möglichkeit, gezielt einen Wert abzufragen, bietet das Dictionary auch zwei Arrays an, die entweder alle Werte oder alle Schlüssel des Dictionarys enthalten. Diese sind Properties des Dictionarys mit den Namen keys und values. Hierdurch könnte man z.B. an alle Werte kommen, falls einige Schlüssel uns nicht bekannt sein sollten. Beispiel 9-10 veranschaulicht dies mithilfe des Arrays keys. Es erstellt eine Übersicht über alle Schlüssel und deren Werte auf der Konsolenausgabe.

Beispiel 9-10: Ausgabe des Dictionarys mithilfe der keys-Property

```
var myBand = [
    "Gitarre" : "Ralf",
    "Schlagzeug" : "Stefan",
    "Gesang" : "Christopher",
]

for key in myBand.keys {
    println("Key: \(key) - Value: \(myBand[key]!)")
}
```

Objekte hinzufügen, ändern und entfernen

Dictionaries können sowohl konstant als auch variabel angelegt werden. Hierbei unterscheidet man zwischen *mutable* (veränderbaren) und *immutable* (nicht veränderbaren) *Dictionaries*. Dieses Verhalten wird gänzlich darüber gesteuert, ob sie einer Variable oder einer Konstante zugewiesen werden. Ist es für Sie absehbar, dass Sie Daten in einem Dictionary verändern werden, so sollten Sie diese auch als variabel deklarieren. Sobald ein Dictionary variabel ist, stellt es neue Funktionalitäten und Methoden zur Verfügung, über die wir Daten in ihm verändern können. In Beispiel 9-11 sehen Sie zwei verschiedene Varianten, um Daten zu löschen oder zu verändern. Das Hinzufügen von neuen Werten ist bisher nur mit der Schreibweise möglich, die wir in Variante 1 zeigen. Um das Dictionary komplett zu leeren, bietet es für diesen Zweck die removeAll(keepCapacity: Bool)-Methode an. Ist es absehbar, dass das Dictionary wieder gefüllt wird und dabei die Ausgangskapazität behält, so sollten Sie den booleschen Wert des keepCapacity-Parameters auf true setzen. Vor allem bei großen Dictionaries ist dies deutlich performanter, da der Speicher bereits reserviert ist und nicht erneut alloziert werden muss.

Beispiel 9-11: Objekte hinzufügen, ändern und entfernen

```
var myBand = ["Gitarre" : "Ralf", "Schlagzeug" : "Stefan"]

// Variante 1
myBand["Gesang"] = "Christopher" // Wert einfügen
myBand["Gitarre"] = "Andrè" // Wert verändern
myBand["Schlagzeug"] = nil // Wert und Schlüssel löschen

// Variante 2
myBand.updateValue("Gitarre", forKey: "Andrè") // Wert verändern
myBand.removeValueForKey("Schlagzeug") // Löschen
```

```
// Alle Daten löschen
myBand.removeAll(keepCapacity: true)
```

 Möchten Sie ein konstantes Dictionary abändern? Dies ist zwar nicht möglich, jedoch können Sie eine Variable erstellen und dieser Ihr konstantes Dictionary zuweisen.

Seien Sie aber gewarnt: Es handelt sich hierbei nur um eine Kopie des konstanten Dictionarys, und jegliche Änderungen an dem variablen Dictionary haben keine Auswirkungen auf das ursprüngliche!

```
let myBand = ["Gitarre" : "Ralf"]
var myCopyBand = myBand
myCopyBand["Gitarre"] = "Andrè"
```

Funktionen als Datentyp

Jede Funktion, die wir schreiben, hat auch einen Datentyp, der sich aus den Parametern und dem Rückgabewert zusammensetzt. Dadurch erhalten wir in Swift die Möglichkeit, eine Referenz auf eine Funktion in einer Konstante oder Variable zu speichern. Wir können danach diese Konstante oder Variable z.B. an eine andere Funktion übergeben, die diese Methode zum Schluss ihrer Ausführung aufruft. Um die Funktion aus der Variable oder Konstante aufrufen zu können, schreibt man den Namen der Variable, gefolgt von den normalen Klammern, so wie bei jedem Funktionsaufruf. Sollte die Funktion definierte Parameter enthalten, so kann man diese wie bei jedem anderen Funktionsaufruf einfach in die Klammern schreiben. Wir definieren zur besseren Veranschaulichung drei Methoden in Beispiel 9-12, die wir als Grundlage für die weiteren Beispiele nutzen.

Beispiel 9-12: Funktionen, die verschiedenen Konstanten zugewiesen werden sollen

```
func kombiniereString(left: String, right: String) -> String {
    return left + " " + right
}

func addiereZweiInteger(a: Int, b: Int) -> Int {
    return a + b
}

func gebEtwasAus() {
    println("Ein Text!")
}
```

Jede Funktion hat in diesem Beispiel einen eigenen Datentyp. Der Datentyp, der sich für die erste Funktion ergibt, ist (String, String) -> String. (String, String) entspricht den Parametern und hat genau die Anzahl und Datentypen, die zum Speichern der Funktion nötig wären. Danach folgen der Bindestrich und das Größer-Zeichen, das den Rückgabetyp einleitet, der hierbei als String definiert wurde.

```
// String kombinieren
let kombiFunktion: (String, String) -> String = kombiniereString
println(kombiFunktion("Swift", "rockt!"))
// Gibt "Swift rockt!" aus
```

Die Konstante kombiFunktion wird mit dem Datentyp(String, String) -> String definiert, der exakt dem Datentyp der kombiniereString-Funktion entspricht. Danach weisen wir der Variable die Funktion zu. Dabei ist unbedingt darauf zu achten, dass die normalen Klammern nicht geschrieben werden, da dies die Funktion aufrufen und den Rückgabewert speichern würde. In unserem Beispiel würde das Programm aber nicht kompilierbar sein, weil Swift problemlos erkennt, dass die Zuweisung in diesem Falle nicht möglich wäre. Abschließend rufen wir noch die Funktion mittels des Konstantennamens auf, in dem wir unsere zwei String-Parameter übergeben. Der Rückgabewert wird dann mithilfe der println()-Funktion ausgegeben.

```
// Addieren
let addierFunktion: (Int, Int) -> Int = addiereZweiInteger
println("2+5=\(addierFunktion(2, 5))")
// Gibt "2+5=7" aus
```

Bei der hier definierten Konstante addierFunktion gilt das gleiche Prinzip, allerdings verwenden wir bei diesem Beispiel Integer für die Parameter und den Rückgabewert. Haben Sie eine Methode, die weder einen Parameter entgegennimmt noch einen Wert zurückgibt, so würde sich die Signatur () -> () ergeben. In Swift wird () als leerer Tuple betrachtet, der Void – also nichts – entspricht.

```
let ausgabeFunktion: () -> () = gibEtwasAus
ausgabeFunktion()
// Gibt "Ein Text!" aus
```

Ein sehr schöner Vorteil von Swift besteht darin, dass dank der Typinferenz der entsprechende Datentyp auch selbstständig erkannt wird. Dafür entfällt einfach bei der Deklaration der Konstante oder Variable die Definition des Datentyps der Funktion, der durch die Zuweisung einer Funktion selbstständig vom Compiler erkannt und festgelegt wird.

```
let erkannterTyp = addiereZweiInteger
println(erkannterTyp(16, 16))
// Gibt 32 aus
```

Damit Sie eine Funktion aber an eine Funktion übergeben können, müssen Sie den Datentyp des Parameters dennoch ausformulieren. Wir übergeben unsere Addierfunktion einer neuen Funktion namens addiereUndGibAus, inklusive den Parametern, die addiert werden sollen. Die Abläufe und Schreibweisen entsprechen dabei denen, die wir auch bereits für Konstanten und Variablen genutzt haben.

```
let meineAddierFunktion = addiereZweiInteger
func addiereUndGibAus(addierFunktion: (Int, Int) -> Int, a: Int, b: Int) {
    println(addierFunktion(a, b))
}
addiereUndGibAus(meineAddierFunktion, 32, 32)
// Gibt "64" aus
```

Die Syntax ist sicherlich ein wenig gewöhnungsbedürftig, aber im Gegensatz zu den Lösungen wie in Objective-C ist diese Variante deutlich lesbarer und einprägsamer.

Funktionen als Rückgabewert

In Swift ist es möglich, eine Funktion als Rückgabewert zu liefern. Diese kann man dann in einer Variable oder Konstante speichern. Der Funktionsaufruf erfolgt anschließend mit dem Namen der Variable, gefolgt von normalen Klammern, in denen man auch Parameter übergeben kann, so wie Sie dies bei der Deklaration und Verwendung von Funktionen als Datentyp kennengelernt haben. Selbstverständlich kann auch hierbei die gespeicherte Funktion einen Rückgabewert besitzen.

Beispiel 9-13: Funktion als Rückgabewert

```
func addAbs(a: Int, b: Int) -> Int {
    return abs(a + b)
}

func add(a: Int, b: Int) -> Int {
    return a + b
}

func addition(absolute: Bool) -> (Int, Int) -> (Int) {
    return absolute ? addAbs : add
}

// Referenzen auf Funktionen erstellen
let absoluteAddition = addition(true)
let normaleAddition = addition(false)

// Ausgabe 95
println(absoluteAddition(-100, 5))

// Ausgabe -95
println(normaleAddition(-100, 5))
```

Beispiel 9-13 definiert drei Funktionen. Die Funktion addAbs addiert die übergegebenen Werte und liefert den absoluten Wert der Addition zurück. Die zweite Funktion, add, führt eine normale Addition der beiden Parameter durch und gibt ebenfalls das Ergebnis zurück. Die dritte Funktion, addition, ist diejenige, die uns eine der beiden Addierfunktionen zurückliefert. Dabei sollten Sie sich an dieser Stelle den Rückgabewert genauer ansehen. Dieser definiert in geschweiften Klammern die Datentypen der Parameter und deren Anzahl. Die Datentypen und ihre Anzahl müssen dabei zwingend denen der Funktion entsprechen, die zurückgegeben werden soll. Nach der Definition der Parameter schreiben wir erneut das Zeichen für einen Rückgabewert, bei dem wir aber den Rückgabewert der Funktion angeben, die zurückgeliefert wird. Der addition-Funktion kann man einen Bool übergeben, der darüber entscheidet, welche Funktion zurückgegeben werden soll. Ist dieser `true`, wird die Additionsfunktion mit Bildung des absoluten Wertes geliefert; bei `false` erhalten Sie die normale Additionsfunktion.

Wir speichern jeweils beide Funktionen in Konstanten. Anschließend können beide Methoden aufgerufen werden, indem man den Namen der Konstante schreibt und in normalen Klammern die Parameter übergibt. Sollten Sie keine Parameter definiert haben, lassen Sie die Klammern entsprechend leer.

Nested Functions

Normalerweise sind alle Funktionen global verfügbar. Es kann aber durchaus Sinn machen, Funktionen innerhalb einer Funktion zu definieren, die auch nur innerhalb dieser Funktion verfügbar sind. Mit *Nested Functions* können wir Funktionen ineinander verschachteln und dadurch den Zugriff von außen auf sie unterbinden. Man kann aber durchaus wie in Beispiel 9-14 eine Referenz auf die innere Funktion zurückliefern.

Beispiel 9-14: Nested Function für Addition

```
func additionFunktion(a: Int) -> (Int) -> Int {
    func add(b: Int) -> Int {
        return a + b
    }
    return add
}

var plus10 = additionFunktion(10)
println(plus10(20))
// Ausgabe ist: 30
```

Das Beispiel definiert eine Funktion, die wiederum eine Funktion in sich selbst definiert. Wenn man die Funktion `additionFunktion` aufruft, bekommt man eine Referenz auf die innere Funktion zurück, die wir in der Variable `plus10` speichern. Der Wert `10` ist dabei fest mit a verdrahtet, und sobald man die add-Funktion aufruft, die sich jetzt in der Variable `plus10` befindet, übergibt man den Wert für b. Beide Werte werden anschließend miteinander verrechnet, und das Ergebnis wird auf der Konsole ausgegeben.

Type Casting

Möchte man überprüfen, ob ein Objekt von einer bestimmten Klasse abstammt und/oder möchte man ein Objekt so behandeln, als hätte es einen anderen Datentyp innerhalb seiner eigenen Klassenhierarchie, so benötigt man Type Casting.

Mithilfe von drei Operatoren, die Swift uns zur Verfügung stellt, können wir entweder den Datentyp überpüfen oder das Objekt in einen anderen Datentyp umwandeln:

- Der **is**-Operator liefert *true* zurück, wenn ein Objekt einer bestimmten Klasse entspricht. Dabei werden auch dessen Superklassen beachtet.

- Der **as?**-Operator *downcastet* das Objekt innerhalb seiner Klassenhierarchie zu dem Datentyp der gegebenen Klasse und liefert einen optionalen Wert von dem gewünschten Datentyp zurück. Sollte der Cast fehlschlagen, ist der Wert *nil*.

- Der **as**-Operator erzwingt den Downcast. Sollte das Casting fehlschlagen, führt dies zu einem Laufzeitfehler, der die Applikation abstürzen lässt! Nutzen Sie diese Variante nur, wenn Sie sich zu 100 % sicher sind, dass der Cast möglich ist!

Für unsere folgenden Beispiele nutzen wir die Klassen, die wir in Beispiel 9-15 definieren. Dabei haben wir eine Klasse Schauspieler und Nerd, die beide die gemeinsame Vaterklasse Mensch haben. Ein Mensch definiert sich über einen Namen. Ein Schauspieler hat eine Rolle, so wie der Nerd gewiss einen Lieblingscomputer besitzt.

Beispiel 9-15: Basisklassen für Folgebeispiele

```
class Mensch {
    var name: String
    init(name: String) {
        self.name = name
    }
}

class Schauspieler: Mensch {
    var rolle: String

    init(name: String, rolle: String) {
        self.rolle = rolle
        super.init(name: name)
    }
}

class Nerd: Mensch {
    var computer: String

    init(name: String, computer: String) {
        self.computer = computer
        super.init(name: name)
    }
}
```

Für diese Klassen und unsere Beispiele erstellen wir eine Handvoll Instanzen und speichern diese in einem Array.

```
    let starTrekConvention = [
        Schauspieler(name: "Kate Mulgrew", rolle: "Captain Janeway"),
        Nerd(name: "Stefan", computer: "Mac"),
        Schauspieler(name: "Robert Picardo", rolle: "Der Doktor"),
        Schauspieler(name: "Jeri Ryan", rolle: "Seven of Nine"),
        Nerd(name: "Andrè", computer: "Ammiigggaaaa!!!!"),
        Nerd(name: "Christopher", computer: "Acorn Archimedes"),
        Nerd(name: "Ralf", computer: "Mac")
    ]
```

Wie Ihnen vielleicht hierbei schon auffällt, können die Objekte trotz unterschiedlicher Datentypen in einem Array untergebracht werden. Dies liegt daran, dass der Compiler an dieser Stelle bereits ein Downcast aller Objekte auf den kleinsten gemeinsamen Nenner vornimmt. Da beide Klassen von Mensch erben, ist dies der kleinste Nenner, und unser Array ist damit vom Datentyp **[Mensch]**.

Datentyp überprüfen

Mit dem **is**-Operator (auch Check-Operator genannt) können wir gezielt überprüfen, ob es sich bei einer Instanz um ein bestimmtes Objekt handelt. Ist dies nicht der Fall, erhalten wir false oder bei Erfolg true. Mit unserer folgenden Schleife iterieren wir über unseren Star-Trek-Convention-Besucher. Dabei überprüfen wir bei jeder Instanz, ob sie einem Schauspieler oder einem Nerd entspricht. Je nachdem erhöhen wir den Besucherzähler für Nerds oder für Schauspieler. Am Ende der Schleife geben wir dann das Ergebnis aus.

```
var nerds = 0
var schauspieler = 0
for mensch in starTrekConvention {
    if mensch is Schauspieler {
        schauspieler++;
    } else if mensch is Nerd {
        nerds++
    }
}
print("Die Convention wird von \(nerds) Nerds und ")
println("\(schauspieler) Schauspielern besucht")
```

Da in diesem Beispiel alle Elemente im Array-Containertyp von dem Datentyp Mensch ableiten, macht es keinen Sinn, zu überprüfen, ob der Datentyp dieser Klasse entspricht.

Swift erkennt bereits im Vorfeld, ob eine Instanz exakt den Typ hat, der mit dem is-Operator geprüft wird, und erzeugt sinnvollerweise einen Fehler, der das Kompilieren unmöglich macht.

Downcasting

Jeder Datentyp einer Klasse kann auch eine Referenz auf eine Instanz einer möglichen Kindklasse sein. Dies können wir gezielt mit dem **is**-Operator überprüfen. Man kann aber auch direkt probieren, mit dem **as**- oder **as?**-Operator einen Downcast auf das entsprechende Objekt durchzuführen. Dabei sollte man den **as**-Operator nur dann nutzen, wenn man sich sicher ist, dass das zu castende Objekt der gewünschten Klasse entspricht. Im Fehlerfall führt dies ansonsten zu einem Laufzeitfehler, der die App abstürzen lässt. Der Downcast mit dem **as?**-Operator ist wesentlich harmloser, denn er liefert im Erfolgsfall einen Optional vom Typ der gewünschten Klasse. Sollte der Cast nicht erfolgreich sein, erhalten wir **nil**. In dem folgenden Ausschnitt iterieren wir erneut über jedes Objekt im Star-Trek-Covention-Array und geben Informationen aus, die relevant zu der jeweiligen Klasse sind.

```
for mensch in starTrekConvention {
    if let schauspieler = mensch as? Schauspieler {
        print("Schauspieler: \(schauspieler.name) ")
        println(" hatte die Rolle: \(schauspieler.rolle)")
    } else if let nerd = mensch as? Nerd {
        print("Dem Nerd \(nerd.name) ")
        println("gefällt nur ein \(nerd.computer)")
    } else {
        println("Keine Klasse für \(mensch.name) :(")
    }
}
```

Sollte es sich um eine Instanz der Klasse Schauspieler handeln, geben wir den Namen und die Rolle des Schauspielers aus. Beim Nerd ist es ebenfalls der Name und sein Lieblingscomputer. Kennen wir die Klasse noch nicht, so geben wir dies ebenfalls aus. In unserem Beispiel wird aber kein Fall dieser Art auftreten.

AnyObject und Any

Der Datentyp **AnyObject** wurde speziell für Datentypen aus der Cocoa-API eingeführt. Da Objekte wie **NSArray** oder **NSSet** keinen Datentyp definieren, musste für deren Inhalt ein kleinster gemeinsamer Nenner her. In Swift können wir **[AnyObject]** ebenfalls nutzen, um Objekte jeglicher Klassen in einem Array speichern zu können. Da dieses Vorgehen jedoch eines der wichtigsten Merkmale von typsicheren Arrays umgeht, raten wir dringend davon ab! In Projekten, die mit Objective-C oder der Cocoa-API sprechen müssen, kommt man aber nicht darum herum. Beispiel 9-16 definiert ein Array verschiedenster Objekte, die wir mit dem as?-Operator auswerten und casten, um entsprechend ihrer Typen eine Meldung auszugeben.

Beispiel 9-16: AnyObject

```
class BeispielKlasse {}
let einObjekt = BeispielKlasse()
let doofesArray: [AnyObject] = [
    einObjekt,
    Nerd(name: "Robert", computer: "Mac")
]
for objekt in doofesArray {
    if let beispielObjekt = objekt as? BeispielKlasse {
        println("Ein Beispielobjekt wurde gefunden!")
    } else if let nerd = objekt as? Nerd {
        println("Ein Nerd namens \(nerd.name)")
    }
}
```

Dabei enthält unser Array ein Objekt einer neuen Klasse, die von keiner von uns zuvor definierten Klasse erbt. Wir können sie dank **[AnyObject]** dennoch mit einem Objekt der Klasse Nerd in einem Array ablegen. Bei der nachfolgenden Überprüfung geben wir wieder entsprechend eine Nachricht aus, wenn ein Cast auf einem der beiden Objekte funktioniert hat.

Mit dem Datentyp **[Any]** verhält sich dies ähnlich. Hierbei kann man aber Objekte und Datentypen ablegen, die keiner Klasse entsprechen. Dies gilt auch für Function Types. Das folgende Beispiel legt verschiedene Datentypen in einem Array ab. Dabei wird aber zuerst das Array mit dem Datentyp **[Any]** initialisiert, und anschließend werden die Daten hinzugefügt. Das Initialisieren mit einem Literal für diese Form eines Arrays ist mit zur Initialisierung festgelegten Objekten und anderen Datentypen nicht möglich! Anschließend wird mittels Switch-Case ein Cast durchprobiert und etwas ausgegeben.

```
var superArray = [Any]()
superArray.append(123.0)
superArray.append("Ein String!")
superArray.append(Nerd(name: "Volker", computer: "PC"))
for objekt in superArray {
    switch objekt  {
    case let einDouble as Double:
        println("Double \(objekt)")
    case let einString as String:
        println("String \(objekt)")
    case let nerd as Nerd:
        println("Der Nerd ist \(nerd.name)")
    default:
        println("Unbekannt!")
    }
}
```

 Sollten Sie den as-Operator für das Value Binding bei einem Case nutzen, müssen Sie sich keine Sorgen wegen Laufzeitfehlern machen, wie eingangs der Lektion beschrieben. Der Typecheck eines as-Operators bei einem Case wird immer in einem sicheren Kontext durchgeführt!

Subscripts

Durch Subscripts bietet Swift uns die Möglichkeit, Shortcuts zu bauen, um an Werte innerhalb von Objekten, Strukturen oder Enumerations zu kommen. Sie kennen diese Shortcuts bereits in Verwendung mit Arrays oder Dictionaries. Hier schreibt man hinter den Variablen- oder Konstantennamen eckige Klammern, welche z.B. den Index auf ein Element bei einem Array oder den Key für den Eintrag eines Dictionarys enthalten.

Ein Subscript hat dabei die in Beispiel 9-17 gezeigte Syntax, die uns wahlweise das Speichern oder Auslesen von Daten ermöglicht. Dabei können wir beeinflussen, welcher oder welche Parameter in den eckigen Klammern geschrieben werden müssen. Zudem kann man einen Rückgabeparameter definieren, der zu erwarten ist, wenn wir eine Abfrage machen. Das Übergeben von Referenzen von Werten mittels inout ist ebenso wenig möglich wie die Definition von Standardparametern.

Beispiel 9-17: Syntax für Subscript

```
subscript(index: Int) -> Int {
    get {
        // Wert liefern bei Abfrage
    }
    set(newValue) {
        // Wert speichern oder anders behandeln
    }
}
```

In Beispiel 9-18 wurde eine Klasse `Fibonacci` implementiert, die über ein Subscript verfügt. Es wird dabei eine Zahl erwartet, die der Position in der Fibonacci-Reihe entspricht. Mit einer Schleife lassen wir uns alle Fibonacci-Zahlen im Bereich von 1 bis 10 ausgeben.

Beispiel 9-18: Klasse mit Subscript, das eine Fibonacci-Zahl an der übergebenen Position zurückliefert

```
class Fibonacci {
    subscript(position: Int) -> Int {
        return fib(position: position)
    }

    func fib(position n: Int) -> Int {
        if (n <= 1) {
            return n
        }
        return fib(position: n-1) + fib(position: n-2)
    }
}

var fib = Fibonacci()
for position in 1...10 {
    print("\(fib[position]) ")
}
// Ausgabe - 1 1 2 3 5 8 13 21 34 55
```

Optionals

Das Konzept von *Optionals* in Swift kann für den einen oder anderen problematisch und sehr verwirrend sein. Hat man aber erst einmal die Theorie hinter diesem Konzept verstanden, so wird man keine großen Schwierigkeiten haben, mit ihnen umzugehen. Die Syntax ist dennoch sehr gewöhnungsbedürftig, und es wird sicherlich einige Zeit in Anspruch nehmen, bis diese verinnerlicht ist.

Ein *Option Type* ist ein generischer Datentyp, der genutzt wird, um einen optionalen Wert zu kapseln. Ein *Optional* kann z.B. der Rückgabewert einer Funktion sein, der uns durch seine Deklaration darauf hinweist, dass ein sinnvoller Wert zurückgeliefert werden kann oder nicht. In den meisten Programmiersprachen bezeichnet man Optionals auch als *Nullable Types*.

Durch Optionals erhalten wir in Swift die Möglichkeit, Nichtvorhandenes auch als »nichts« zurückzugeben oder auch so zu definieren. Das Ganze ist mithilfe von Kontrollstrukturen prüfbar und kann auch beim Zugriff auf Nichtvorhandenes Programmabstürze verhindern. Damit man etwas als optional deklarieren kann, muss dies zwingend und immer unter Angabe des Datentyps geschehen. Hinter den Datentyp schreibt man ein Fragezeichen (auch Fragezeichen-Operator genannt), was dafür sorgt, dass aus dem deklarierten Datentyp ein *Optional Type* wird.

Dies kann, wie in Beispiel 9-19 zu sehen ist, ein Optional vom Typ String sein, der nicht initialisiert wird. Dies drücken wir mit dem Wort nil aus, das mit dem Wort NULL in anderen Programmiersprachen vergleichbar ist. Mithilfe einer Kontrollstruktur können wir überprüfen, ob ein Wert in unserem Optional existiert. Sollte dies der Fall sein, wird der eigentliche Wert aus dem Optional einer temporären Konstante zugewiesen, und wir können den Wert auf der Konsole ausgeben. Sie können gern einmal versuchen, statt nil einen String zu initialisieren, um eine Ausgabe auf der Konsole zu erzeugen.

Beispiel 9-19: Deklaration eines Optional

```
var lieblingsKuchen: String? = nil

if let kuchen = lieblingsKuchen {
    println("Mein Lieblingskuchen ist \(kuchen)")
}
```

> Eine Konstante oder Variable, die ohne Zuweisung eines Werts und als Optional deklariert wird, ist standardmäßig mit nil initialisiert.

Bei den Rückgabewerten von Funktionen oder auch Klassenmethoden sieht das Ganze nicht anders aus. Hier wird ebenfalls, wie schon bei der Deklaration von Variablen oder Konstanten, ein Fragezeichen hinter den Datentyp gesetzt. In Beispiel 9-20 wird eine Funktion aufgerufen, die nil zurückliefert. Bei dem darauffolgenden Vergleich wird festgestellt, dass der Wert noch nicht existiert, woraufhin eine Fehlermeldung ausgegeben wird.

Beispiel 9-20: Optional als Rückgabewert einer Funktion

```
func nameDesAlienPlaneten() -> String? {
    return nil;
}

if let name = nameDesAlienPlaneten() {
    println("Der Planet heißt \(name)")
} else {
    println("Es gab noch keinen Kontakt")
}
```

Unwrapping

Da der Optional selbst einen Datentyp repräsentiert, kann man mit ihm nicht so arbeiten, als wäre es der Datentyp, den er selbst kapseln soll. Damit man an den Wert hinter einem Optional kommt, muss man ihn *unwrappen* bzw. auspacken. Hierbei gibt es zwei Möglichkeiten, um an der Wert zu kommen (siehe Beispiel 9-21). Die erste Variante ist eine Kontrollstruktur, in der wir eine temporäre Variable oder Konstante definieren, die den Wert des Optionals erhält, sollte dieser vorhanden sein. Das Verfahren wird auch *Optional Binding* genannt. Die zweite Variante ist das sogenannte implizite Unwrappen und benutzt den Ausrufezeichen-Operator, der hinter den Optional geschrieben wird, der entpackt werden soll. Hierbei findet keine Überprüfung statt, ob tatsächlich ein Wert existiert oder nicht. Man garantiert sozusagen, dass ein Wert existiert. Seien Sie aber gewarnt, denn sollte dieser Wert nicht existieren, führt dies mit Sicherheit zu einem Programmabsturz. Nutzen Sie *Variante 2* nur, wenn Sie sich sicher sind, dass der Wert zum Zeitpunkt des Auspackens existiert! Sie können in dem Beispiel auch einmal probieren, was passiert, wenn Sie vorname mit nil initialisieren.

Beispiel 9-21: Unwrapping eines Optional

```
var vorname: String? = "Stefan"

// Variante 1
if let name = vorname {
    println(name)
}

// Variante 2
var entpackterName = vorname!

// Direkte Ausgabe ohne Variablendeklaration
println(vorname!)
```

 Sollten Sie sich nicht sicher sein, ob ein Wert beim Unwrappen existiert, sollten Sie eine Kontrollstruktur nutzen, um dies sicherzustellen.

Vor allem beim späteren Umgang mit Klassen und Methoden aus *UIKit* oder *AppKit* wird Ihnen auffallen, dass einige Methoden implizit Unwrapped-Parameter erwarten. Dies erkennen Sie daran, dass bei den Funktions- und Methodenparametern ein Ausrufezeichen angehängt wurde. Bei solchen Parametern müssen Sie zwingend einen Wert des entsprechenden Datentyps oder einen Wert übergeben, der in einem Optional von diesem Datentyp garantiert enthalten ist. Beispiel 9-22 zeigt zur Veranschaulichung eine Methode mit Aufruf, die für den ersten Parameter einen Optional-Int und für den zweiten Parameter einen normalen Int übergibt.

Beispiel 9-22: Funktion, die implizit entpackte Parameter erwartet

```
func addiere(a: Int!, b: Int!) -> Int {
    return a + b
}
```

```
var ersteZahl: Int? = 2
var zweiteZahl: Int = 4
var ergebnis: Int = addiere(ersteZahl, zweiteZahl)
```

Optional Chaining

Stellen Sie sich vor, Sie haben eine Klasse mit verschiedenen Properties, deren Inhalt optional ist. Eine dieser Properties ist ebenfalls eine Klasse, die auch Optionals enthält, und Sie möchten auf genau einen dieser optionalen Werte zugreifen. Müssen Sie jetzt, um auf Nummer sicher zu gehen, jeden mit einer Kontrollstruktur unwrappen? Zum Glück nicht! Mit dem *Optional Chaining* können wir eine Verkettung zwischen Properties, Subscripts oder auch Funktionen bilden, ohne dabei die Werte unwrappen zu müssen. Das Schöne dabei ist: Wenn nur ein Teil dieser Kette nil ergibt, wird der ganze Aufruf nicht weiter verfolgt und das Ergebnis ist nil. Um einen solchen Aufruf – auch *Query* genannt – bauen zu können, schreiben Sie hinter den optionalen Wert ein Fragezeichen, gefolgt von der Funktion, dem Subscript oder der Methode, die sich hinter dem Optional verbirgt. In den folgenden Beispielen nutzen wir die drei Klassen, die in Beispiel 9-23 definiert sind. Alle weiteren Beispiele nutzen bis auf Widerruf diese Klassen als Grundlage. Das Szenario enthält eine Klasse Kunden, wobei ein Kunde sich ein Eis aussuchen kann. Das Eis ist hierbei eine Property, die optional ist. Ein Eis definiert sich durch eine Eissorte und eine Anzahl von Kugeln. Die Eissorte selbst hat einen Namen und eine Methode, die eine Beschreibung zurückliefern kann. Sowohl der Name als auch der Rückgabewert der Methode sind optional.

Beispiel 9-23: Basisklassen für Optional-Chaining-Beispiele

```
class Eis {
    var kugeln = 2
    var sorte: Eissorte?

    func printNumbers() {
        println("Kunde möchte \(kugeln) eis")
    }
}

class Eissorte {
    var name: String?

    init(name: String?) {
        self.name = name
    }

    convenience init() {
        self.init(name: nil)
    }

    func beschreibung() -> String? {
        if let eisName = name {
            return "Ich bin \(eisName) Eis"
        }
        return nil;
    }
}
```

Beispiel 9-23: Basisklassen für Optional-Chaining-Beispiele (Fortsetzung)

```
class Kunde {
    var eis: Eis?
}
```

Zugriff auf Properties mit Optional Chaining: In Beispiel 9-24 erstellen wir einen Kunden und möchten mit dem Optional Chaining die Anzahl der Kugeln ermitteln. Da der Kunde aber noch gar kein Eis bestellt hat, ist dieses `nil`. Die Kontrollstruktur gibt daraufhin eine entsprechende Fehlermeldung aus, bevor sie überhaupt versucht hat, die Property `kugeln` auszulesen. In einem richtigen Swift-Projekt könnte man an dieser Stelle dafür sorgen, dass entsprechende Objekte erstellt werden müssen.

Beispiel 9-24: Abfrage einer Property mit Optional Chaining

```
var derKunde = Kunde()
if let kugeln = derKunde.eis?.kugeln {
    println("Der Kunde möchte \(kugeln) Kugeln Eis")
} else {
    println("Der Kunde hat noch keinen Wunsch")
}
```

Zugriff auf Methoden mit Optional Chaining: Nachdem der Kunde sein `Eis` bestellt hat und wir ein Objekt für das `Eis` erstellt haben, wird dieses in der Property `eis` des Kunden zugewiesen. Wir möchten an dieser Stelle gern ermitteln, um welche Eissorte es sich handelt, und fragen hierfür die Beschreibung des Eises mit der Methode `beschreibung()` ab. Da aber keine Eissorte beim Initialisieren festgelegt wurde, ist auch dieser Wert `nil`. Erneut sparen wir uns, wie in Beispiel 9-25 zu sehen ist, mehrere Kontrollstrukturen, um dies zu erfahren und auswerten zu können.

Beispiel 9-25: Optional Chaining mit einem Methodenaufruf, der einen optionalen Rückgabewert hat

```
var derKunde = Kunde()
derKunde.eis = Eis()

if let sorte = derKunde.eis?.sorte?.beschreibung() {
    println("Der Kunde möchte die Sorte \(sorte)")
} else {
    println("Der Kunde hat noch keine Sorte gewählt")
}
```

Würden wir zu guter Letzt dafür sorgen, dass auch die Eissorte bekannt ist, könnten wir anfangen, das Eis zu produzieren, und unser Kunde wäre glücklich. In einem echten Projektszenario haben Sie später deutlich mehr Verbindlichkeiten und Komplexität mit Optionals zu bewerkstelligen. Vor allem Xcode greift Ihnen mit wertvollen *Fix-Mes* tatkräftig beim Chaining unter die Arme. Wichtig ist aber, dass Sie verstehen, wann und warum man das Chaining einsetzt und wann man einen Wert tatsächlich ohne Prüfung implizit unwrappen kann, ohne einen Absturz zu provozieren.

KAPITEL 10

Protokolle und Extensions

Es ist selten verkehrt, gewisse Spielregeln in der Entwicklung festzulegen und einzuhalten. Manchmal möchte man aber Regeln umgehen oder diese sogar erweitern. Durch Protokolle und Extensions bekommen wir zwei sehr mächtige Sprachwerkzeuge, mit denen wir für mehr Qualität oder Funktionalität sorgen können, wenn wir sie richtig einsetzen.

Protokolle

Protokolle in Swift sind vergleichbar mit Interfaces, wie Sie sie vielleicht aus Java kennen. Mit einem Protokoll können Sie z.B. Methoden oder Properties definieren, welche eine Klasse, Struktur oder auch ein Enumerator implementieren müssen, sobald diese das Protokoll adaptieren, um mit ihm konform zu sein. Dabei wird in dem Protokoll selbst keine Funktionalität programmiert. Durch Protokolle kann man vielmehr sicherstellen, dass ein Datentyp die festgelegten Funktionalitäten für sich angepasst implementiert und zur Verfügung stellt.

Mithilfe von Protokollen können Sie erzwingen, dass einer oder mehrere der folgenden Punkte implementiert werden:

- Instanzmethoden oder statische Methoden
- Properties
- Operatoren
- Subscripts

Das Definieren eines Protokolls ist dabei kinderleicht. Die Syntax orientiert sich sehr stark an der von Strukturen, Klassen oder Enumeratoren. Beispiel 10-1 zeigt eine leere Struktur, die ein von uns angelegtes Protokoll, das zunächst leer ist, adaptiert. Dies erfolgt, indem man nach dem Datentyp, der dem Protokoll entsprechen soll, einen Doppelpunkt schreibt und dann den Namen des gewünschten Protokolls angibt. Hierbei kann der Datentyp mehrere Protokolle adaptieren, indem man diese kommagetrennt nacheinander schreibt. Bei einer Klasse, die von einer anderen erbt, wird das Protokoll kommagetrennt nach der Vererbung geschrieben. Natürlich können Sie auch hier mehrere Protokolle hintereinanderschreiben. Zur Demonstration befindet sich unter der Struktur eine Dummy-Klasse, die einige von uns erfundene Protokolle implementiert.

 Protokolle, die wir definieren, sind in Swift ein eigener Datentyp, mit dem man auch arbeiten kann. Deswegen gehorcht die Benennung eines Protokolls denselben Regeln wie die Benennung jedes anderen Datentyps.

Beispiel 10-1: Definition eines Protokolls und Adaption

```
protocol Destroyable {

}

struct Apartment: Destroyable {

}

/* Pseudocode zur Demonstration von Vererbung
mit Adaption von mehreren Protokollen */
class EncryptedString: String, FirstProtocol, SecondProtocol {

}
```

 Alle Elemente, die Sie von einem Protokoll in einer Klasse definieren, werden an Kindklassen weitervererbt. Sie können aber die Protokollimplementierungen der Elemente in der Ableitung überschreiben.

Dadurch, dass es sich um einen eigenen Datentyp handelt, können Sie den Protokollnamen genauso einsetzen wie jeden anderen Datentypnamen auch. Das heißt, dass er als Rückgabetyp, Parametertyp oder auch als Datentyp für Properties, so wie Konstanten und Variablen eingesetzt werden kann. Selbstverständlich kann er auch als Typ für den Inhalt von Dictionaries, Arrays oder anderen Containern genutzt werden.

Methoden

Möchten Sie, das Instanz- oder statische Methoden implementiert werden, so müssen Sie einfach die Methode in Ihrem Protokoll deklarieren. Hierbei entfällt der Programmcode, der normalerweise in den geschweiften Klammern folgen würde. Protokolle definieren keinen Programmcode!

Um statische Methoden zu definieren, stellen Sie das Schlüsselwort **class** vor die Methodendefinition. Dies gilt auch dann, wenn Ihr Protokoll später für Strukturen oder Enumeratoren genutzt werden soll.

Zur Erinnerung: Bei Strukturen und Enumeratoren benutzt man normalerweise für statische Methoden und Properties das Schlüsselwort **static**. Da Protokolle aber sowohl für

Klassen, Strukturen als auch für Enumeratoren einsetzbar sind, entschied Apple, dass für alle **class** genutzt werden soll. Der ein oder andere fragt sich an dieser Stelle sogar zu Recht, warum Apple nicht gleich ein einheitliches Schlüsselwort für alle drei (wie z. B. **static** in C++) genutzt hat.

Bei der nachträglichen Implementierung von statischen Methoden müssen Sie bei Enumeratoren oder Strukturen das Schlüsselwort **static** statt **class** benutzen. Fälschlicherweise wird von der Autovervollständigung in Xcode 6.1 bei diesen beiden Datentypen **class** angezeigt, was zu einem Compiler-Fehler führt. Beispiel 10-2 veranschaulicht sowohl Instanz- als auch statische Methoden in Verbindung mit Klassen und Strukturen. Achten Sie bitte sehr genau darauf, wo das Schlüsselwort **class** und wo **static** verwendet wurde.

Wie man an diesem Beispiel schön erkennt, ist es möglich, nach dem Instanziieren der Struktur oder der Klasse sowohl die statische Methode als auch die Instanzmethode bei beiden Variablen aufzurufen. Aber nochmals: Jeder Datentyp, den wir definieren, implementiert die Dinge, die in einem Protokoll definiert sind, für sich selbst. Die Ausnahme bildet hier natürlich, wie eingangs beschrieben, die Vererbung von Klassen.

 Es ist nicht möglich, bei Methoden, die in Protokollen definiert werden, Standardwerte bei Methodenparametern festzulegen.

 Sie können bei der Definition von Parametern auch *Variadic Parameter* nutzen. Dabei bleibt die Syntax identisch mit der Syntax von normalen Methoden.

Beispiel 10-2: Protokoll und Adapation mit Instanz- und statischen Methoden

```
protocol Destroyable {
    class func isDestroyable() -> Bool
    func destroy()
}

struct AppleFacility: Destroyable {
    static func isDestroyable() -> Bool {
        return false
    }

    func destroy() {
        println("Apple kann nicht zerstört werden!")
    }
}

class AndroidFacility: Destroyable {
    class func isDestroyable() -> Bool {
        return true
    }
```

```
    func destroy() {
        println("Android gibt es nicht mehr.")
    }
}

var motorola = AndroidFacility()
if AndroidFacility.isDestroyable() {
    motorola.destroy()
}

var apple = AppleFacility()
apple.destroy()
```

Properties

Mithilfe von Protokollen können Sie Properties definieren, die später implementiert werden müssen. Dabei schreibt das Protokoll aber nicht vor, ob es sich um *Computed* oder um *Stored Properties* handeln muss. Diese Entscheidung liegt ganz bei Ihnen. Die Deklaration der Properties in Protokollen entspricht der von anderen Datentypen, die über Properties verfügen. Aber Vorsicht, denn Properties können nur als Variable definiert werden! Konstante Properties sind in Protokollen nicht definierbar. Außerdem müssen Sie für jede Property den Datentyp deklarieren.

Zusätzlich gibt es aber noch einen weiteren Fallstrick, denn bei Properties muss definiert werden, ob der Zugriff auf sie später lesend und schreibend oder nur lesend möglich ist. Eine Property muss aber mindestens immer lesbar sein! Sie definieren hierbei dieses Verhalten mit den Schlüsselwörtern **get** und **set**, die in geschweiften Klammern hinter der Datentypdefinition stehen. In Beispiel 10-3 sehen Sie drei Properties, die in einem Protokoll namens Personizable definiert wurden. Der Vor- und der Nachname sollen jeweils schreib- und lesbar sein. Die Property combinedName soll hingegen nur lesbar sein. Weil unsere Struktur Developer konform zu dem Protokoll sein soll, müssen wir alle Properties deklarieren. Der Vor- und der Nachname sind jeweils als *Stored Property* deklariert. Bei dem combinedName haben wir uns für eine *Computed Property* entschieden, die in ihrem Getter einen String erstellt, der sich aus dem Vor- und Nachnamen bildet. Die aus dem Protokoll vorgegebenen Properties werden selbstverständlich bei dem automatisch erzeugten Konstruktor der Struktur mit beachtet. Sie können aber mit den Patterns, die Sie in Kapitel 7 über Strukturen gelernt haben, weiterhin Ihre eigenen Konstruktoren nach Belieben definieren.

Beispiel 10-3: Protokoll mit Properties

```
protocol Personizable {
    var firstName: String { get set }
    var secondName: String { get set }
    var combinedName: String { get }
}
```

Beispiel 10-3: Protokoll mit Properties (Fortsetzung)

```
struct Developer: Personizable {
    var firstName: String
    var secondName: String
    var combinedName: String {
        get {
            return "\(firstName) \(secondName)"
        }
    }
}

var stefan = Developer(firstName: "Stefan", secondName: "Popp")
println(stefan.combinedName)
```

Bei Klassen, die Protokolle adaptieren, haben Sie natürlich dieselben Regeln in Bezug auf Properties und deren Initialisierung einzuhalten. Wir erinnern uns nochmals daran, dass Properties, die von einem Protokoll vorgegeben werden und in unserer eigenen Klasse, Struktur oder in unserem eigenen Enumerator deklariert werden, denselben Regeln und denselben Verhaltensweisen entsprechen, als wären sie ohne ein Protokoll definiert worden. Denken Sie stets daran: Wenn Ihr Datentyp konform zu einem Protokoll ist, dann sind Sie in der Pflicht, die Erwartungen zu erfüllen. Wenn z. B. ein String in dem Protokoll nur lesend deklariert ist, müssen Sie beim Abrufen der Property garantieren können, dass der Wert auch zur Verfügung steht. Ob dies über eine *Stored Property* oder eine *Computed Property* erfolgt, liegt dabei ganz bei Ihnen.

 Sollte ein Protokoll eine Property definieren, die lesend und schreibend sein soll, so müssen Sie dies auch gewährleisten. Eine Konstante mit einem festen Wert oder eine *Computed Property*, die nur über einen Getter verfügt, ist nicht ausreichend!

Mutating

Wie Sie bereits in Kapitel 7 über Strukturen und Enumeratoren gelernt haben, können diese beiden Datentypen die Werte ihrer eigenen Properties nicht verändern. Dank des Schlüsselworts **mutating** können wir aber in Funktionen, die sich innerhalb von Strukturen oder Enumeratoren befinden, dieses Verhalten umgehen und die Werte von Properties in Strukturen oder den Enumeratorwert einer Enumeratorinstanz selbst verändern. Wir können in einem Protokoll ebenfalls das Schlüsselwort **mutating** für Funktionen nutzen und damit einen Datentyp, der zu unserem Protokoll konform sein soll, die entsprechende Aufgabe implementieren lassen. Beispiel 10-4 veranschaulicht dies mithilfe eines Protokolls, das diese Vorgabe für einen Enumerator trifft. Hierbei wird durch den Methodenaufruf der aktuelle Zustand des Enumerators geprüft und entsprechend der Kehrwert für die Instanz gesetzt. Jedes Mal, wenn die Methode toggle() auf der Enumeratorinstanz aufgerufen wird, ändert sich hierbei aber nicht nur der Wert; wir geben auch eine Zeile auf der Konsole aus, damit wir das Geschehen besser beobachten können.

Beispiel 10-4: Vorgabe einer Mutating-Funktion aus einem Protokoll

```
protocol Togglable {
    mutating func toggle();
}

enum AutopilotSwitch: Togglable {
    case Activated, Deactivated

    mutating func toggle() {
        switch self {
        case .Activated:
            println("Deactivating auto pilot")
            self = Deactivated
        case .Deactivated:
            println("Activating auto pilot")
            self = Activated
        }
    }
}

var autopilotSwitch = AutopilotSwitch.Activated
autopilotSwitch.toggle()
autopilotSwitch.toggle()
```

Konstruktoren

Mit Protokollen können wir neben Methoden und Properties auch Konstruktoren vorgeben. Dabei können Sie sowohl *designierte Konstruktoren* als auch *Convenience-Konstruktoren* vorgeben. Sie müssen nur sicherstellen, dass bei Klassen in der Implementierung des Konstruktors das Schlüsselwort **required** vor den Methodennamen geschrieben wird. Dadurch stellen Sie sicher, dass mögliche Kindklassen ebenfalls den Konstruktor zur Verfügung stellen oder zumindest mit einer spezifischeren Initialisierung überschreiben, sofern dies nötig ist. Beispiel 10-5 veranschaulicht neben der Syntax innerhalb des Protokolls, wie ein möglicher Konstruktor in einer Klasse vorgegeben und definiert werden kann. Ebenfalls können Sie mit diesem Beispiel nachvollziehen, was im Falle der Vererbung mit einem Protokoll passiert und wie Sie auch auf gewohnte Art und Weise einen Konstruktor in einer Kindklasse überschreiben können und weiterhin konform zum Protokoll bleiben.

Beispiel 10-5: Konstruktor mit Protokoll voraussetzen

```
protocol MyProtocol {
    init(aParameter: String)
}

class MyClass: MyProtocol {
    required init(aParameter: String) {
        // Weitere Initialisierungsschritte
        println("Vaterklasse: \(aParameter)")
    }
}
```

Beispiel 10-5: Konstruktor mit Protokoll voraussetzen (Fortsetzung)

```
class MyChildClass: MyClass {

}

class MyChildChildClass: MyChildClass {
    override init(aParameter: String) {
        println("Zweite Kindklasse: \(aParameter)")
        super.init(aParameter: aParameter)
    }
}

var parentClass = MyClass(aParameter: "Stefan")
var childClass = MyChildClass(aParameter: "Ralf")
var childChildClass = MyChildChildClass(aParameter: "Christopher")
```

 Sollte Ihre Klasse mit dem Schlüsselwort final markiert sein, so ist, wie wir bereits wissen, keine weitere Ableitung von dieser Klasse möglich. Dies erlaubt es uns, auch das Schlüsselwort required bei der Implementierung des Konstruktors zu entfernen.

Ein Protokoll kann auch *Failable-Konstruktoren* vorgeben, wobei hier ebenfalls dieselben Regeln bei der Implementierung gelten, als würden Sie diese ohne ein Protokoll implementieren.

 Möchten Sie, dass Ihr Protokoll nur von Klassen adaptiert werden kann, so können Sie dies bei der Deklaration des Protokolls mit angeben. Nach dem Namen des Protokolls schreiben Sie einen Doppelpunkt, gefolgt von dem Schlüsselwort class.

Soll Ihr Protokoll noch zusätzlich von einem oder mehreren Protokollen erben, so schreiben Sie diese kommagetrennt hinter das Schlüsselwort class:

```
protocol MyProtocol: class, InheritedProtocol {
    // Definitionen
}
```

Delegation

Ein sehr beliebtes Design-Pattern, das auch bei Objective-C sehr intensiv genutzt wurde, ist das Delegation-Pattern. Dieses ermöglicht es, bestimmte Aufgaben an jemand anderen zu übertragen. Wenn wir z. B. eine Pizza bestellen, kümmert sich ein Pizzabäcker um die Zubereitung. Der Pizzabäcker selbst kennt dabei aber unsere Vorlieben nicht und fragt diese von uns ab. Dieses Prinzip des Nachfragens oder der Anweisung zum Handeln ist bei dem Delegation-Pattern nicht anders. Denn auch hier kann ein Objekt bestimmte Aufgaben an ein anderes Objekt übertragen oder bestimmte Dinge abfragen oder veranlassen.

Verdeutlichen wir uns dieses Pattern anhand eines technischen Beispiels unter iOS. Hier gibt es eine Klasse namens `UITableView`. Diese stellt uns ein UI-Element zur Verfügung, mit dem wir Daten tabellarisch darstellen können. Der `UITableView` selbst kennt hierbei aber unsere Daten nicht und möchte diese irgendwo herbekommen. In der klassischen Objektorientierung könnte man eine Klasse erstellen, die von einem `UITableView` abgeleitet ist und einige Methoden überschreibt, die die Daten aufbereiten würden. Da man aber eine fachliche und technische Trennung zwischen darstellenden und datenaufbereitenden Objekten haben wollte, entschloss man sich, dass dem `UITableView` ein Objekt übergeben werden muss, das gezielt nach Daten befragt werden kann. Dieses Objekt wird auch als *Delegate* bezeichnet. Damit sichergestellt ist, dass der Delegate die Daten für den `UITableView` liefern kann, hat man vorausgesetzt, dass dieser verschiedene Protokolle adaptiert und auch konform zu diesen ist. Der `UITableView` kann jetzt bei Bedarf Methoden oder Properties von dem Delegate aufrufen. Da der `UITableView` aber nicht nur Daten anzeigt, sondern auch Interaktionen ermöglicht, möchte er Events (wie z.B. den Touch auf eine Zelle) bekannt machen. Auch hierfür kann das Protokoll so definiert werden, dass wir auf eine Interaktion reagieren können oder sollen. Sie werden in Kapitel 12 sowohl den `UITableView` als auch dessen Protokolle noch im Detail kennenlernen.

Mithilfe von Programmcode und eigenen Klassen sowie Protokollen werden wir uns einige Details ansehen. Sie werden unter anderem lernen, wie man einen Delegate deklariert und sicherstellt, dass dieser zu einem bestimmten Protokoll oder zu mehreren Protokollen konform ist. Zu diesem Zweck werden wir zwei Klassen definieren, die einen Menschen und eine Katze beschreiben. Die Katze wird zur Initialisierung ein Delegate-Objekt erwarten, das konform zu dem `CatDelegate`-Protokoll ist. Dieses Protokoll enthält verschiedene Methoden, die Daten abfragen oder Zustände mitteilen.

Deklaration und Verwendung

Ein Protokoll, das für die Delegation genutzt wird, unterscheidet sich nicht von einem normalen Protokoll, außer durch seinen Namen. Dieser setzt sich normalerweise aus dem Klassennamen und dem Wort »Delegate« zusammen. Es gibt aber auch Fälle, in denen dies nicht spezifisch genug ist und ein passenderer Name gewählt wird. Einige Namensbeispiele aus dem UIKit-Framework wären z.B. *UITableViewDelegate*, *UITextFieldDelegate* oder der *UICollectionViewDelegate*. Normalerweise übergibt man bei Methodenaufrufen die Instanz, die die Delegation-Methoden aufruft. Dies zu tun ist auch sehr sinnvoll, wenn man mehrere Objekte mit demselben Delegate-Objekt hat. Das Delegate-Objekt hat dann nämlich die Chance, zu prüfen, welche Instanz jetzt von ihm etwas verlangt, und kann entsprechend reagieren.

Beispiel 10-6: Das Protokoll »CatDelegate« für die Interaktion zwischen Mensch und Katze

```
protocol CatDelegate {
    // Der Mensch soll reagieren, wenn die Katze befiehlt
    func cat(cat: Cat, didMeowWithSound sound: String)
```

```
    // Prüfung, ob die Katze tatsächlich essen kann
    func catCanEat(cat: Cat) -> Bool

    // Katze bedienen, wenn sie Hunger hat
    func catNeedsFood(cat: Cat)
}
```

In Beispiel 10-6 deklarieren wir drei Methoden, die vom Delegate implementiert werden müssen. Die erste Methode gibt Ruflaute der Katze an den Menschen weiter. Dieser kann je nach Implementierung später darauf reagieren. Die zweite Methode soll demonstrieren, dass man auch durchaus Daten von einem Delegate erwarten kann. Wenn dieser später implementiert wird, soll sie uns mitteilen, ob die Katze im Moment essen kann oder nicht. Die dritte Methode soll dem Delegate mitteilen, dass die Katze Hunger hat und erwartet, dass darauf reagiert wird.

In Beispiel 10-7 schreiben wir eine Klasse namens Cat, mit der wir eine Katze beschreiben wollen. Die erste Property erhält den Datentyp CatDelegate, der unser zuvor definiertes Protokoll ist und von der Klasse Human später adaptiert wird. Durch diese Schreibweise ist es nicht wichtig, ob die Delegate-Property später ein Objekt der Klasse A, B oder C zugewiesen bekommt, es ist nur wichtig, dass das Objekt konform zu dem Protokoll CatDelegate ist. Die zweite Property wird schlichtweg für den Namen der Katze genutzt. Unser selbst geschriebener Konstruktor soll sicherstellen, dass die Katze mit einem Namen und zwingend mit einem Delegate-Objekt initialisiert wird. Vor allem im UIKit-Framework werden Sie später häufig auf Konstruktoren oder Properties treffen, die den Delegate als optionalen Wert erlauben oder erwarten. Wir haben uns bei diesem Beispiel aber bewusst dagegen entschieden und möchten dieses Thema später aufgreifen.

Die Methode eat() ist unsere erste Methode, die mit dem Delegate zusammenarbeiten soll. Wir rufen auf dem Delegate-Objekt die Methode catNeedsFood() auf und übergeben dabei unsere eigene Instanz, wie zuvor in dem Protokoll definiert. Sollte der Delegate true zurückliefern, rufen wir eine weitere Methode auf, die dem Delegate sagt, dass die Katze jetzt Futter braucht. Die meow()-Methode soll dem Delegate etwas über das Wohlbefinden der Katze mitteilen. Die letzte Methode, eatFood(), soll die Katze anweisen, zu fressen.

Beispiel 10-7: Cat-Klasse, die ein Delegate-Objekt bei der Initialisierung erwartet

```
class Cat {
    var delegate: CatDelegate
    var name: String

    init(name: String, delegate: CatDelegate) {
        self.name = name
        self.delegate = delegate
    }
```

```
    func eat() {
        if !delegate.catCanEat(self) {
            println("I cant eat right now!")
            return
        }
        delegate.catNeedsFood(self)
    }

    func meow() {
        delegate.cat(self, didMeowWithSound: "meeeeoooowwww")
    }

    func eatFood(foodName: String) {
        println("\(name) is eating a lot of \(foodName)")
        meow()
    }
}
```

Damit unsere Katze aber mit jemandem interagieren kann, benötigen wir eine Klasse, die als Delegate eingesetzt werden kann. Hierfür haben wir, wie in Beispiel 10-8 zu sehen ist, eine Klasse Human, die ein Katzen-Objekt als Property speichern kann und auch konform zum CatDelegate-Protokoll ist. Die Klasse beinhaltet der Einfachheit halber nur die Methoden, die vom Protokoll vorgegeben wurden. Auf der Konsole geben wir sowohl in der Cat- als auch in der Human-Klasse an einigen Stellen etwas auf der Konsole aus, um den Ablauf besser verfolgen zu können.

Beispiel 10-8: Human-Klasse, die konform zum CatDelegate-Protokoll ist

```
class Human: CatDelegate {
    var cat: Cat?

    func catCanEat(cat: Cat) -> Bool {
        return true
    }

    func catNeedsFood(cat: Cat) {
        println("Buying some SuperFood")
        cat.eatFood("SuperFood!")
    }

    func cat(cat: Cat, didMeowWithSound sound: String) {
        println("Cat said \(sound)!")
    }
}
```

Damit aber eine tatsächliche Interaktion stattfinden kann, benötigen wir zu guter Letzt noch Instanzen der Cat- und der Human-Klasse. Hierbei instanziieren wir wie in Beispiel 10-9 zuerst einen Menschen, da der Konstruktor der Cat-Klasse eine Instanz von einem Objekt erwartet, das konform zum CatDelegate-Protokoll ist. Bei der Instanziierung der

Katze geben wir den Namen der Katze an sowie das Delegation-Objekt. Im Anschluss rufen wir die eat()-Methode der Katze auf, die dann Schritt für Schritt in Interaktion mit dem Delegation-Objekt die Katze versorgt und glücklich macht.

Beispiel 10-9: Instanziieren von Katze und Mensch

```
var stefan = Human()
var fussel = Cat(name: "Fussel", delegate: stefan)
fussel.eat()
```

Sie sehen, wie einfach es ist, Aufgaben oder Events an ein anderes Objekt abzugeben, ohne dass dieses selbst Implementierungsdetails über eine andere Klasse kennt. Es ist daher sehr wichtig, dass Sie alle Methoden und Parameternamen in einem Protokoll so eindeutig wie nur möglich beschreiben. Wir werden den Umgang mit dem Delegation-Pattern in unserer Beispiel-App noch einmal vertiefen, die wir in Kapitel 12 vorstellen.

Vererbung von Protokollen

Protokolle können voneinander erben und so bereits definierte Methoden oder Properties von anderen Protokollen übernehmen. Dabei können sie von mehreren Protokollen gleichzeitig erben. In Beispiel 10-10 sehen Sie neben der Definition auch eine Klasse, die ein solches Protokoll implementiert. Hierbei erbt das Protokoll Printable von Viewable. In der Klasse Letter wird das Printable-Protokoll adaptiert, und alle Properties und Methoden werden aus dem Printable-Protokoll unter Berücksichtigung der vererbten Elemente aus dem Protokoll Viewable implementiert.

Beispiel 10-10: Vererbung von Protokollen

```
protocol Viewable {
    func size() -> (width: Int, height: Int)
}

protocol Printable: Viewable {
    var dpi: Int { get }
    func destinationFormat() -> String
}

class Letter: Printable {
    var dpi: Int {
        get {
            return 300
        }
    }

    func size() -> (width: Int, height: Int) {
        return (2480, 3508)
    }
}
```

```
    func destinationFormat() -> String {
        return "A4"
    }
}
```

Protokolle mit Extensions adaptieren

Möchte man in einer Klasse ein Protokoll adaptieren, tut man dies normalerweise, indem man bei der Deklaration der Klasse das Protokoll einfach mit angibt. Es gibt aber sicherlich sinnvolle Szenarien, dies mit einer Extension zu tun. Dafür müssen Sie, wie in Beispiel 10-11 zu sehen ist, einfach eine Extension für Ihren Datentyp schreiben, der das Protokoll adaptieren soll. Schreiben Sie dann hinter den Datentyp, durch einen Doppelpunkt getrennt, den Namen des Protokolls. Natürlich müssen Sie die entsprechenden Methoden, die das Protokoll von Ihnen verlangt, nach den bekannten Schemata implementieren.

Beispiel 10-11: Protokoll über Extension adaptieren

```
protocol Viewable {
    func size() -> (width: Int, height: Int)
}

class MainWindow {
    let width: Int = 800
    let height: Int = 600
    // Ihre Implementierung
}

extension MainWindow: Viewable {
    func size() -> (width: Int, height: Int) {
        return (800, 600)
    }
}

var mainWindow = MainWindow()
var windowSize = mainWindow.size()
println("Breite: \(windowSize.width) - Höhe: \(windowSize.height)")
```

Protokolle und Container

Wie wir zu Beginn dieser Lektion erwähnt haben, sind Protokolle eigene Datentypen. Sobald ein anderer Datentyp konform zu einem Protokoll ist, kann man diesen z.B. in Konstanten oder Variablen speichern, die aber mit dem Datentyp des Protokolls deklariert sind. Beispiel 10-12 beinhaltet ein Array, in dem sich verschiedene Objekte unterschiedlicher Klassen befinden, die aber als Gemeinsamkeit alle dasselbe Protokoll adaptieren. In einer Schleife rufen wir eine Methode aus dem Protokoll bei jedem Objekt auf. Beachten Sie, dass der Typ des Arrays den Namen des Protokolls hat.

Beispiel 10-12: Typisiertes Array mit protokollkonformen Elementen

```
protocol Lovable {
    func hug() -> String
}

class Programmer: Lovable {
    func hug() -> String {
        return "Don't touch me, please."
    }
}

class Cat: Lovable {
    func hug() -> String {
        return "Meow"
    }
}

var fussel = Cat()
var ralf = Programmer()

let hugableLifeForms: [Lovable] = [fussel, ralf]

for lifeForm in hugableLifeForms {
    println(lifeForm.hug())
}
```

Mehrere Protokolle adaptieren

Es kann vorkommen, dass Ihre Klasse mehrere Protokolle implementieren muss, um eine Funktionalität von anderen Komponenten gewährleisten zu können. Das Adaptieren mehrerer Protokolle ist in Swift möglich und wurde zu Beginn dieser Lektion bereits erklärt. Zusätzlich bietet Swift aber im Umgang mit mehreren Protokollen ein Extra, das nicht unerwähnt bleiben sollte. Erinnern Sie sich daran, dass wir bei Deklarationen ein Protokoll als Datentyp nutzen können. In Swift ist es zusätzlich möglich, einen Datentyp so zu deklarieren, dass dieser mehrere Protokolle voraussetzt. Die in Beispiel 10-13 gezeigte Syntax ist bei allen Deklarationen anwendbar, in denen ein Datentyp angegeben werden kann – sei es der Datentyp für den Rückgabewert für Methoden, Parameter, Variablen, Konstanten oder der Datentyp für den Inhalt einer *Collection*.

Der Datentyp wird dabei gebildet, indem man das Schlüsselwort **protocol**, gefolgt von einem Kleiner- und einem Größer-Zeichen <> schreibt, zwischen denen die Protokolle kommagetrennt aufgelistet werden. In unserem Beispiel wird der Funktion printFormats() ein Array übergeben, das nur aus Elementen bestehen kann, die konform zu den Protokollen Printable und Resizeable sind. Anschließend werden eine Variable und ein Array mit der Syntax deklariert.

Beispiel 10-13: Deklaration mit mehreren Protokollen

```
protocol Printable {
    var format: String { get }
}

protocol Resizeable {

}

class SpecialTextView: Printable, Resizeable {
    var format: String {
        get {
            return "A4"
        }
    }
}

func printFormats(textViews: [protocol<Printable, Resizeable>]) {
    for textView in textViews {
        println(textView.format)
    }
}

var myTextView: protocol<Printable, Resizeable> = SpecialTextView()
var arrayOfViews: [protocol<Printable, Resizeable>] = [
    myTextView, // Eine Sammlung von Text-Views
    SpecialTextView(),
    SpecialTextView(),
]

printFormats(arrayOfViews)
```

 Sobald ein Datentyp mehrere Protokolle voraussetzt, kann auch nur ein Objekt, das konform zu allen ist, zugewiesen werden. Es reicht nicht aus, dass nur ein Protokoll adaptiert ist!

Optionale Methoden und Properties

Bei einer Vielzahl von Protokollen, die in UIKit existieren, gibt es Methoden oder Properties, die optional sind. Swift selbst kennt keine optionalen Methoden oder Properties in Protokollen; über einen Trick kann man dieses Verhalten aber erhalten. Ein Vorteil, den man dadurch erhält, ist die Möglichkeit, zu steuern, welche Methoden und Properties vorhanden sein müssen oder nicht.

Durch *Optional Chaining*, das Sie in Kapitel 9 kennengelernt haben, können Sie gezielt abfragen, ob eine Klasse ein im Protokoll enthaltenes Element enthält. Sollte dies der Fall sein, können Sie die gewünschte Operation ausführen. Das kann z. B. ein Methodenaufruf sein oder auch das Auslesen oder Schreiben von Werten.

Damit ein Protokoll fähig ist, optionale Elemente zu definieren, muss das Schlüsselwort **@objc** dem Schlüsselwort **protocol** vorangestellt werden. Durch diesen Trick wird an dieser Stelle die *Objective-C-Runtime* für dieses Protokoll genutzt, die über optionale Elemente in Protokollen verfügt. Dies bringt aber auch einige Nachteile mit sich, die man nicht außer Acht lassen kann. Der größte Nachteil ist, dass ein solches Protokoll dann nicht mehr von Enumeratoren oder Strukturen verwendet werden kann.

Sobald das Präfix **@objc** vor einem Protokoll steht, können Sie vor Elemente (wie Methoden oder Properties) das Schlüsselwort **optional** schreiben. Dadurch sind Klassen nicht mehr verpflichtet, dieses Element zu deklarieren. Mit dem Fragezeichen-Operator können Sie sicherstellen, dass die Methode oder die Property bei einem Objekt, das das Protokoll implementiert, existiert.

In einem Protokoll, das mit dem Schlüsselwort @objc markiert ist, können nur noch Elemente deklariert werden, die ebenfalls dieses Präfix erhalten haben. Dies ist nur mit Klassen möglich.

Swift-eigene Datentypen (wie String, Int oder z.B. auch der Double) funktionieren weiterhin problemlos in solchen Protokollen.

Beispiel 10-14 definiert ein Protokoll, das optionale Elemente enthält. Ein Text View adaptiert dieses Protokoll und implementiert selbst nur die benötigte Property pages. Die Klasse für den Drucker namens Printer muss beim Instanziieren ein Objekt übergeben bekommen, das das PrinterDelegate-Protokoll implementiert. Sobald man jetzt bei dem Text View die print()-Methode aufruft, wird der Drucker, der als optionale Property definiert ist und mit dem Fragezeichen unwrappt wird, dazu aufgefordert, den Druck zu starten. Die print()-Methode der Klasse Printer enthält eine Schleife, die so lange wiederholt wird, bis alle Seiten nacheinander gedruckt sind. Vielleicht ist es Ihnen beim Überfliegen des Quellcodes bereits aufgefallen, dass hierbei ein wichtiger Schritt passiert. Bei dem Methodenaufruf printPage() befindet sich ein Fragezeichen zwischen dem Methodennamen und den Klammern. Durch den Aufruf printPage?() wird zunächst geprüft, ob die Methode in dem Delegate-Objekt überhaupt existiert. Sollte dies der Fall sein, wird die Methode mit den erwarteten Parametern aufgerufen. Diese Syntax kann extrem verwirrend sein, und Sie werden sie sehr häufig antreffen, denn vor allem bei der Arbeit mit UIKit werden Sie sehr häufig auf optionale Elemente in Protokollen stoßen. Leider ist in der Xcode-Version 6.1 die Autovervollständigung noch nicht in der Lage, diese Syntax selbstständig anzubieten, und quittiert häufig das Fehlen des Fragezeichens mit verwirrenden Fehlermeldungen.

Beispiel 10-14: Implementierung eines Protokolls mit optionalen Elementen

```
@objc protocol PrinterDelegate {
    var pages: Int { get }
    optional var format: String { get }
    optional func printPage(#pageNumber: Int)
}
```

```
class Printer {
    var delegate: PrinterDelegate

    init(delegate: PrinterDelegate) {
        self.delegate = delegate
    }

    func print() {
        for var page = 1; page <= delegate.pages; page++ {
            delegate.printPage?(pageNumber: page)
        }
    }
}

@objc class SpecialTextView: PrinterDelegate {
    var printer: Printer?

    var pages: Int {
        get {
            return 4
        }
    }

    func print() {
        if printer == nil {
            println("Kein Drucker angeschlossen!")
            return
        }

        printer?.print()
    }
}

var myTextView = SpecialTextView()
myTextView.printer = Printer(delegate: myTextView)
myTextView.print()
```

Damit der Methodenaufruf printPage?() aus der Klasse Printer innerhalb der Methode print() erfolgreich sein kann, benötigen wir eine Implementierung dieser Methode in unserer SpecialTextView-Klasse. Wenn Sie die Methode aus Beispiel 10-15 in die Special-TextView-Klasse einfügen, kann das Printer-Objekt tatsächlich den Aufruf ausführen. Sie sollten dann eine entsprechende Ausgabe auf der Konsole sehen können.

Beispiel 10-15: printPage()-Methode für die SpecialTextView-Klasse

```
// Bitte in die SpecialTextView-Klasse einfügen ...
func printPage(#pageNumber: Int) {
    println("Druck Seite \(pageNumber)")
}
// ...
```

Konformität von Klassen prüfen

Da man in Swift noch nicht darum herum kommt, auch mit der *Objective-C-Runtime* zu arbeiten, kann es durchaus vorkommen, dass Sie überprüfen müssen, ob ein Objekt zu einem Protokoll konform ist. Stellen Sie sich vor, Sie bekommen ein Array an Elementen, bei denen Sie davon ausgehen, dass diese ein bestimmtes Protokoll adaptiert und implementiert haben. Da Sie sich aber vor allem bei der Zusammenarbeit mit Objective-C nicht sicher sein können, was Sie tatsächlich bekommen, bietet Swift einige Operatoren an, die Sie bereits aus der Lektion über *Type Casting* aus Kapitel 9 kennen. Mit ihrer Hilfe können wir prüfen und entsprechend casten, ob ein Objekt wie von uns erwartet konform zu einem Protokoll ist.

Bei Protokollen verhält es sich folgendermaßen:

- Der **is**-Operator liefert **true** zurück, wenn ein Objekt konform zu einem bestimmten Protokoll ist. Sollte es nicht konform sein, erhalten Sie den Wert **false**.
- Der **as?**-Operator downcastet das Objekt zu dem Datentyp des Protokolls und liefert einen optionalen Wert von dessen Datentyp zurück, sofern das Objekt konform zu diesem ist. Sollte dies nicht der Fall sein, ist der Wert **nil**.
- Der **as**-Operator erzwingt den Downcast zu dem gewünschten Protokolldatentyp. Sollte der Downcast fehlschlagen, führt dies zu einem Laufzeitfehler, der die Applikation abstürzen lässt!

Für die meisten Fälle sollten Sie den **as?**-Operator nutzen, wenn Sie nach dem Downcast direkt mit Methoden oder Properties des Objekts arbeiten möchten. Den **as**-Operator sollten Sie wenn möglich meiden, da es im schlimmsten Fall zu einem Programmabsturz führen kann, wenn der Downcast eines Objekts fehlschlägt.

Beispiel 10-16 zeigt alle drei Techniken, wobei die Programmzeile mit dem **as**-Operator bewusst auskommentiert wurde, damit das Programm oder der Playground, in dem Sie arbeiten, sich nicht direkt mit einem Laufzeitfehler verabschiedet. Wenn Sie mit den anderen beiden Operatoren ein wenig herumgespielt haben, können Sie die Zeile gern einmal außerhalb des Kommentars ausprobieren.

Unser Beispiel definiert ein Protokoll Printable sowie zwei Klassen, von denen eine das Protokoll Printable adaptiert. Wir erzeugen der Übersicht halber für jedes Objekt eine eigene Variable und erzeugen ein Array, das alle Fenster enthält, die zuvor deklariert und instanziiert wurden. In der **for**-Schleife iterieren wir im Anschluss über jedes Objekt und prüfen zuerst mit dem **is**-Operator, ob die Instanz Printable ist oder nicht. Die zweite Kontrollstruktur nutzt den **as?**-Operator. Sollte die Instanz konform zu dem Protokoll sein, wird das downgecastete Objekt in der Konstante printableWindow zugewiesen. Wir könnten, wenn unser Protokoll und die Klasse Funktionen oder Properties definiert hätten, jetzt direkt auf diese zugreifen. Für dieses Beispiel reicht aber eine einfache Ausgabe auf der Konsole. Wenn Sie das Programm oder den Playground, in dem sich dieser Programmcode befindet, abstürzen lassen möchten, so müssen Sie nur die zwei Slashes **//** in der letzten Zeile entfernen. Da die Klasse `AnotherWindow`, mit der das Objekt `thirdWindow` instanziiert wurde, nicht mit dem `Printable`-Protokoll konform ist und wir den Downcast aber erzwingen, geben wir dem Programm keine andere Wahl, als mit einem Laufzeitfehler abzustürzen.

Beispiel 10-16: Downcast und Überprüfung auf Konformität bei Objekten der Objective-C-Runtime

```
import Foundation

@objc protocol Printable { }
@objc class MainWindow: Printable { }
class AnotherWindow { }

var firstWindow = MainWindow()
var secondWindow = MainWindow()
var thirdWindow = AnotherWindow()

let myWindows = [firstWindow, secondWindow, thirdWindow]
for window in myWindows {
    if window is Printable {
        println("is: Fenster ist printable")
    } else {
        println("is: Fenster ist nicht printable")
    }

    // Überprüfung mit dem as?-Operator
    if let printableWindow = window as? Printable {
        println("as?: Fenster ist printable")
    } else {
        println("as?: Fenster ist nicht printable")
    }
}

// var myPrintableWindow = thirdWindow as Printable
```

Extensions

Mit Extensions können wir bestehenden Klassen, Strukturen oder Enumerationen neue Funktionalitäten hinzufügen. Hierbei können wir sogar so weit gehen und Klassen erweitern, auf deren Programmcode wir keinen Zugriff haben! Dies kann sehr nützlich sein, wenn wir z.B. Elemente der Standard-Library von Swift oder von externen Bibliotheken verändern möchten. Das Ganze ist mit Kategorien – auch *Categories* genannt – in Objective-C vergleichbar, aber mit ein paar zusätzlichen Extras.

Mithilfe von Extensions können Sie:

- neue Konstruktoren hinzufügen
- neue statische Methoden und Instanzmethoden hinzufügen
- *Computed Properties* sowie *statische Properties* hinzufügen

- Subscripts definieren
- Konformität zu einem Protokoll erstellen
- neue *Nested Types* erzeugen und verwenden

 Extensions können nur neue Funktionalitäten hinzufügen, aber keine bestehenden überschreiben!

 Im Gegensatz zu Objective-C haben Swift-Extensions keinen Namen.

Gerade in größeren Projekten oder Dateien bieten sich Extensions für viele nützliche Aufgaben an. Extensions zeichnen sich vor allem dadurch aus, dass sie ein elegantes Verfahren sind, um bestehende Datentypen zu erweitern, ohne das Ableiten und ohne eigene Datentypen definieren zu müssen. Speziell bei kleinen Aufgaben wie Umrechnungen oder Formatierungen sind sie für Sie ein Ass im Ärmel. Anhand einiger Beispiele möchten wir einige der Punkte demonstrieren und ggf. vertiefen.

Konstruktoren hinzufügen

Eine neue Extension kann sehr einfach definiert werden. Hierfür schreibt man einfach das Schlüsselwort **extension**, gefolgt von dem Datentyp, den man erweitern möchte. Der eigentliche Programmcode folgt dann in geschweiften Klammern. In Beispiel 10-17 erkennen Sie eine Struktur, die ein Quadrat beinhaltet. Die ursprüngliche Struktur erlaubt es nur, ein Quadrat unter der Angabe der seitenlänge zu konstruieren. Mithilfe unserer Extension können wir die Struktur um einen weiteren Konstruktor erweitern. Dieser ermöglicht es Ihnen, ein Quadrat auch anhand des Umfangs zu initialisieren.

Beispiel 10-17: Hinzufügen eines Konstruktors mithilfe einer Extension

```
struct Quadrat {
    var seitenlänge: Double = 0.0
}

extension Quadrat {
    init(umfang: Double) {
        let seitenlänge = umfang / 4.0
        self.init(seitenlänge: seitenlänge)
    }
}

let quadrat = Quadrat(seitenlänge: 25.0)
let extendedQuadrat = Quadrat(umfang: 16.0)
```

Methoden hinzufügen

So einfach, wie Sie Konstruktoren hinzufügen können, können Sie mithilfe von Extensions auch Methoden hinzufügen. Dabei können Sie auch *Mutating Methods* nutzen, die Properties innerhalb von Strukturen oder Enumerations modifizieren können. Beispiel 10-18 erweitert unsere Quadrat-Struktur hierfür um zwei Umrechnungsmethoden sowie um eine Methode zum Vergrößern des Quadrats mithilfe einer *Mutating Method*. Beachten Sie am besten einmal die Ausgabe auf der Konsole, nachdem das Quadrat vergrößert wurde.

Beispiel 10-18: Erweiterung des Quadrats mit neuen Methoden

```
struct Quadrat {
    var seitenlänge: Double = 0.0
}

extension Quadrat {
    func umfang() -> Double {
        return seitenlänge * 4.0
    }

    func fläche() -> Double {
        return seitenlänge * seitenlänge
    }

    mutating func vergrößern(um expansionsWert: Double) {
        seitenlänge += expansionsWert
    }

    func beschreibung() {
        println("Umfang: \(quadrat.umfang())")
        println("Fläche: \(quadrat.fläche())")
    }
}

var quadrat = Quadrat(seitenlänge: 8.0)
quadrat.beschreibung()
quadrat.vergrößern(um: 2.0)
quadrat.beschreibung()
```

Computed Properties definieren

Beispiel 10-19 erweitert den bestehenden Datentyp Double um zwei Umrechnungsformeln. Dabei gehen wir davon aus, dass der Eingangswert Gramm ist. Wenn wir das Umrechnungsergebnis für Kilogramm oder Milligramm benötigen, müssen wir dank unserer Extension nur unsere *Computed Properties* aufrufen.

Beispiel 10-19: Datentyp Double, durch Umrechungsformel erweitert

```
extension Double {
    var kg: Double { return self / 1000 }
    var g: Double { return self }
    var mg: Double { return self * 1000 }
}
```

```
let kuchenGewicht = 1337.0
println("Mein Kuchen wiegt in Kilogramm \(kuchenGewicht.kg)")
println("Beziehungsweise \(kuchenGewicht.mg) Milligramm")
```

Protokolle

Dank Extensions können wir Datentypen auch um Protokolle erweitern und deren Methoden implementieren. Beispiel 10-20 definiert ein solches Protokoll, das wir mit unserer Extension bei unserer Quadratstruktur nachimplementieren können, um gezielt Informationen über diese auszugeben. Protokolle, zu denen man konform sein möchte, müssen durch einen Doppelpunkt getrennt hinter den Datentyp der Extension geschrieben werden. Mehrere Protokolle können durch Kommas getrennt nacheinander geschrieben werden.

Beispiel 10-20: Konformität zu einem Protokoll mit Extension umsetzen

```
protocol Debuggable {
    func printDebugDescription()
}

struct Quadrat {
    var seitenlänge: Double = 0.0

}

extension Quadrat: Debuggable {
    func printDebugDescription() {
        println("Seitenlänge: \(seitenlänge)")
    }
}

let quadrat = Quadrat(seitenlänge: 25.0)
quadrat.printDebugDescription()
```

Operatoren überladen

Das Thema »Operatoren überladen« ist eines der am hitzigsten diskutierten Themen jeder Programmiersprache. Einige Entwickler empfinden dies als Vergewaltigung der Sprache, andere als eine Bereicherung und als deutlichen Vorteil gegenüber anderen Sprachen. Mit dem Überladen von Operatoren ist gemeint, dass man Strukturen, Enumeratoren oder auch Klassen ein angepasstes Verhalten beibringen kann, wenn sie in Verbindung mit bestimmten Operatoren benutzt werden.

Stellen Sie sich vor, dass Sie zwei Strukturen haben, die ein Quadrat abbilden. Beide kennen eine Seitenlänge, und mit diesen kann man in der Mathematik auch rechnen. Woher sollte aber eine Struktur wissen, was passiert, wenn man Instanz A plus Instanz B rechnet? Mithilfe der Technik zum Überladen von Operatoren können wir einer Struktur beibringen, addierbar zu sein. Dabei lesen wir die Seitenlänge der beiden Strukturen aus und erstellen eine neue Instanz, die beim Initialisieren die summierte Seitenlänge beider Instanzen erhält.

Beispiel 10-21 ist die Grundlage für unsere nachfolgenden Beispiele. Die folgende Struktur und Variablen werden wir mithilfe einiger Operatoren, die wir überladen, erstellen oder verändern.

Beispiel 10-21: Basisstruktur und Variablen für die Beispiele zum Überladen von Operatoren

```
struct Quadrat {
    var seitenlänge: Double
}

var erstesQuadrat = Quadrat(seitenlänge: 20.0)
var zweitesQuadrat = Quadrat(seitenlänge: 10.0)
```

Wenn wir, wie bereits in der Einleitung erwähnt, probieren würden, erstesQuadrat + zweitesQuadrat zu rechnen, würden wir dafür einen Fehler erhalten. Würden wir aber eine Funktion schreiben, die den Plus-Operator überlädt, könnten wir eine Berechnung ermöglichen. Dafür schreiben wir außerhalb der Struktur das Schlüsselwort **func**, gefolgt von dem Operator, der zu überladen ist. Der erste Parameter, den wir left nennen, erwartet die linke, und der zweite Parameter, den wir right nennen, die rechte Instanz einer Struktur. Der Rückgabewert der Operation ist ebenfalls eine Struktur, der wir eine Variable oder Instanz zuweisen können. Natürlich müssen wir bei left und right den Datentyp Quadrat angeben, da ansonsten keine Operatorfunktion gefunden wird, die zwei Strukturen miteinander addieren kann!

```
func + (left: Quadrat, right: Quadrat) -> Quadrat {
    return Quadrat(seitenlänge: left.seitenlänge + right.seitenlänge)
}
var drittesQuadrat = erstesQuadrat + zweitesQuadrat
```

Sobald also ein Quadrat mit einem anderen addiert wird, erstellt unsere Funktion ein neues Quadrat mit den addierten Seitenlängen beider Quadratinstanzen. Dieses Beispiel ermöglicht aber noch nicht die Verwendung des +=-*Operators*, der in Swift ein eigener ist. Mit der folgenden Methode können wir auch dieses Verhalten erreichen und unserem ersten Quadrat eine erhöhte Seitenlänge von 10 zuweisen, wodurch seine Gesamtseitenlänge auf 30 erhöht wird.

```
func += (inout left: Quadrat, right: Double) {
    left.seitenlänge += right
}
erstesQuadrat += 10 // Seitenlänge ist jetzt 30
```

 Es ist nicht möglich, den =-Operator sowie den bedingten Operator (?:) zu überladen. Sie können aber nach wie vor den Vergleichsoperator == überladen.

Da es möglich ist, nahezu jeden Operator zu überladen, können Sie selbstverständlich auch gegenteilige Rechenoperationen erstellen, indem Sie z. B. den --Operator ebenfalls überladen. Aber nicht nur das, Sie können auch die Operatoren zum Inkrementieren oder Dekrementieren überladen. Diese werden (wie auch alle anderen Operatoren) einfach bei einer Funktionsdeklaration angegeben, als würde man sie woanders benutzen. Unser Inkrementoperator nutzt in dem folgenden Beispiel den bereits überschriebenen +=-*Operator* wieder. Bei Operatoren, die aber sowohl als Präfix wie auch als Postfix geschrieben werden können, muss man beim Überladen vor dem Schlüsselwort **func** angeben, ob es sich um das Präfix oder Postfix handelt:

```
prefix func ++ (inout left: Quadrat) {
    left.seitenlänge += 1.0
}
++zweitesQuadrat
println(zweitesQuadrat.seitenlänge) // Gibt jetzt 11 aus
```

Sie sehen, wie Sie auf schöne Art und Weise – und dabei auch sehr leserlich – Operatoren überladen können. Swift erlaubt es darüber hinaus, auch eigene Operatoren zu erstellen oder Vergleichsoperatoren zu überladen. Man sollte dabei aber immer beachten, dass auch in Swift eine Operatorenrangfolge, die man zum Teil für seinen überladenen Operator verändern kann, darüber entscheidet, in welcher Reihenfolge kombinierte Operatoren abgearbeitet werden. Gegebenenfalls müssen Sie für Ihren überladenen Operator die Priorität anpassen.

KAPITEL 11

Generische und funktionale Entwicklung

Closures

Closures sind ein Konzept, das mittlerweile in vielen modernen Sprachen verbreitet ist. In neuerem Objective-C heißen sie *Blocks*; in C++11, in Java ab Version 8 und in funktionalen Programmiersprachen wie Haskell nennt man sie Lambda-Ausdrücke oder anonyme Funktionen. Die Details variieren, aber grundlegend ist immer die Überlegung, dass man einen Block Funktionalität, also eine Sammlung von Befehlen, hin und wieder gerne als Parameter an eine andere Funktion übergeben würde, ohne extra eine externe Hilfsfunktion zu schreiben.

Sehen wir uns das anhand eines fiktiven Beispiels an, das in Beispiel 11-1 beginnt.

Beispiel 11-1: Fiktive Personen

```
// setze jedes Element des Arrays arr auf den Wert value
func setzeElementInArray(inout arr: [String], value: String) {
    for (index, _) in enumerate(arr) {
        arr[index] = value
    }
}

var personen = [
    "Weihnachtsmann",
    "Osterhase",
    "der schwarze Mann"
]
setzeElementInArray(&personen, "fiktive Person") // Array enthält
// nur fiktive Personen
```

Es wäre jetzt sehr schön, wenn wir die Funktion nicht nur einen festen Wert setzen lassen würden, sondern wenn sie etwas allgemeiner wäre. Wir wollen ihr in einem Parameter übergeben, was sie pro Array-Element machen soll. Dazu müsste man ohne Closures eine Hilfsfunktion nutzen.

Beispiel 11-2: Gnome sind immer für ein Beispiel gut.

```
// diese Funktion wird pro Element aufgerufen
func hilfsFunktion(inout element: String) {
    element = "Gnome"
}

// mache mit jedem Element des Arrays etwas
func applyForArray(inout arr: [String],
    applyfunction: (inout String) -> () ) {
        for (index, _) in enumerate(arr) {
            applyfunction(&arr[index])
        }
}

var personen = [
    "Weihnachtsmann",
    "Osterhase",
    "der schwarze Mann"
]
applyForArray(&personen, hilfsFunktion) // Array enthält nun Gnome
```

 Während wir bei Funktionen, die keinen Rückgabewert haben, das **-> ()** weglassen können, müssen wir bei der Definition von *Function-Type*-Parametern (also Parametern, die eine Funktion erwarten) den Typ vollständig ausschreiben, da der Compiler ihn sonst mit einem Tuple verwechseln könnte.

Die Hilfsfunktion bekommt jeweils das String-Element übergeben, und da sie es verändern will, benötigt ihr Parameter das Attribut **inout**. Die Signatur oder der *Function Type* der Hilfsfunktion hat somit **(inout String) -> ()**, da auch keine Rückgabe erfolgt.

Wenn wir uns jetzt eine Hilfsfunktion ersparen wollten, brauchen wir stattdessen eine Closure. Sie wird in ihrer abgekürzten und vereinfachten Form einfach durch zwei geschweifte Klammern gebildet, die den Code enthalten, der sonst in unserer Hilfsfunktion enthalten wäre (siehe Beispiel 11-3). Die benötigten Parameter erkennt Swift oft automatisch und bietet sie innerhalb der Closure durch die Variablen **$0, $1 ... $x** an.

Beispiel 11-3: Ein vereinfachtes Beispiel, um die $x-Parameter zu demonstrieren

```
// mache mit jedem Element des Arrays etwas
func applyToIntArray(inout arr: [Int], applyFunction: (Int) -> Int) {
    for (index, _) in enumerate(arr) {
        arr[index] = applyFunction(arr[index])
    }
}

var a = [1,2,3,4]
// die Closure erhöht jeden übergebenen Wert um 5 und liefert
// das Ergebnis zurück
applyToIntArray(&a, { return $0 + 5 }) // Array = [6, 7, 8, 9]
```

Beispiel 11-3: Ein vereinfachtes Beispiel, um die $x-Parameter zu demonstrieren (Fortsetzung)

```
// das geht auch:
// return der Closure wurde automatisch von Swift erzeugt
applyToIntArray(&a, { $0 + 6 }) // Array enthält [7, 8, 9, 10]
```

In komplexeren Fällen wie dem unseren müssen wir leider die Signatur der Closure angeben, indem wir innerhalb der geschweiften Klammern den Function Type angeben und danach das Keyword **inout** schreiben (siehe Beispiel 11-4).

Beispiel 11-4: Ersetze fiktive Personen durch reale Tiere

```
// mache mit jedem Element des Arrays etwas
func applyForArray(inout arr: [String], applyFunction: (inout String) -> () ) {
    for (index, _) in enumerate(arr) {
        applyFunction(&arr[index])
    }
}

var wesen = ["Weihnachtsmann", "Osterhase", "der schwarze Mann"]
applyForArray(&wesen, {
    (inout element: String) in element = "Rentier" }
) // Array enthält nun Rentiere
```

 Was wir hier mit **applyForArray** zu Beispielzwecken selbst programmiert haben, würde in Swift die Funktion **map** abdecken:

```
        wesen.map({ (var String) -> String in "Rennhase"} )
```

Wenn der letzte Parameter einer Funktion eine Closure erwartet, kann man etwas syntaktischen Zucker von Swift nutzen, diesen Parameter weglassen und die Closure hinter den Funktionsaufruf schreiben. Sollte die Closure der einzige Parameter sein, kann man sogar die Klammern des Funktionsaufrufs gänzlich weglassen (siehe Beispiel 11-5).

Beispiel 11-5: Closures hinter Funktionen

```
var wesen = ["Weihnachtsmann", "Osterhase", "der schwarze Mann"]

// filter ruft für jedes Element in wesen die Closure auf und
// sammelt das Element in einer Ergebnisliste immer dann, wenn
// die Closure den Wahrheitswert "True" zurückliefert
let a = wesen.filter { $0 == "Osterhase" }
// a enthält genau ein Element "Osterhase"
println(first(a)!)

println(a.first!) // das Gleiche

// Closure hinter der Funktion, die als letzten Parameter eine
// solche Closure erwartet
applyForArray(&wesen) {
    (inout element: String) in
    element = "Ostereier"
}
```

Eine weitere interessante Eigenschaft von Closures ist ihre Fähigkeit, Variablen zu *capturen*, also Variablen aus dem Kontext, in dem die Closure erschaffen wurde, zu nutzen, obwohl ihr Aufruf im Kontext einer ganz anderen Funktion stattfindet (siehe Beispiel 11-6).

Beispiel 11-6: Variablen in anderem Kontext, gebunden durch eine Closure

```
func benutzeClosure(closure: () -> Int) {
    let letzterstand = closure()
    println(letzterstand); // gibt 0 aus; die Closure benutzt
    // dabei die Variable zähler, die ja eigentlich aus
    // eineFunktion stammt
}

func eineFunktion() {
    var zähler = 0; // eigentlich sollte diese Variable ja nur
    // im Scope unserer Funktion existieren
    benutzeClosure({ return zähler++ })
    println(zähler); // gibt 1 aus, zähler wurde in der Closure
    // innerhalb der Funktion benutzeClosure erhöht
}

eineFunktion()
```

Da Funktionen Closures sogar zurückgeben können, kann so auch der Kontext innerhalb einer Funktion nach »draußen« mitgenommen werden.

Beispiel 11-7: Closures können von Funktionen zurückgegeben werden

```
func eineFunktion() -> () -> Int {
  var zähler = 0; // eigentlich sollte diese Variable
        // ja nur im Scope unserer Funktion existieren
  return { return zähler++ }
}

let eineclosure = eineFunktion()
eineclosure() // zähler erhöhen
eineclosure() // noch mal
println(eineclosure()) // gibt 2 zurück
    // der Zähler wurde ursprünglich in
    // eineFunktion erschaffen
```

 Die leere Klammer **()** entspricht in Swift dem Typ Void; **void** steht in C und C++ für einen Datentyp, der keinen Inhalt hat.

AutoClosure

Swift bietet für ein weiteres Problem Hilfestellung in Form einer Closure. Über das Attribut **@autoclosure** bei einem Parameter einer Funktionsdefinition weisen wir Swift an, aus dem Code, der an dieser Stelle zum Inhalt des Parameters führen würde, transparent eine Closure zu machen. Das hat den Vorteil, dass der Code nicht wie üblich ausgeführt und nur das Ergebnis übergeben wird, sondern wir können innerhalb der Funktion steuern, ob und wann er zur Ausführung kommt.

Für Beispiel 11-8 überlegen wir uns, wie in einer Sprache wie Swift der *Oder-Operator* || funktioniert:

Beispiel 11-8: Ein einfacher Vergleich mit dem Oder-Operator

```
let a = true
let b = 10
if a || b < 5 {
    println("Eine der beiden Bedingungen wurde erfüllt")
}
```

In Beispiel 11-8 wird zuerst a ausgewertet, und nur, wenn dieser nicht **true** als Wahrheitswert zurückliefert, wird der andere Teil des Oder-Ausdrucks errechnet und bewertet.

Wenn wir eine Funktion schreiben wollen, die das Gleiche leistet, stehen wir erst einmal vor einem Problem (siehe Beispiel 11-9).

Beispiel 11-9: Eine Oder-Funktion, die nicht ganz richtig funktioniert

```
let a = true
let b = 10

func oder(a: Bool, b: Bool) -> Bool {
    // Sobald a
    if a { return true }
    // ODER b true sind ... liefere true
    if b { return true }
    // ansonsten false
    return false
}

// der Versuch den || Operator zu ersetzen
if oder(a,b < 10) {
    println("Eine der beiden Bedingungen wurden erfüllt")
}
```

Die Bedingung kommt zwar in dem Fall zum gleichen Ergebnis, aber im Gegensatz zum Oder-Operator der Sprache selbst wurde auch der Part b < 10 ausgerechnet, bevor unsere Oder-Funktion zum Zuge kam.

Das könnte zu ungewollten Nebeneffekten führen oder schlicht weniger performant sein, wenn wir zum Beispiel tatsächlich mal Operatoren in Swift überladen wollen oder aus anderen Gründen selbst entscheiden wollen, wann – und ob überhaupt – ein Parameter ausgewertet wird.

Wenn wir jetzt dem zweiten Parameter ein **@autoclosure**-Attribut geben, können wir genau erreichen, was wir wollen (siehe Beispiel 11-10).

Beispiel 11-10: Korrekt ausgewertete Oder-Funktion

```
let a = true
let b = 10

// b ist nun automatisch eine Closure, die den Code enthält,
// der zuvor zum Inhalt dieses Parameters geführt hätte und
// uns beim Aufruf einen Wahrheitswert zurückgibt
func oder(a: Bool, b: @autoclosure () -> Bool) -> Bool {
    // Sobald a
    if a { return true }
    // ODER b true sind, liefere true.
    // Der Code, der zum Wahrheitswert für b führt, wird
    // erst jetzt ausgewertet.
    if b() { return true }
    // ansonsten false
    return false
}

// der Versuch, den ||-Operator zu ersetzen
if oder(a,b < 10) {
    println("Eine der beiden Bedingungen wurde erfüllt")
}
```

Jetzt wird **b** von der Funktion nur ausgewertet, wenn **a** zum Wahrheitswert **false** wird. In C++ ist dieser Effekt nur sehr umständlich zu erreichen, in Swift ist er Teil der Sprachfunktionalität.

Funktionale Programmierung

Was funktionale Programmierung genau darstellt, ist nur vage definiert. Wikipedia schreibt beispielsweise: »Funktionale Programmierung ist ein Programmierparadigma, bei dem Programme ausschließlich aus Funktionen bestehen.« Das dürfte für so ziemlich alle Programmiersprachen gelten.

Gemeint ist wohl eher das mathematische Konzept, in dem eine Funktion dadurch definiert ist, dass sie bei einem Eingangswert, also einer speziellen Parameterbelegung, immer und unter allen Randbedingungen das exakt gleiche Ergebnis zurückliefert.

In der Praxis werden zur funktionalen Programmierung meist noch andere Konzepte gezählt. Eines davon ist *Currying*, die Fähigkeit, Werte an Parameter von Funktionen zu binden und dadurch neue Funktionen zu schaffen. Ein weiteres Konzept ist die Fähigkeit zur *Lazy Evaluation*, also der Hang von Funktionen, die über die Elemente eines Containers operieren, diese Operationen erst dann tatsächlich durchzuführen, wenn die Ergebnisse auch wirklich benötigt werden. Auf letzterer Idee aufbauend wird oft ein Programmierparadigma verwendet, das unter *map, reduce* oder *map, reduce, merge* bekannt ist und versucht, einen wesentlichen Anteil des Codes auf diese zwei Funktionen zu reduzieren.

All dies kann Swift leisten.

 Ein weiteres beliebtes Konzept der funktionalen Programmierung ist die Verwendung von Monaden, vereinfacht gesagt einer Mischung aus einem Programmierstil, der dem Optional Chaining unter Swift ähnelt und bei dem Funktionen immer ein Protokoll zurückliefern, das den Aufruf weiterer Funktionen erlaubt und einer Hierarchie von untereinander abhängigen Protokollen, die den Typ der Monadenobjekte definieren und die die Funktionalität entlang der Aufrufkette nach einem gewissen Konzept immer weiter einschränken. (jQuery in JavaScript implementiert ein ähnliches Konzept weitflächig.)

Currying

Die grundlegende Idee hinter Currying ist, dass an die Parameter einer Funktion feste Werte gebunden werden können, bevor sie aufgerufen wird, und dass als Ergebnis dieser Operation eine Funktion zurückgeliefert, wird die nun weniger Parameter besitzt, aber ansonsten ganz normal aufgerufen werden kann. Die Ursprungsfunktion wird dabei sozusagen »partiell angewendet«.

Leider kann Swift das nicht völlig transparent tun, wie z. B. JavaScript oder Haskell. Man muss eine Funktion über eine spezielle Notation der Parameter auf ihr Currying vorbereiten.

Um es Parametern zu erlauben, teilweise angewendet zu werden, müssen diese in einzelnen Klammern – anstatt wie üblich in einer Parameterliste – eingebunden sein.

Beispiel 11-11: Eine für das Currying vorbereitete Funktion

```
func curryFunktion(a: Int)(b: Int) -> Int {
    return a + b
}

// die partielle Funktion hat nun den Typ
// (Int) -> Int
let partielleFunktion = curryFunktion(10)

println(partielleFunktion(b: 20)) // liefert 30
```

In Beispiel 11-11 wird der erste Parameter a mit dem Wert 10 verbunden und die resultierende Funktion in partielleFunktion übergeben. Beim Aufruf dieser Funktion mit ihrem verbliebenen Parameter b und dem Wert 20 wird in Wahrheit curryFunction(10, 20) aufgerufen, was zu dem Ergebnis 30 führt.

Intern liefert Swift in diesem Fall eine Closure auf eine *Nested-Funktion* (siehe Kapitel 9, Seite 137) innerhalb von curryFunction zurück, die durch Value Capturing mit dem gebundenen Wert in a verbunden wurde. Das Ganze könnte ungefähr so in Swift realisiert werden wie in Beispiel 11-12 gezeigt.

Beispiel 11-12: Currying in Swift

```swift
func curryFunktion(a: Int) -> (Int) -> Int {
    func innereFunktion(b:Int) -> Int {
        return a + b // das a entspricht dem Parameter der
                     // curryFunktion, hier findet also
                     // das Binding statt
    }
    return innereFunktion
}

let partielleFunktion = curryFunktion(10)
println(partielleFunktion(20)) // liefert 30
```

Klassenfunktionen unterstützen in Swift insofern generell das Currying, als dass sie mit einer Instanz ihres Objekts verbunden werden können (siehe Beispiel 11-13).

Beispiel 11-13: Currying einer Klassenfunktion

```swift
class Klasse {
    var myProperty = 10

    func F() {
        println(myProperty)
    }
}

let objekt = Klasse()

// durch Currying diese Instanz von Klasse mit
// der Funktion F verbinden
let objf = objekt.F

objf() // gibt 10 aus, die Instanz objekt wurde an objf gebunden
```

map, reduce, filter

In der Praxis kommt man sehr oft in die Verlegenheit, mit Schleifen über seine Container zu iterieren, um deren Inhalte anzureichern oder sie nach gewissen Kriterien zu filtern bzw. um darin Objekte mit gewissen Eigenschaften zu suchen oder Objekte auszufiltern.

In Verbindung mit Closures und Optional Chaining können Sie mit diesen drei Funktionen in Swift all diese Sachen sehr gut machen.

map steht Ihnen entweder als freie Funktion zur Verfügung, die als Parameter einen Container und eine Closure nimmt, oder als Klassenfunktion eines Arrays. Sie iteriert über jedes Element des Containers, wendet die übergebene Closure darauf an und fügt das Ergebnis dieser Operation einem Array hinzu, das es zum Schluss zurückgibt.

Beispiel 11-14: Braunbeeren schmecken nach Lachs und Honig.

```
// Füge an jedes Element der Liste einen String an, und
// gib die so modifizierte Liste zurück.
let beerenliste = ["Erd", "Braun", "Him"].map { $0 + "beeren" }

// Gib jedes Element einzeln aus; das Ergebnis interessiert uns nicht.
beerenliste.map { println($0) }
```

reduce (diese Funktion existiert auch in beiden Varianten) reduziert den Inhalt des Containers auf einen Wert. Als Parameter erwartet die Funktion (im Falle der freien Variante) den Container, einen Initialwert und die Closure, die für jedes Element des Containers aufgerufen werden soll. Diese bekommt als Parameter den aktuellen Kontext (am Anfang den Initialwert) sowie das aktuelle Element und liefert als Ergebnis den neuen Kontext zurück. Der letzte Kontextwert dieser Prozedur wird von **reduce** dann an den Aufrufer geliefert.

Beispiel 11-15: reduce reduziert Elementsammlungen auf einen Wert.

```
let summe = [1,2,3,4,5].reduce(0) { $0 + $1 }
println(summe) // Liefert 15, die Summe aller Array-Elemente

let zahlen = [1,2,3,4,5]
let fakultät = reduce(zahlen, 1) { $0 * $1 } // 120
println(fakultät)
```

filter entscheidet über die Closure für jedes Element, ob es in der Ergebnisliste enthalten sein soll oder nicht. Dementsprechend bekommt die Funktion als Parameter den Container und die Entscheidungs-Closure.

Da jede dieser Funktionen ein Array zurückliefert – und das Array jede dieser Funktionen zudem als Klassenfunktion anbietet –, kann man wunderbar ein Chaining anlegen und komplexeste Such- und Veränderungsaufgaben mit wenig Code lösen (siehe Beispiel 11-16).

Beispiel 11-16: Chaining mit map, filter und reduce

```
let container = [
    "Anne"  : "Frank",
    "Hans"  : "im Glück",
    "Erika" : "Mustermann"
]

let zeichenanzahl = filter(container) { $0.1 != "Mustermann" }
                    .map { $0.0 + " " + $0.1 }
                    .reduce(0) { $0 + countElements($1) }
println(zeichenanzahl)
```

Verzögerte Berechnungen

Lazy Evaluation (was sich wohl mit »verzögerte Berechnung« oder »verzögerte Auswertung« übersetzen ließe) bezeichnet die Technik, die Auswertung von Ausdrücken auf genau den Zeitpunkt zu verschieben, an dem die Daten tatsächlich gebraucht werden, in der Hoffnung, sich viele Berechnungen zu sparen und somit insgesamt schneller zu sein.

In der frühen Betaphase von Swift unterstützten die Funktionen **map**, **reverse**, `filter` und andere standardmäßig *Lazy Evaluation*, indem sie nicht wie jetzt üblich ein normales Array zurückgaben, sondern ein Objekt, das ein Array simulierte. Genauer gesagt implementierte das zurückgegebene Objekt das Protokoll *MapCollectionView,* das vom Protokoll *SequenceType* abgeleitet war und sich dadurch wie ein normales Array verhielt.

Man konnte auf dieses Objekt genauso zugreifen, wie man es von einem Array erwarten würde, nur hatte dieses die originale Closure und den originalen Container in sich gespeichert und konnte so nur bei Bedarf die benötigten Resultate berechnen und zurückgeben.

Die Idee war schön, hatte nur ein Problem: Immer wenn man Elemente über dieses Proxy-Objekt verwendete, wurde die Closure neu ausgewertet, und mit Pech wurde dadurch die Closure öfter verwendet, als der Benutzer dies erwartete, was zu seltsamen Nebeneffekten führen konnte.

Da selbst die Apple-eigenen Programmierer aufgrund dieses Konzepts stellenweise fehlerhafte Implementierungen ablieferten, sah man davon ab, alle Funktionen standardmäßig »lazy« zu machen. Wer dies in der aktuellen Swift-Version erreichen will, muss das jetzt deutlich in seinem Code ausdrücken.

Neuerdings gibt es deswegen die Funktion **lazy** im Swift-Framework, die ein Objekt annimmt, das ein Protokoll implementiert, das von *Sequence* oder *Collection* abgeleitet ist und je nachdem eine *LazySequence* oder eine *LazyForwardCollection, LazyBidirectional-Collection* bzw. *LazyRandomAccessCollection* zurückliefert.

Die Lazy-Protokolle bieten gleichzeitig auch die Funktionen **map**, `filter` und **reverse** – also alles, was man braucht, um seine Container zu verändern und verzögert zu durchsuchen (siehe Beispiel 11-17).

Beispiel 11-17: Ein Beispiel für die verzögerte Berechnung

```
import Foundation

let datenliste = ["Hund", "Katze", "Maus"]

// Wir wollen alle Tiere, die ein u enthalten;
// dieses Kommando filtert aber an der Stelle
// erst mal nicht, weil es verzögert ist.
let tiermitu = lazy(datenliste).filter {
                $0.rangeOfString("u") != nil
            }

// Lasst uns alle Tiernamen aus tiermitu ausgeben.
// Da die Collection lazy ist, passiert hier auch erst mal
// nichts.
// Leider scheint tiermitu nicht von sich aus ein lazy map
// anzubieten, darum die nochmalige Kapselung.
let lazyprint = lazy(tiermitu).map { println($0) }
```

Beispiel 11-17: Ein Beispiel für die verzögerte Berechnung (Fortsetzung)

```
// Nun jedes Element der Liste "anfassen".
// Plötzlich tut sich etwas - die Listen werden ausgewertet
// und die Namen ausgegeben.
for i in lazyprint {
  let a = i // Hier wird das println angestoßen.
}
```

Das Proxy-Objekt, das die Funktion **lazy** zurückliefert, gibt Ihnen die Möglichkeit, über die Property **array** auf die tatsächlichen Ergebnisse in Form eines Arrays zuzugreifen. Beispiel 11-18 zeigt auch deutlich, dass **lazy** seine Resultate nicht zwischenspeichert, was Sie beachten sollten und wenn nötig möglichst selbst implementieren müssten.

Bitte beachten Sie, dass die Closure immer ausgeführt wird, wenn ein tatsächlicher Wert angefordert wird. Das kann dazu führen, dass die Closure öfter ausgeführt wird als bei einer Collection, die nicht **lazy** ist!

Beispiel 11-18: Demonstration der mehrfachen Berechnung

```
let liste = [1,2,3,4,5]

var i = 0 // eine Nebenläufigkeit

// Noch passiert nichts.
let proxy = lazy(liste).map {
    (wert:Int) -> Int in
    println(wert)
    ++i
    return wert + i
  }

// Jetzt werden die Ergebnisse berechnet, also
// über println die Elemente ausgegeben.
// Das resultat-array enthält
// [2, 4, 6, 8, 10].
let test = proxy.array

// Die Ergebnisse werden erneut ausgegeben.
// Eine Berechnung findet aber nicht erneut statt.
println(test)

// Die mit der Closure verbundene Variable
// i enthält 5.
println(i)

// Die Berechnung findet erneut statt!
// Das resultat-array enthält
// wegen i nun andere Werte:
// [7, 9, 11, 13, 15]
println(proxy.array)
```

Such- und Sortierfunktionen

Da das Sortieren und Suchen von Daten in Containern ein häufig auftauchendes Problem darstellt, widmen wir ihm eine eigene Lektion. Zudem zeigt es noch mal, was man mit Closures alles anstellen kann.

Sortieren kann man natürlich nur eine Liste von Objekten. In Swift wäre das entweder ein Array oder jedes andere Objekt, das ein *CollectionType*-Protokoll implementiert.

Zunächst wollen wir aber erst mal die Reihenfolge von Elementen in einem Container umkehren. Dies geht mit der Funktion **reverse** (siehe Beispiel 11-19). Da **reverse** das übergebene Array nicht verändert, sondern eine Kopie zurückliefert, muss das Array nicht *mutable* sein.

Beispiel 11-19: Reihenfolge im Array umkehren

```
let richtungen = ["Links", "Mitte", "Rechts"]
var unrichtungen = reverse(richtungen)
println(unrichtungen)
```

Der Array-Typ liefert in Swift die **reverse**-Funktion auch als Klassenfunktion mit, man kann also auch Folgendes schreiben:

Beispiel 11-20: reverse again

```
println(["Oben", "Mitte", "Unten"].reverse())
```

Um zu sortieren, bietet Swift uns die Funktionen **sort** und **sorted** an. Die beiden Funktionen sind sich sehr ähnlich, **sort** operiert aber direkt auf dem übergebenen Container und benötigt deswegen ein Objekt, das das *MutableCollectionType*-Protokoll implementiert, während **sorted** eine Kopie zurückliefert und deshalb mit einem konstanten Objekt zufrieden ist. Zudem bieten beide Funktionen die Möglichkeit, eine Vergleichsfunktion zu übergeben, durch die entschieden wird, welche Reihenfolge die Objekte haben sollen.

Damit **sort** das Array verändern kann, hat der erste Parameter das Attribut **inout**, und wir müssen es als Referenz übergeben.

Beispiel 11-21: Eine Essensschlacht

```
var essen = ["Kaviar", "Zucker", "Äpfel", "Birnen"]

// Welches Essen ist gesünder?
sort(&essen)   // verändert das Array
println(essen) // eindeutig Äpfel
```

Der zweite Parameter von **sort** erwartet optional eine Funktion, die für zwei Objekte unseres Arrays entscheiden kann, welches größer ist, und entsprechend einen Wahrheitswert zurückliefert. Es gibt mehrere Möglichkeiten, das zu nutzen. Die umständlichste wäre tatsächlich, eine Funktion dafür anzulegen, wie Sie es in Beispiel 11-22 sehen.

Beispiel 11-22: sort mit einer Vergleichsfunktion

```
var essen = ["Kaviar", "Zucker", "Äpfel", "Birnen"]

func vergleich(one: String, another: String) -> Bool {
    return one < another;
}

sort(&essen, vergleich)
println(essen)
```

Wir können es uns natürlich auch einfacher machen und eine anonyme Funktion, eine Closure, nutzen. Wir verwenden eine verkürzte Version, die die Parameter in der *$-Form* nutzt, und erinnern uns daran, dass man eine Closure hinter einen Funktionsaufruf schreiben kann, wenn diese eine Closure als letzten Parameter erwartet.

Das sähe dann so aus wie in Beispiel 11-23.

Beispiel 11-23: Vergleichsfunktion als Closure

```
var essen = ["Kaviar", "Zucker", "Äpfel", "Birnen"]

sort(&essen) { $1 < $0 } // haha, geschummelt!
println(essen)       // heute gibt's Zucker!
```

Die Funktion **sorted** kann mit einem konstanten Array umgehen und liefert eine Kopie zurück wie in Beispiel 11-24.

Beispiel 11-24: Autovergleich!

```
let autos = ["Porsche", "Audi", "Trabbi"]
println(sorted(autos))
```

Dictionaries zu sortieren macht ja erst mal keinen Sinn, da die Inhalte dort absichtlich in keiner definierten Reihenfolge vorliegen. Wenn wir aber beispielsweise über die Inhalte eines Dictionarys in sortierter Reihenfolge der Keys iterieren wollen, können wir **sorted** in Verbindung mit der Klassenfunktion **keys** nutzen.

Mit **sort** wäre das nicht gegangen, da ein Dictionary uns natürlich keinen verändernden Zugriff auf die Key-Sequenz bietet. Das Beispiel zeigt auch, dass ein Dictionary die **sorted**-Funktion als Klassenfunktion anbietet; wir übergeben als Suchvergleichsfunktion die kürzeste Closure, die es in Swift gibt: den <-*Operator* (siehe Beispiel 11-25).

Beispiel 11-25: Sortiervorgang mit einer sehr, sehr kurzen Closure

```
let dictionary = [
    "Trabant" : "Werner Lang",
    "Porsche" : "Ferdinand Porsche",
    "Audi"    : "August Horch"
]
```

Beispiel 11-25: Sortiervorgang mit einer sehr, sehr kurzen Closure (Fortsetzung)

```
for keyname in Array(dictionary.keys).sorted(<) {
    println(dictionary[keyname]!)
}
```

Dank der Vergleichsfunktion können wir auch komplexere Objekte vergleichen, deren Aufbau die Sortierfunktionen sonst nicht kennen würden (siehe Beispiel 11-26).

Beispiel 11-26: Ein Super-Vergleich!

```
struct Superheld {
    let name: String
    let stärke: Int
}

let helden:[Superheld] = [
    Superheld(name: "Eisenmann",          stärke: 3000),
    Superheld(name: "Pulvertoastmann",    stärke: 3140),
    Superheld(name: "Meerjungfraumann",   stärke: 1147),
    Superheld(name: "Captain Kompost",    stärke: 114),
    Superheld(name: "Fledermausmann",     stärke: 2000),
    Superheld(name: "General Amnestie ", stärke: 119),
]

var sortierteHelden = sorted(helden) { $0.stärke > $1.stärke }
```

Um nun in unserer lückenlosen Datenbank der Superhelden gewisse Einträge zu finden, stehen uns mehrere Möglichkeiten zur Verfügung.

Mit der Funktion **contains** können wir testen, ob es in einer Collection einen bestimmten Eintrag überhaupt gibt (siehe Beispiel 11-27).

Beispiel 11-27: Finde einen Wert in einem Array.

```
contains(["A","B","C"], "D") // liefert false
```

Da unsere Heldendatenbank aber etwas komplexer ist, benötigen wir eine Closure, die den Test vornimmt. Gibt es einen Helden, der eine stärke von mindestens 2000 besitzt?

Beispiel 11-28: Hallo, Super-Superheld?

```
contains(helden, { $0.stärke >= 2000 }) // liefert true
```

Die Funktion **find** liefert uns den Index eines gesuchten Eintrags oder **nil**, wenn er nicht gefunden wurde (siehe Beispiel 11-29).

Beispiel 11-29: Position eines gefundenen Array-Werts

```
find(["A","B","C"], "C") // liefert 2
```

Leider hilft uns das bei unseren Helden nicht weiter, da die **find**-Funktion keine Test-Closure unterstützt.

Aus diesem Grund nutzen wir die Klassenfunktion **filter** des Arrays **helden**. Sie benötigt als einzigen Parameter eine Test-Closure, weswegen wir sie hinter die Funktion schreiben können und auf Funktionsklammern verzichten können.

Die Funktion **first** liefert uns das erste Element der Ergebnisliste, ihr Pendant **last** den letzten Eintrag (siehe Beispiel 11-30).

Beispiel 11-30: Viele gute Helden

```
let resultatListe = helden.filter { $0.stärke >= 2000 }
println(first(resultatListe)?.name) // liefert Eisenmann
println(last(resultatListe)?.name)  // liefert Fledermausmann
```

Zum Schluss interessiert uns noch, wie viele Männer eigentlich in unserer Superhelden-liste sind. Dazu könnten wir jetzt zwar noch mal die **filter**-Funktion nutzen, wir wollen jedoch zur Übung in Beispiel 11-31 mal von Hand über das Array iterieren.

Beispiel 11-31: Gesucht werden heldenhafte Männer.

```
import Foundation

var männer = 0
for held in helden {
    if ((held.name.rangeOfString("mann")) != nil) { ++männer }
}
println(männer) // 4 Stück
```

Generics

Wie jede moderne Sprache hat auch Swift ein Sprachkonzept, um Funktionen, Klassen, Strukturen und Enumerationen zu implementieren, die nicht an feste Typen gebunden sind. In C++ heißt das Konzept *Templates*, in Java oder C# heißt es wie in Swift: *Generics*.

Nehmen wir mal an, wir haben bei einem namhaften Online-Vertrieb von Computerspielen eine beachtliche Wunschliste mit unterschiedlichen Titeln angesammelt und versuchen zu entscheiden, ob es sich lohnt, dort ein Spiel zu kaufen.

Leider ist die Liste recht unübersichtlich (siehe Abbildung 11-1); sie müsste nach dem Preis sortiert werden.

Die Positionen der Einträge lassen sich mit der Maus verschieben. Nach ein bisschen unmotiviertem Hin- und Hergeschiebe kommen wir auf eine Idee ...

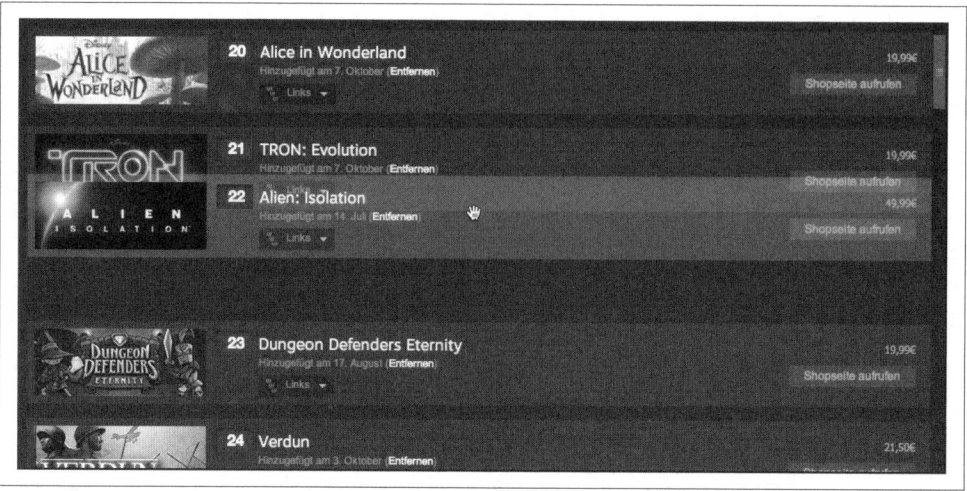

Abbildung 11-1: Eine unsortierte Wunschliste, deren Einträge man verschieben kann

Uns fällt Folgendes auf: Wenn wir die Liste in zwei Teile teilen, nämlich in einen sortierten oberen und einen unsortierten unteren Teil, und Elemente von unten so lange in den oberen Teil schieben, bis das darüberliegende Element einen geringeren Preis hat, dann haben wir in kurzer Zeit eine sortierte Preisliste vorliegen.

Von dieser genialen Idee gepackt, implementieren wir diese sogleich in der Sprache unseres Vertrauens: in Swift (siehe Beispiel 11-32).

Beispiel 11-32: Hallo, Insertion Sort

```
// eine grobe Form des Insertion Sort
func preislistenSort(inout liste: [Int]) {
    // Unsere Grenze, die zwischen dem sortierten
    // und dem unsortierten Teil unterscheidet.
    // Wir fangen mit dem zweiten Eintrag an, vorher
    // gibt es nicht viel zu verschieben.
    var nextSortIndex = 1
    // Jedes Element der liste wird behandelt.
    while (nextSortIndex < liste.count) {
        // Zunächst nehmen wir den Eintrag mal raus.
        let element = liste.removeAtIndex(nextSortIndex)
        // Da jetzt ein Eintrag fehlt, laufen wir
        // rückwärts nach oben ab nextSortIndex - 1
        var insertIndex = nextSortIndex - 1
        // So lange über den sortierten Teil laufen ...
        for (; insertIndex >= 0; insertIndex--) {
            // ... bis wir einen billigeren Titel gefunden
            // haben - und dort abbrechen.
            if (liste[insertIndex] <= element) {
                break;
            }
        }
```

Beispiel 11-32: Hallo, Insertion Sort (Fortsetzung)

```
        // insertIndex enthält jetzt die Position,
        // an der wir das Element wieder einfügen können
        // (+1, weil wir kompensieren müssen, dass wir
        //  das Element entfernt hatten).
        liste.insert(element, atIndex: insertIndex + 1);
        // und die nächste Position in Angriff nehmen
        nextSortIndex++
    }
}


// Preise der Liste
var preisliste = [19,19,40,19,21]
// ergibt: [19,19,19,21,40]
preislistenSort(&preisliste)
```

 Diese Sortierroutine erhebt nicht den Anspruch auf Perfektion und beste Performance, sie soll nur eine Idee illustrieren. Wer schnell in Swift sortieren möchte, nutzt die Funktion **sort**.

Nachdem wir voller Begeisterung das Programm zum Laufen gebracht haben, stellen wir fest, dass unsere Preise eigentlich Nachkommastellen haben und wir mit Doubles hätten rechnen sollen.

Anstatt nun in unserer Sortierroutine überall die *Int*s durch *Double*s zu ersetzen, nutzen wir die Fähigkeit von Swift, *generische Funktionen* zu implementieren.

Ähnlich wie in C++ können wir in spitzen Klammern direkt nach dem Funktionsnamen einer Funktion eine Liste von Typnamen angeben, die in der nachfolgenden Deklaration so gehandhabt werden, als wären sie bereits bekannt, obwohl Swift erst beim Aufruf entscheidet, welcher Typ genau an der betreffenden Stelle eingesetzt werden soll (siehe Beispiel 11-33).

Beispiel 11-33: Eine generische Funktion mit verallgemeinerten Parametertypen

```
// Diese Funktion nimmt jeden Datentyp im Parameter an.
// Das T repräsentiert den Typ, der erst durch den
// Aufruf konkretisiert wird.
func printMitAusrufezeichen<T>(wert: T) {
    print(wert)
    println("!")
}


printMitAusrufezeichen(1) // Int
printMitAusrufezeichen(2.5) // Double
printMitAusrufezeichen("Hallo") // String
```

Swift unterscheidet sich von C++ in der Art, wie die Sprache mit den zunächst unbekannten Typen der generischen Funktionen umgeht. C++ versucht alles, um die Typen der Funktionsparameter zu matchen, egal welche Verschachtelungstiefe auch berücksichtigt werden muss. Swift dagegen schränkt die generischen Datentypen zunächst stark ein und verlangt vom Programmierer, die Fähigkeiten der unbekannten Datentypen möglichst genau anzugeben. Das mag die Fehlermeldungen und auch den Compiler von Swift in Zukunft etwas vereinfachen.

Wenn wir versuchen, unsere geniale Sortierfunktion einfach auf generische Typen umzustellen, wird uns der Compiler an der Stelle des Vergleichs

```
if (liste[insertIndex] <= element)
```

eine kryptische Fehlermeldung ausgeben: `"'T' is not convertible to 'UInt8'"`.

Was er damit tatsächlich aussagen will, ist: »Ich habe herausgefunden, dass du den generischen Typ T mit irgendetwas vergleichst, und du hast mir nicht gesagt, dass er das kann ...«

Wir müssen unseren Datentyp T also mit mehr Fähigkeiten ausstatten. In Swift erreicht man das über die Angabe von Protokollen.

Ein paar grundlegende Protokolle, die nützlich sind:

- *Comparable* – Der Datentyp kann mit einem anderen Objekt seines Typs verglichen werden. Er implementiert einen ganzen Satz an Operatoren, wie <, >, >=, <=.
- *Equatable* – Der Typ kann auf Gleichheit mit einem anderen Objekt seines Typs überprüft werden. Er implementiert die Operatoren == und !=.
- *Printable* – Der Typ kann z. B. von **print** und **println** ausgegeben werden.
- *CollectionType* – das Protokoll, das Array und Dictionary implementieren
- *Sliceable* – ein Protokoll, das angibt, dass man über einen Subscript-Operator verfügt und das iterierbar ist, also die Fähigkeit anbietet, nacheinander die Elemente der darunterliegenden Liste zu behandeln.

Um einen generischen Typ dazu zu zwingen, ein Protokoll zu implementieren, schreiben wir hinter den Typ in den spitzen Klammern einen Doppelpunkt und danach das Protokoll (siehe Beispiel 11-34).

Beispiel 11-34: Protokolle in generischen Typen erzwingen

```
func fehlvergleich<T>(wert1: T, wert2: T) {
    // Diese Zeile wird nicht kompilieren, da
    // an dieser Stelle für Swift nicht
    // ersichtlich ist, dass der Datentyp T
    // vergleichbar ist.
    if wert1 < wert2 {
        print("wert1 ist kleiner")
    }
}
```

```
func vergleich<T: Comparable>(wert1: T, wert2: T) {
    if wert1 < wert2 {
        print("wert1 ist kleiner")
    }
}
```

```
vergleich(3.4,5.6) // das funktioniert
```

Jetzt wissen wir auch endlich, wie wir unsere geniale kleine Sortierfunktion generisch gestalten können:

Beispiel 11-35: Endlich ein generisches sort!

```
func genericSort<T: Comparable>(inout liste:[T]) {
    var nextSortIndex = 1
    while (nextSortIndex < liste.count) {
        let element = liste.removeAtIndex(nextSortIndex)
        var insertIndex = nextSortIndex - 1
        for (; insertIndex >= 0; insertIndex --) {
          if (liste[insertIndex] <= element) {
              break;
          }
        }
        liste.insert(element, atIndex: insertIndex + 1);
        nextSortIndex++
    }
}
```

```
// eine Preisliste mit Nachkommastellen
var preisliste = [19.99,19.99,49.99,19.99,21.50]
genericSort(&preisliste)
println(preisliste)
```

Mit dem **where**-Keyword können wir generische Datentypen noch weiter einschränken. In einer durch Komma getrennten Liste können wir weitere Protokolle erzwingen oder **typealias**-Elemente in Protokollen, die in Swift auch als *Associated Type* bekannt sind, gleichsetzen. **typealias**-Elemente können wir uns wie generische Datentypen vorstellen, nur dass sie in Protokollen vorkommen. Das Protokoll *Collection*, das in Arrays und Dictionaries implementiert wird, enthält beispielsweise einen Typealias namens *Index*.

Was uns bei unserer Preisliste noch fehlt, ist der Bezug zu den Spielen. Die Preise allein sind nicht sehr hilfreich.

Damit unsere Sort-Funktion auch komplexere Objekte sortieren kann, müssen wir diesen beibringen, dass sie das *Comparable*-Protokoll implementieren (siehe Beispiel 11-36).

Beispiel 11-36: Sortieren mit Preis und Namen

```
// Ein Spiel hat einen Namen und einen Preis.
struct Spiel {
    let name: String
    let preis: Double
}

// Unsere Spiele müssen vergleichbar sein.

extension Spiel: Equatable {}

// Eine Operator-Überladung, die zu prüfen hilft,
// ob der Preis und der Name zweier Spiele gleich sind.

func == (lhs: Spiel, rhs: Spiel) -> Bool {
  return lhs.preis == rhs.preis && lhs.name == rhs.name
}

// Die Unterscheidung der Spiele läuft über den Preis.

extension Spiel: Comparable {}

func <= (lhs: Spiel, rhs: Spiel) -> Bool {
  return lhs.preis <= rhs.preis
}

func > (lhs: Spiel, rhs: Spiel) -> Bool {
  return lhs.preis > rhs.preis
}

func >= (lhs: Spiel, rhs: Spiel) -> Bool {
  return lhs.preis >= rhs.preis
}

func <(lhs: Spiel, rhs: Spiel) -> Bool {
  return lhs.preis < rhs.preis
}

// Unsere Spieleliste, die wir
// sortieren wollen

var spieleliste = [
    Spiel(name: "Bugs Bunny",         preis:  3.50),
    Spiel(name: "Meine kleine Farm 6", preis: 15.44),
    Spiel(name: "Weltuntergang 2",    preis:  3.10),
    Spiel(name: "Zombie Simulator",    preis: 64.50)
]

// Unsere geniale Sort-Funktion
genericSort(&spieleliste)
```

Beispiel 11-36: Sortieren mit Preis und Namen (Fortsetzung)

```
// Liefert korrekt die nach Preis sortierte Liste

// Weltuntergang 2
// Bugs Bunny
// Meine kleine Farm 6
// Zombie Simulator
spieleliste.map { println($0.name) }
```

Dank Generics können wir auch ganze Klassen, Structs oder Enumeratoren von einem oder mehreren generischen Typen abhängig machen und diese dann für die Datentypen von Properties oder als Parameter in Klassenfunktionen nutzen.

Dazu schreiben wir wie bei generischen Funktionen die eckigen Klammern einfach hinter den Klassen-, Struct- oder Enumeration-Namen.

Da Swift in diesem Fall die Typen nicht inferieren kann, müssen sie ebenfalls in eckigen Klammern bei der Erstellung des Objekts mit übergeben werden.

In Beispiel 11-37 wollen wir das Namenselement in unserem Spiele-Typ verallgemeinern und um ein Objekt erweitern, das den Namen und die Altersbeschränkung des Spiels enthält.

Beispiel 11-37: Eine generische Struktur

```
struct Spiel<T> {
    let daten: T
    let preis: Double
}

struct SpielInfos {
    let name: String
    let altersbeschränkung: Int
}

let megaspiel = Spiel<SpielInfos>(
                daten: SpielInfos(name: "Hanf Simulator",
                                  altersbeschränkung: 21),
                preis: 13.37)
```

KAPITEL 12

Von der Idee zur ersten App

Willkommen in unserem Praxiskapitel, in dem wir eine App mit verschiedenen Techniken programmieren werden, damit Sie Ihr Wissen vertiefen können. Unsere App wird dabei vielleicht nicht die anspruchsvollste sein, dafür können wir uns mit Swift jetzt ein wenig austoben.

Überlegungen und Ideen

Jede App beginnt mit einer Idee. Diese Ideen ergeben sich meistens durch einen konkreten Bedarf, den man selbst oder jemand anderes geäußert hat. Häufig sind es Kleinigkeiten, aber je mehr sich eine App als nützlich erweist und einem das Leben erleichtert, desto mehr wächst auch die Erwartung an das Programm. Für unser Buch haben wir uns für eine App entschieden, mit der sportliche Tätigkeiten, wie Joggen, Spazierengehen, Wandern oder Radfahren, gemessen und aufgezeichnet werden können.

Erwartungen

Die App, die wir treffenderweise »Runner« nennen, soll eine Übersicht der Läufe anzeigen, die wir absolviert haben. Wir möchten auf den ersten Blick sehen, wann wir gelaufen sind, wie lange wir unterwegs waren und wie hoch unsere Durchschnittsgeschwindigkeit war. Den Lauf kann man mit einem Button aus der Hauptübersicht starten. Während des Laufens wird eine Statistik mit aktuellen Daten, der Geschwindigkeit und natürlich der Zeit angezeigt. Ein weiterer Button soll den Lauf stoppen und ein anderer den Lauf abbrechen. Nach dem Lauf erhalten wir eine Übersicht über die Daten, die wir sammeln, um später eine Laufübersicht nach Auswahl anzeigen zu können.

Technologische Überlegungen

Jetzt, da eine erste Idee bereits in unserem Kopf herumschwirrt oder schon auf einem Zettel notiert wurde, können wir uns überlegen, welche Technologien nötig und auf unserem Zielgerät vorhanden sind. Damit wir den Lauf messen können, benötigen wir ein System und eine Schnittstelle, die uns diese Daten liefern kann. Zum Glück verfügt das iPhone über GPS und bietet uns auch die Möglichkeit, dieses zu nutzen, um Bewegungsdaten zu erhalten. Es wäre ebenfalls von großem Vorteil, wenn wir nach dem Lauf auch die zurücklegte Strecke visuell darstellen könnten. Dafür gibt es kaum etwas, das sich besser eignet als eine Karte mit Linien, die den Weg nachzeichnet. Mit dem *MapKit Framework* können wir auch dies umsetzen. Damit die Daten aber überhaupt irgendwo gespeichert werden und dauerhaft verfügbar sind, sollten wir eine Technologie finden, um unsere Daten einfach verwalten zu können. Apple bietet uns an dieser Stelle mit *Core Data* eine perfekte Lösung für dieses Problem. Core Data stellt einen Objektgraphen bereit und verbindet die objektorientierte Programmierung mit einer Datenbank, so dass sich Objekte speichern lassen, die in unserer Applikation genutzt werden.

Projekt anlegen

Für unser Vorhaben gibt es bereits ein Template, in dem einige Features enthalten sind, die wir später benötigen werden. Zunächst legen wir ein neues iOS-Projekt an, so wie Sie es bereits in Kapitel 5 gelernt haben. Dieses Mal entscheiden wir uns aber nicht für das *Single View Application*-Template, sondern für das *Master-Detail Application*-Template. Dieses enthält bereits zwei View Controller, die wir für unsere Wünsche gezielt umschreiben werden. Nachdem Sie das Template ausgewählt haben, müssen Sie wieder Ihre projektbezogenen Daten eintragen. Wichtig bei diesem Dialog ist es diesmal, das Häkchen bei CORE DATA zu setzen und in dem Dropdown-Menü DEVICES das IPHONE auszuwählen. Selbstverständlich muss die Entwicklungssprache Swift sein. Der PRODUCT NAME für unsere App wird »Runner« lauten. Nachdem Sie einen Speicherort gewählt haben, klicken Sie auf den CREATE-Button. Wir haben jetzt ein neues Projekt mit vielen Dateien, in denen wir unsere Änderungen Stück für Stück einpflegen werden.

 Beim Erstellen des Projekts werden einige Dateien und Programmcodeschnipsel erstellt, die den Projektnamen enthalten. In diesem Kapitel wird immer der App-Name »Runner« genutzt. Ersetzen Sie diesen bitte gedanklich durch den Namen Ihres Projekts, sofern er anders lauten sollte.

Sie können, wenn Sie möchten, das Programm in seiner Rohform im Simulator testen und ein wenig herumklicken. Beachten Sie aber die Hinweise bezüglich Änderungen am Modell in den nächsten Schritten über *Core Data*. Da wir ein bestehendes Template stark verändern, wird es nicht möglich sein, während der Entwicklung das Programm zu testen. Die Beispiele und Anleitungen sind aber so kurz und einfach wie möglich gehalten, damit Sie den Faden nicht verlieren. Das fertige Projekt steht als Download zur Verfügung, damit Sie es mit Ihrem Code vergleichen können, wenn es an der einen oder anderen Stelle hakt.

Mit Core Data Daten strukturieren

Core Data ist keine Datenbank, auch wenn Sie sicher den Eindruck erhalten werden, dass dies so ist. Core Data ist ein Objektgraph, in dem Objekte und deren Beziehungen verwaltet werden. Zusätzlich wird eine Persistierung bereitgestellt, damit die Daten nicht verloren gehen. Man kann zu diesem Zweck einen *Persistent Store* definieren und entscheiden, in welcher Form die Daten abgelegt werden sollen. Als Stores werden dabei eine XML-Datei, ein Atomic Store sowie eine SQLite-Datenbank angeboten. Für unser Projekt belassen wir es bei einer SQLite-Datenbank, da diese nicht nur schnell genug ist; sie dürfte auch die Standardwahl in den meisten Projekten sein. Nicht unerwähnt sollte hier auch der In-Memory Store bleiben, der aber wohl eher ein Exot für die meisten iOS-Entwickler sein dürfte.

Neben dem Persistent Store benötigt man ein Modell, das die Entitäten und ihre Beziehungen zueinander enthält. Dieses Datenmodell wird in einem Core-Data-Projekt automatisch angelegt und setzt sich aus dem Projektnamen und der Dateiendung *xcdatamodeld* zusammen. Das Modell wird zwingend benötigt, um den Persistent Store initialisieren zu können. Die Objekte in einem Core-Data-Graphen befinden sich in einem *Managed Object Context*. Dieser Kontext benötigt zum Laden und Ablegen von Daten einen Persistent Store. Möchten wir neue Objekte erstellen oder irgendeine Operation durchführen, muss dies zwingend in diesem Kontext passieren. Es gibt zusätzliche Techniken, um parallel mehrere Kontexe zu verwalten, was vor allem bei prozessorlastigen Operationen sehr sinnvoll sein kann. In unserer App beschränken wir uns aber auf einen Managed Object Context.

Sie können gern einmal die Datei *AppDelegate.swift* öffnen. In dieser befindet sich am unteren Ende der *Core Data Stack*. Dieser setzt sich aus drei *Computed Properties* zusammen, die die einzelnen Komponenten bei Bedarf initialisieren und zurückliefern. Für unser Projekt sind nur der *Managed Object Context* (MOC) sowie die **saveContext**-Methode interessant.

Entitäten und Relations

Damit wir unseren Lauf persistieren können, müssen wir ein Datenmodell definieren, in dem wir unseren Lauf auch abbilden können. Hierfür öffnen wir zunächst den *Core Data Model Editor*, in dem wir die Datei *Runner.xcdatamodeld* öffnen. Bitte stellen Sie auch sicher, dass der Utilities-Bereich geöffnet ist. Zur Erinnerung: Sie können ihn mit der Tastenkombination ⌘+Alt+0 ein- und ausblenden. Der Editor sollte jetzt, wie auf Abbildung 12-1 dargestellt, sichtbar sein. In der linken Spalte definieren und verwalten wir unsere Entitäten. Klickt man auf eine solche Entität, erscheint in der Mitte des Editors eine Übersicht der enthaltenen Attribute und Beziehungen. Im Utilities-Bereich befinden sich zu jeder ausgewählten Entität oder Relation Informationen und Optionen, die wir später auch noch verändern werden.

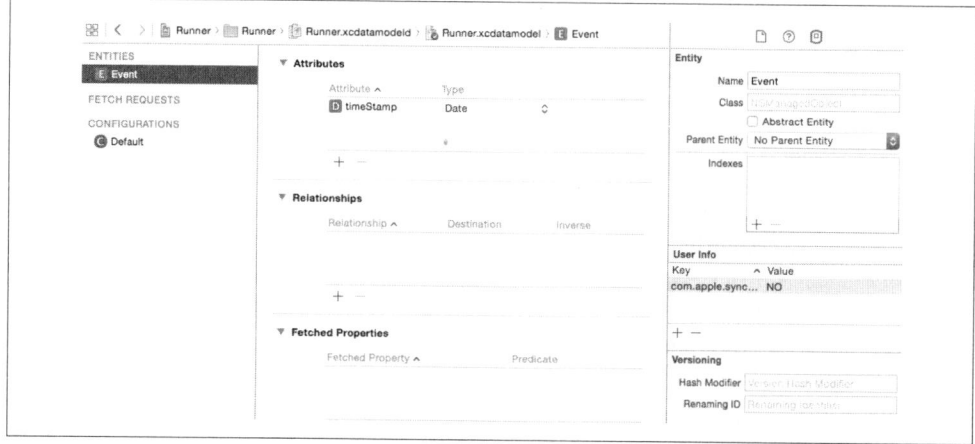

Abbildung 12-1: Ansicht des Core Data Model Editor

Entität erstellen

Markieren Sie zunächst die noch existierende Entität Event, und löschen Sie diese durch Drücken der [←]-Taste. Unter dem Editor befindet sich ein Button mit einem Plus-Symbol mit der Beschriftung ADD ENTITY. Nach einem Klick auf diesen Button wird eine neue Entität erzeugt. Klicken Sie doppelt auf die neu erzeugte Entität, und geben Sie dieser den Namen RUN. In der Mitte des Editors erzeugen wir jetzt neue Attribute, die einen Lauf definieren. Dafür befindet sich bei den Attributen (wie auch in Abbildung 12-2 zu sehen ist) ein Plus-Button, auf den wir klicken, um ein Attribut zu erstellen. Ein Attribut setzt sich hierbei immer aus einem Attributnamen und einen Datentyp zusammen. Hierfür stellt Core Data eine breite Palette an verschiedenen Datentypen zur Verfügung, die unter anderem Zahlen, Strings oder auch binäre Daten sein können.

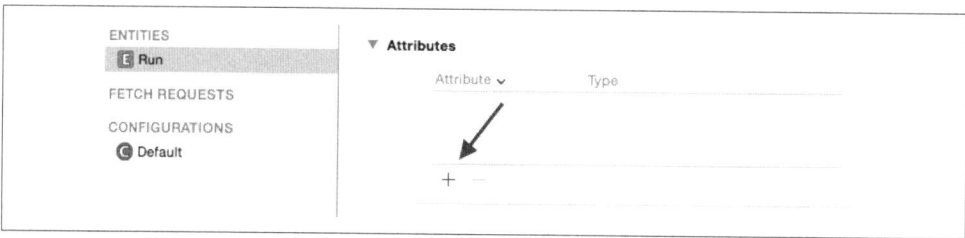

Abbildung 12-2: Attribut hinzufügen

Unser Lauf soll sich aus dem Lauf-Datum, der zurückgelegten Distanz und der Gesamtzeit zusammensetzen, die benötigt wurde, um die Strecke zurückzulegen. Zusätzlich wollen wir die Koordinaten während des Laufens speichern. Diese fassen wir aber zu einer eigenen Entität zusammen. Unser erstes Attribut ist die Distanz. Sie erhält den Attributnamen distance mit dem Datentyp Double. Zwei weitere Attribute mit den Namen date und time, die beide den Datentyp Date repräsentieren, sollen den Tag des Laufs und die benötigte Zeit beinhalten.

Um sicherzustellen, dass die Daten befüllt werden, müssen wir im Utilities-Bereich weitere Einstellungen vornehmen. Klicken Sie zuerst auf das Attribut date, und stellen Sie sicher, dass der Reiter MODEL DATA INSPECTOR ausgewählt ist, wie in Abbildung 12-3 zu sehen ist. Entfernen Sie bei allen Entitäten das Häkchen aus der Checkbox OPTIONAL. Damit erzwingen wir später im Programmcode, dass die Felder befüllt werden müssen, da ein Speichern ansonsten nicht möglich ist.

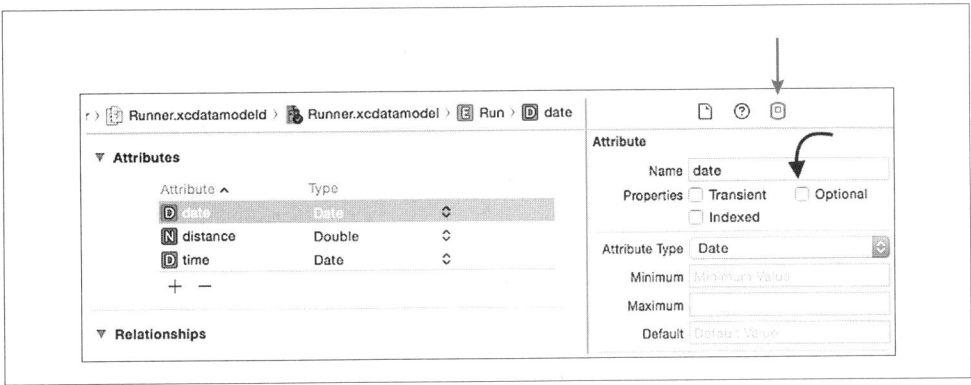

Abbildung 12-3: Optionalität eines Attributs entfernen

Um die Koordinaten speichern zu können, benötigen wir eine Entität mit dem Namen Coordinate. Hier definieren wir ebenfalls drei Attribute. Die ersten beiden heißen latitude und longitude und sind beide vom Datentyp Double. Das dritte Attribut heißt time und ist vom Datentyp Date. Auch hier entfernen wir wieder bei allen Attributen das Häkchen aus der OPTIONAL-Checkbox.

 Sobald Sie das Datenmodell nachträglich verändern, zu dem aber vorher ein Persistent Store existiert hat, wird die App abstürzen. Dies liegt daran, dass das Datenmodell nicht mehr mit dem Backend übereinstimmt.

Core Data bietet an dieser Stelle die Möglichkeit der Versionierung, so dass man gezielt Migrationen zwischen den Modellen erstellen kann. Dies ist aber nicht Bestandteil dieses Buches. Abhilfe schaffen Sie an dieser Stelle, indem Sie den Simulator über das Simulatormenü zurücksetzen oder die App löschen.

Relationship erstellen

Damit wir eine Beziehung zwischen der Entität Run und der Entität Coordinate herstellen können, müssen wir eine Relationship unterhalb der Attributs-Sektion erzeugen. Dies machen wir wieder über einen Klick auf den Plus-Button innerhalb des Relationship-Bereichs in der Entität Coordinate. Wir müssen zuerst einen Namen für die Beziehung vergeben. Da jede Koordinate exakt zu einem Lauf gehört, also eine 1:1-Beziehung darstellt, können wir als Namen run wählen. In der Dropdown-Liste unter DESTINATION wählen wir die Entität Run aus. Zu jeder Relationship muss ein INVERSE-Eintrag existieren. Sollte dies nicht gewährleistet sein, erzeugt Xcode eine entsprechende Warnung. Um diese Abhängigkeit zu erfüllen, springen wir in die Entität Run und erzeugen auch hier eine Relationship. Da ein Lauf über mehrere Koordinaten verfügen kann, also 1:n Koordinaten, wählen wir den Namen coordinates als Beziehungsnamen. Wir wählen in der Dropdown-Liste für die Destination die Entität coordinate und in der Dropdown-Liste bei INVERSE die Relationship run.

Damit aber noch nicht genug. In unserem Utilities-Bereich verändern wir unsere bereits ausgewählte Relation coordinates in der Entität Run. Da es sich um eine One-To-Many-Beziehung handelt, müssen wir dies auch einstellen. Dafür wählen wir in der Dropdown-Liste TYPE den Wert TO MANY aus. Standardmäßig ist hier der Wert TO ONE gesetzt. Sobald wir den Wert geändert haben, erscheinen einige neue Optionen. Zum Beispiel können wir bestimmen, dass eine bestimmte Anzahl von Objekten, die zu einem Run-Objekt gehören, vorhanden sein müssen oder nicht überschritten werden dürfen. Eine sehr wichtige Option, die wir auch aktivieren, ist die ORDERED-Checkbox. Diese stellt sicher, dass die Objekte in der Reihenfolge gespeichert und verbunden werden, in der sie hinzugefügt und gelöscht werden. Da wir später unsere Koordinaten mit Linien optisch verbinden möchten, ist es wichtig, dies in der richtigen Reihenfolge zu tun. Zusätzlich müssen wir das Löschverhalten einstellen, das darüber entscheidet, was mit Entitäten beim Löschen passiert, die durch eine Relation mit unserer Entität verbunden sind. Da die Koordinaten in unserem Projekt nicht mehr benötigt werden, sobald der zugehörige Lauf gelöscht wird, entscheiden wir uns bei der Dropdown-Liste DELETE RULE für den Wert CASCADE. Diese Option sorgt dafür, dass alle Koordinaten, die eine Beziehung zu dem Run-Objekt haben, ebenfalls gelöscht werden, sobald der Lauf entfernt wird. Unsere Entität Run und die Beziehung zu den Koordinaten sollten dann so wie in Abbildung 12-4 aussehen.

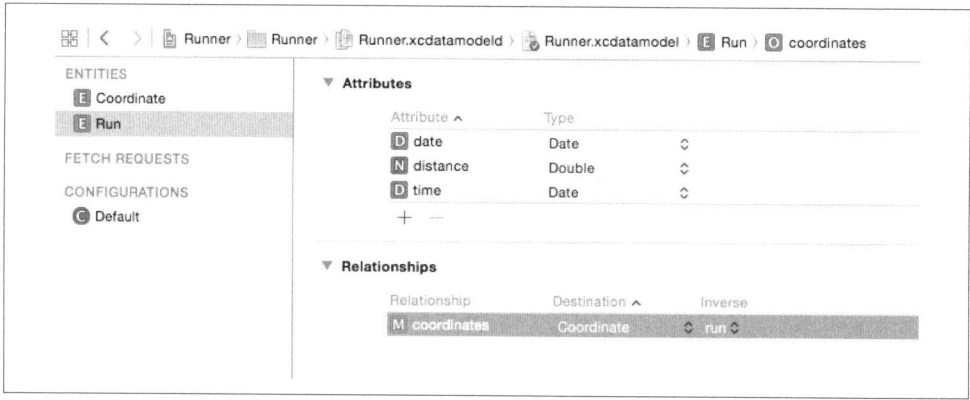

Abbildung 12-4: Übersicht der fertigen Run-Entität mit Relationship zu den Koordinaten

Folgende Regeln können Sie sich bezüglich der möglichen Werte für das Dropdown-Menü DELETE RULE einprägen (dabei ist das Objekt Alice das Hauptobjekt und ist vom

---

Typ Entität A, und sowohl Bob als auch Christian, die beide vom Typ Entität B sind, sind über eine Beziehung mit Alice verbunden):

No Action

Alice wird gelöscht, und weder bei Bob noch bei Christian wird die Beziehung zu Alice gelöscht. Beide sind also weiterhin mit ihr verbunden, auch wenn sie nicht mehr existiert.

Nullify

Alice wird gelöscht. Die Beziehungen von Bob und Christian zu Alice werden auf null gesetzt, und somit können beide ohne Alice weiterexistieren.

Cascade

Wenn Alice gelöscht wird, werden auch Bob und Christian gelöscht; der Löschvorgang wird also kaskadiert.

Deny

Solange Bob und Christian eine Beziehung haben, kann Alice nicht gelöscht werden. Erst wenn Bob und Christian entfernt wurden, kann Alice gelöscht werden.

Swift-Klassen generieren

Nachdem wir alle Entitäten erstellt haben, können wir Klassen für die Entitäten generieren, über die wir nachher typischer Objekte der Entitäten erstellen können. Hierfür müssen Sie sich weiterhin in der Modelldatei befinden. Klicken Sie im Xcode-Menü auf den Menüpunkt EDITOR, und wählen Sie dann CREATE NSMANAGEDOBJECT SUBCLASS aus. Es erscheint ein Dialog mit den Data Models, die zur Verfügung stehen. Da wir nur ein Datenmodell haben, stellen wir sicher, dass dieses selektiert ist, und klicken auf den NEXT-Button. Hier wählen wir jetzt alle Entitäten aus, für die eine Klasse erstellt werden soll. Für unser Projekt müssen Sie sicherstellen, dass hier alle Entitäten selektiert sind. Beim letzten Schritt suchen Sie sich den Speicherort für die Klassen aus, die normalerweise einfach mit in den Projektordner abgelegt werden. Achten Sie hierbei bitte darauf, dass Sie bei der Option LANGUAGE die Sprache Swift auswählen.

In unserem Projekt sollten sich jetzt zwei neue Dateien mit den Namen *Coordinate.swift* und *Run.swift* befinden. Wenn Sie eine der beiden Klassen inspizieren, werden Sie feststellen, dass alle Attribute als Property angelegt wurden. Den Variablennamen ist das Schlüsselwort *NSManaged* vorangestellt, das den Compiler darauf hinweist, dass die Implementierung der Getter und Setter zur Laufzeit erfolgen wird. Die Klasse selbst erbt von *NSManagedObject*, das der Basistyp für alle Core-Data-Objekte in einem *NSManagedObjectContext* bildet.

 Es ist nicht nötig, Klassen für Entitäten zu erzeugen, da es ausreicht, nur mit einem *NSManagedObject* zu arbeiten. Hierbei kommt das Key-Value-Prinzip zum Einsatz, um Daten lesen und schreiben zu können.

Dadurch ergibt sich aber auch ein großer Nachteil, denn Sie verlieren nicht nur die Typsicherheit, die Ihnen die Properties aus der erzeugten Klasse bieten; bei einem Refactoring der Attributnamen müssten Sie den Quellcode von Hand durchsuchen und die Namen an den entsprechenden Stellen selbstständig ändern.

Bevor wir unsere Klassen jedoch nutzen können, müssen wir in Core Data noch eine Veränderung vornehmen, die in Xcode 6.1 noch nicht automatisch umgesetzt wird. In Swift ist unser Programm ein eigenständiges Modul mit dem Namen Runner. Wenn wir später Daten aus Core Data abholen, weiß Core Data nicht, welche Klasse benutzt werden soll, um die Daten zu repräsentieren. Im schlimmsten Fall stürzt das Programm ab. Um dem entgegenzuwirken, öffnen wir wieder unseren Core Data Model Editor und wählen die Entität Coordinate. Im Utilities-Bereich unter dem Tab DATA MODEL INSPECTOR befindet sich ein Feld namens CLASS. In diesem steht aktuell der Name Coordinate. Der neue Name setzt sich zusammen aus dem Namen der App, der gleichzeitig der Modulname ist, und dem Namen der Entität. In unserem Beispielprojekt ergibt sich damit Runner.Coordinate als Name für das CLASS-Feld. Dasselbe Prinzip müssen Sie auch für die Entität Run anwenden, die als Class Runner.Run erhält. Es bleibt zu hoffen, dass Apple in einer späteren Xcode-Version eine elegantere Lösung für dieses Problem findet.

Sollten Sie eine Core-Data-Entitätsklasse verändern und gezwungen sein, die Klasse neu zu generieren, müssen Sie unbedingt vorher den Modulnamen bei CLASS inklusive des Punkts entfernen! Sollten Sie dies nicht tun, wird die Klasse mit falschen Klassen- und Dateinamen generiert! In späteren Xcode-Versionen nach 6.1 könnte dieses Verhalten behoben sein.

UI vorbereiten

Nachdem unser Datenmodell vorbereitet ist, erstellen wir im nächsten Schritt unsere UI im Storyboard. Öffnen Sie dieses, und deaktivieren Sie wieder SIZE CLASSES und das Autolayout im Utilities-Bereich des Storyboards. Bei der Entscheidung, in welches Display-Format das Storyboard umgewandelt wird, wählen Sie die Displaygröße des iPhones aus. Wenn Sie eine detailliertere Anleitung zum Deaktivieren dieser Eigenschaften benötigen, können Sie diese in Kapitel 5 im Abschnitt »Die ersten UI-Elemente hinzufügen« nochmals nachschlagen.

Sollten Sie das Erstellen der UI überspringen und lieber programmieren wollen, können Sie den Zwischenstand nach dem Erstellen der UI von unserer Internetseite herunterladen und ab der Implementierung des Programmcodes wieder einsteigen. Wir empfehlen Ihnen aber dennoch, zumindest die nachfolgenden Schritte zu lesen.

Laufübersichtzelle erstellen

Abbildung 12-5: Fertiges Layout für die Table-View-Zelle im Master View Controller

Die Übersicht über unsere Läufe wird der *Master View Controller* sein, der beim Start der App als Erster vom *Navigation Controller* angezeigt wird. Sollte man auf eine Zelle klicken, wird der *Detail View Controller* angezeigt, der später die Details zu unserem Lauf anzeigen soll. Im Moment benutzt der *Table View Controller* eine Standardzelle, die über ein Title Label verfügt. Da wir deutlich mehr Daten (so wie in Abbildung 12-5 zu sehen) anzeigen möchten, müssen wir den Style der Zelle auf CUSTOM ändern (siehe Abbildung 12-6). Diese Einstellung erhalten Sie, wenn Sie die Zelle im Master View Controller markieren und Sie im Utilities-Bereich im Tab ATTRIBUTE INSPECTOR das Dropdown-Menü STYLE öffnen.

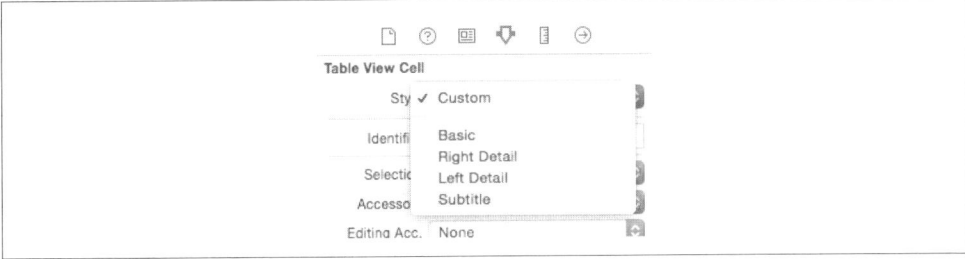

Abbildung 12-6: Auswahl der Zelle über die View-Hierarchieanzeige

 Sollten Sie Probleme haben, die Zelle zu selektieren, können Sie auch über die View-Hierarchieanzeige im Storyboard, wie in Abbildung 12-7 zu sehen, die Zelle auswählen.

Nach dem Umschalten verschwindet der Inhalt aus der Zelle, und wir können jetzt selbst Objekte aus der Object Library platzieren. Bevor wir dies aber tun, vergrößern wir zuerst die Zelle selbst, damit wir mehr Platz haben. Hierfür wechseln wir im Utilities-Bereich auf den Tab SIZE INSPECTOR, wobei die Zelle immer noch markiert sein muss. In dem Textfeld ROW HEIGHT tragen wir den Wert »76« ein und drücken die ⏎-Taste. Aber

Vorsicht! Der Table View unterscheidet zwischen statischen und prototypischen Zellen wie unserer. Der Wert der Höhe ist in unserem Fall nur zur Darstellung im Storyboard nötig, damit wir unsere UI-Elemente platzieren können. Die tatsächliche Höhe muss bei diesem Zellentyp über eine Delegate-Methode vom Table View zurückgegeben werden. Die Implementierung erledigen wir aber erst, nachdem wir unsere UI fertiggestellt haben.

Nachdem die Zelle vergrößert ist, ziehen wir jetzt drei Labels hinein. Sie können diese anordnen, wie Sie möchten, und je nach Geschmack größer und kleiner machen. Denken Sie aber daran, dass die Werte in den Labels variabel sind. Ziehen Sie sie entsprechend in die Länge, um genügend Platz bereitzustellen. Damit man besser erkennt, welche Daten später in dem Label stehen und wie die Formatierung aussehen soll, können Sie mit einem Doppelklick den Inhalt des Labels verändern. Gerne können Sie unsere Formatierungen und Beschriftungen nutzen, da diese auch im späteren Code verwendet werden. Sobald man eine *Custom Table View Cell* erstellt hat, benötigt man auch eine Klasse, die auf die UI-Elemente zugreifen kann. Zu diesem Zweck erstellen wir eine neue Klasse. Am schnellsten erreichen Sie dies mit der Tastenkombination ⌘+Ⓝ. Unter iOS befindet sich in der Kategorie SOURCE das Template *Swift File*. Nachdem Sie dieses gewählt haben, klicken Sie auf den NEXT-Button und geben der Datei im Speicherdialog den Namen RunCell. Die Dateierweiterung *.swift* wird dabei von Swift automatisch hinzugefügt. Die Datei ist leer, und wir fügen eine Klasse hinzu, die von der Klasse *UITableViewCell* erbt. Hierbei *muss* das UIKit Framework importiert werden. Unsere Klasse sollte dem Programmcode entsprechen, den Sie in Beispiel 12-1 sehen.

Beispiel 12-1: Leere Implementierung der RunCell-Klasse

```
import Foundation
import UIKit

class RunCell: UITableViewCell {

}
```

Wie in Kapitel 5 müssen wir wieder Outlets erstellen, damit wir auf die UI-Elemente zugreifen können. Bevor wir aber ein Outlet erstellen können, müssen wir der Table View Cell zuerst unsere neu erstellte Klasse zuweisen. Öffnen Sie hierfür wieder das Storyboard, und selektieren Sie die Zelle im Table View Controller. Im Utilities-Bereich befindet sich im Tab IDENTITY INSPECTOR ein Feld mit dem Namen CLASS, in dem wir über das Dropdown-Menü unsere RunCell auswählen können. Sollte die Auswahl die Klasse nicht anzeigen, haben Sie die Klasse RunCell nicht angelegt oder die Klasse erbt nicht von *UITableViewCell*. Im nächsten Schritt öffnen wir die Klasse und das Storyboard nebeneinander. Zur Erinnerung: Öffnen Sie das Storyboard mit einem Linksklick und die RunCell-Klasse mit gedrückter Ⓐⓛⓣ-Taste und einem Linksklick. Navigieren Sie in Ihrem Storyboard zu Ihrem Table View, so dass Sie ohne Problem die Outlets erstellen können (siehe Abbildung 12-7).

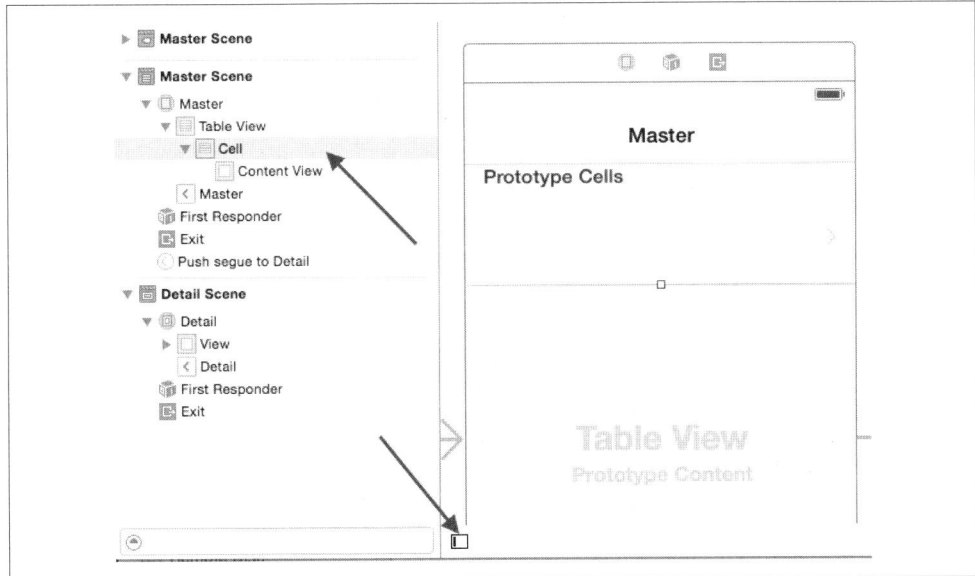

Abbildung 12-7: Auswahl des Views über die View-Hierarchieauswahl im Storyboard

Auch hier sei nochmals erwähnt, dass Sie mit gedrückter Ctrl-Taste und einem Linksklick eine Linie von dem UI-Element zur Klasse ziehen. Dabei helfen Ihnen Hilfslinien, die Property in der Klasse zu erstellen. Sobald Sie die Maustaste loslassen, öffnet sich wieder ein Kontextmenü, in dem Sie die Labelnamen eintragen. Abbildung 12-8 und Abbildung 12-9 demonstrieren diesen Vorgang.

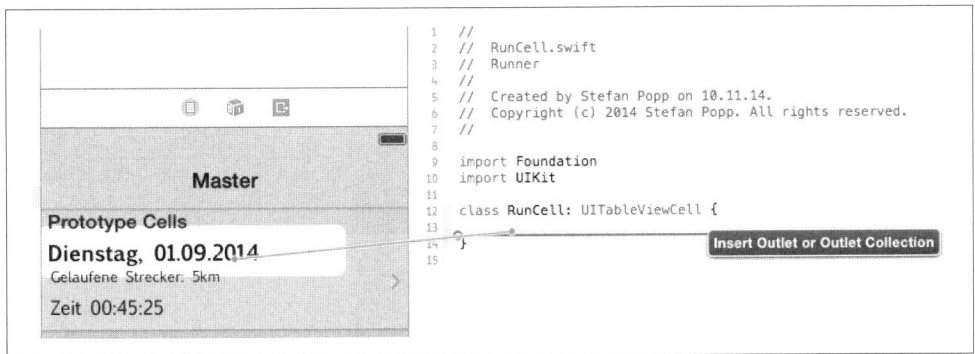

Abbildung 12-8: Erstellen des Outlets

Ausgehend von der Benennung und der Anordnung, die unsere Variante der Zelle in Abbildung 12-5 zeigt, ist das erste Element das dateLabel. Wichtig ist, dass es sich bei der Connection um ein Outlet handelt, da wir die Daten von dem Label verändern möchten. Dasselbe wiederholen wir für das Label, das direkt unter dem Datum steht und die Distanz darstellt. Dieses erhält den Namen distanceLabel mit denselben Eigenschaften wie das dateLabel. Das letzte Label soll die gelaufene Zeit angeben und wird von uns treffenderweise timeLabel genannt. Der Programmcode der Zelle sollte jetzt dem aus Beispiel 12-2 gleichen. Sollten Sie versehentlich ein Label falsch oder mit einem anderen verlinkt haben, was nicht selten vorkommt, so können Sie die Verbindung mit einem Rechtsklick auf das betroffene Label lösen. Hierbei wird ein kleiner Dialog mit den verbundenen Properties angezeigt. Mit einem Klick auf das X der falschen Verbindung wird diese gelöscht (siehe Abbildung 12-10). Sollten Sie später Labels entfernen wollen, können Sie diese einfach aus dem Storyboard löschen. Sie müssen vielleicht vorhandene Actions oder Outlets für diese UI-Elemente selbstständig löschen.

Beispiel 12-2: Die Klasse nach dem Hinzufügen der Outlets

```
import Foundation
import UIKit

class RunCell: UITableViewCell {

    @IBOutlet weak var dateLabel: UILabel!
    @IBOutlet weak var distanceLabel: UILabel!
    @IBOutlet weak var timeLabel: UILabel!

}
```

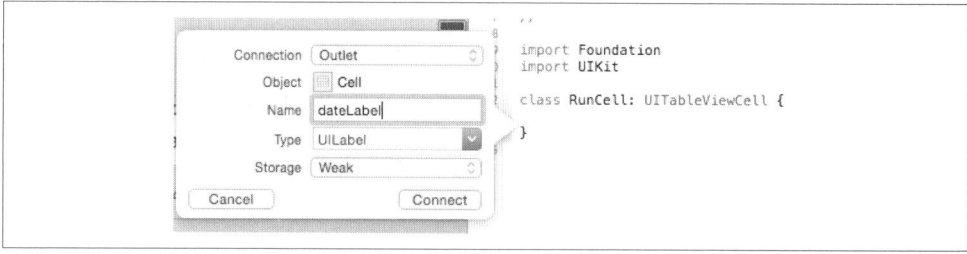

Abbildung 12-9: Eingabe der Daten für das dateLabel in der RunCell

Abbildung 12-10: Auflösung einer Outlet-Verbindung

 Sie müssen nicht zwingend ein Outlet von dem Element, das sich z.B. auf einem View Controller befindet, mit einem Click-and-Drag zur Klasse ziehen. Sie können dies auch aus der View-Hierarchieübersicht erledigen, was in vielen Fällen deutlich einfacher ist, ohne Elemente fälschlicherweise zu verschieben.

Laufdetails-View-Controller vorbereiten

In unserer App soll bei einem Klick auf eine RunCell der Navigation Controller den Detail View Controller anzeigen. Dieser bekommt das Objekt des entsprechenden Laufes übergeben und kann sich selbst anhand der Daten konfigurieren. In diesem Schritt bereiten wir die Elemente dieses View Controllers dafür vor. Wir löschen zuerst das Label, das sich in der Mitte des Detail View Controllers befindet. Zusätzlich ändern wir den Namen, der oben in der Navigationsleiste angezeigt wird. Dies machen wir durch einen Doppelklick auf den Namen DETAIL, der dann editierbar ist. Als Namen geben wir hier »Mein Lauf« ein. Wir fangen dann an, unsere eigenen Elemente zu platzieren, und orientieren uns dabei an Abbildung 12-11.

Abbildung 12-11: Detail View Controller in fertiger Gestaltung

Wir platzieren ganz oben ein Label, das das Datum des Laufes anzeigt. Darunter wird großflächig eine MapKit View angelegt, da diese die gelaufene Strecke anzeigen soll. Unter der MapKit View befinden sich auf der linken Seite zwei Labels, die die gelaufene Distanz und die benötigte Zeit anzeigen. Gegenüber zeigt ein Label die Durchschnittsgeschwindigkeit an. Der Text innerhalb der Label soll sich über die gesamte Breite erstrecken und rechts in ihnen ausgerichtet werden. Nachdem alle Elemente erzeugt sind, öffnen wir die Klasse *DetailViewController*. In ihr entfernen wir zunächst die alte Property für das Label *detailDescriptionLabel*. Außerdem entfernen wir die Property detailItem, die sich direkt unter dem gerade gelöschten Label befand. Im Anschluss leeren wir noch den Inhalt der configureView()-Methode, die wir später neu befüllen werden. Die Methodendefinition selbst soll aber noch erhalten bleiben. Xcode wird jetzt mit Sicherheit auch einen Fehler anzeigen, da einige Elemente gelöscht wurden, die an anderer Stelle benötigt werden. Diese Fehlermeldung interessiert uns aber erst mal nicht, da wir uns rein auf die Erstellung der UI konzentrieren.

Wir öffnen wieder unsere duale Ansicht, bei der sich links das Storyboard befindet und rechts die *DetailViewController*-Klasse. Für jedes Element erzeugen wir wieder ein Outlet. Wir beginnen zunächst mit allen Labels, damit wir die Elemente zur besseren Übersicht gruppieren. Wir beginnen von oben nach unten und erstellen die Outlets dateLabel, distanceLabel, timeLabel sowie avgSpeedLabel. Das Outlet für den Map View erzeugen wir ebenfalls und nennen es runOverviewMap. Die Anzeige des Detail View Controllers wird bis zur Einbindung des MapKit-Frameworks zu einem Absturz der App führen – im Moment ist die Anzeige aber noch nicht nötig. Die jeweiligen Simulatortests unserer Implementierung sollen vorerst nur die funktionstüchtigen View Controller anzeigen können.

Stoppuhr-Screen

Damit wir einen Lauf aufzeichnen können, benötigen wir einen eigenen View, der während des Laufes angezeigt werden soll. Dieser soll Livedaten sowie eine Stoppuhr mit der aktuell gelaufenen Zeit anzeigen (siehe Abbildung 12-12). Wir erstellen zuerst eine neue Swift-Klasse, die unseren View Controller repräsentiert. Die Klasse nennen wir *RunTimerViewController*. Sie importiert zunächst wieder das UIKit Framework. Danach definieren wir eine Klasse mit dem Namen *RunTimerViewController*, die von der Klasse *UIViewController* erbt. Die Klasse muss bis zum Hinzufügen der Outlets nicht mehr Inhalt haben, als in Beispiel 12-3 zu sehen ist.

Beispiel 12-3: RunTimerViewController, bevor Outlets hinzugefügt werden

```
import UIKit

class RunTimerViewController: UIViewController {

}
```

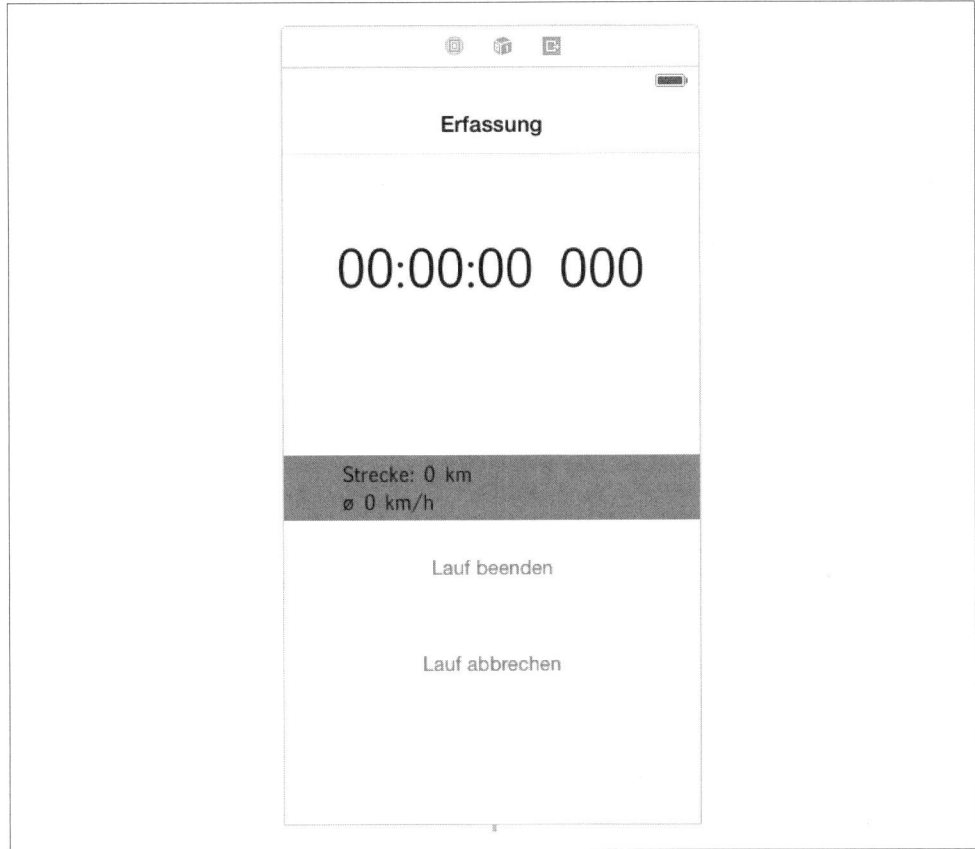

Abbildung 12-12: Darstellung des fertigen View Controllers für die Zeiterfassung

Zurück auf dem Storyboard, ziehen wir einen leeren View Controller auf das Board. Wir weisen als Basisklasse den *RunTimerViewController* bei dem CLASS-Feld im Utilities-Bereich zu. Im Anschluss erzeugen wir für jedes in Abbildung 12-12 gezeigte Element ein Outlet. Von oben nach unten betrachtet, haben wir ganz oben unsere Zeitanzeige, die etwas größer und mittig ausgerichtet angezeigt werden soll. Darunter befinden sich zwei Labels für die zurückgelegte Strecke und die aktuelle Durchschnittsgeschwindigkeit. Hinter dieser View befindet sich eine leere View, die einfach eingefärbt wurde, um die zwei Labels optisch hervorzuheben. Sie können dieses Element aber vorerst getrost ignorieren und müssen es weder anlegen noch ein Outlet dafür erzeugen. Unter den beiden Labels befinden sich noch zwei Buttons. Der erste Button soll den Lauf beenden, und der andere bricht ihn ab. Nachdem wir alle Elemente auf dem View Controller positioniert haben, legen wir die entsprechenden Outlets an. Ausgenommen sind dabei die zwei Buttons, für die wir nur eine Action benötigten. Den Labels geben wir (wieder von oben nach unten) die Namen `runTimeLabel`, `distanceLabel` und `avgSpeedLabel`. Die Actions werden ähnlich angelegt wie Outlets. Hierbei muss man beim Erstellen aber den CONNECTION TYPE von OUTLET auf ACTION ändern. Als Namen für die »Lauf beenden«-Action schreiben wir in das Feld NAME endRunTouched. Bei dem Dropdown-Menü TYPE wählen wir statt ANYOBJECT den UIBUTTON aus. Falls Sie aus irgendeinem Grund etwas an der Instanz, die die Action ausgelöst hat, verändern möchten, sparen Sie sich an dieser Stelle einen Cast zu einem UIButton. Der Action für den Abbruch geben wir den Namen cancelRunTouched. Auch hier wird der Typ auf UIBUTTON geändert. Zur Sicherheit vergleichen Sie den Inhalt Ihrer neu erzeugten Klassen mit dem von Beispiel 12-4.

Beispiel 12-4: Erzeugte Outlets und Actions im RunTimerViewController

```
class RunTimerViewController: UIViewController {

    @IBOutlet weak var runTimeLabel: UILabel!
    @IBOutlet weak var distanceLabel: UILabel!
    @IBOutlet weak var avgSpeedLabel: UILabel!

    @IBAction func endRunTouched(sender: UIButton) {

    }

    @IBAction func cancelRunTouched(sender: UIButton) {

    }
}
```

Vor den Methoden und Outlets von Interface-Builder-Elementen befinden sich die Schlüsselwörter **@IBAction** und **@IBOutlet**, die vom Interface Builder als Markierungen für Interface-Elemente genutzt werden. Würden Sie eines dieser Schlüsselwörter entfernen, könnte für die Methode oder für Outlets beim Laden oder Abarbeiten von Events keine Zuordnung der Elemente zwischen dem Interface Builder und dem Programmcode stattfinden. Haben Sie die Elemente im Interface Builder gelöscht, so können Sie sie beruhigt auch aus den entsprechenden Klassen entfernen.

Einen Hinzufügen-Button im Master View Controller erstellen: Damit ein neuer Lauf begonnen werden kann, benötigen wir einen Button, der diese Aktion auslöst. Für diesen Zweck suchen wir uns in der Object Library das *Bar Button Item* heraus, das wir rechts oben auf der Titelleiste der Navigation Bar des Master View Controllers platzieren. Hierbei erscheint in der Navigation Bar ein kleines abgerundetes Viereck (wie in Abbildung 12-13 zu sehen), das uns signalisiert, dass wir das Objekt an dieser Stelle ablegen können.

Nachdem wir den Button abgelegt haben, selektieren wir ihn, suchen im Attribute Inspector für dieses Element das Dropdown-Menü IDENTIFIER und ändern den Wert auf ADD. Dadurch erhalten wir ein schönes Plus-Symbol, das perfekt für die gewünschte Aufgabe passt. Abbildung 12-14 veranschaulicht unsere fertige Navigation Bar.

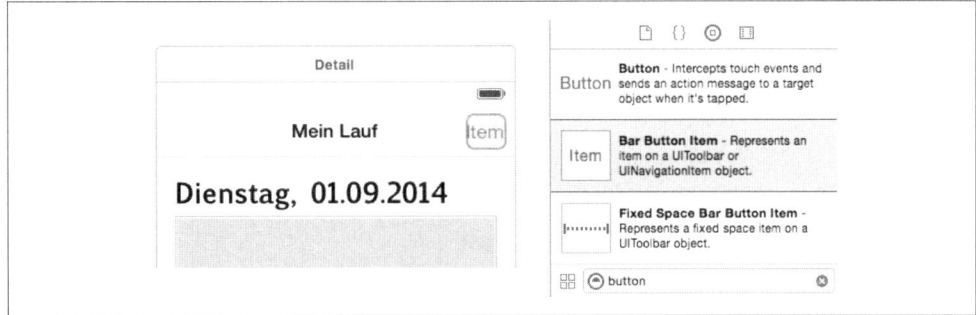

Abbildung 12-13: Ablegen des Bar Button Item in der Navigation Bar

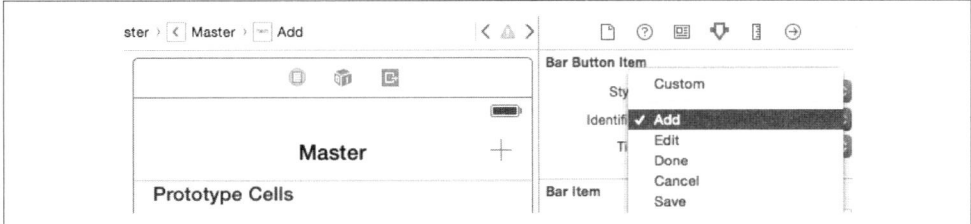

Abbildung 12-14: Navigation Bar des Master View Controllers mit dem Add-Button

Segues erstellen

Das Storyboard hat den großen Vorteil, dass man den Workflow einer App visualisieren kann, quasi als würden wir die App auf einem Flipchart mit Papier und Stift zeichnen. Damit das Storyboard den Workflow bzw. den Ablauf eines Programms darstellen kann, werden uns sogenannte Segues zur Verfügung gestellt. Der Segue (auf Deutsch *Übergang*) visualisiert in einem Storyboard Übergänge zwischen View Controllern, die durch den Touch auf einen Button, eine Zelle oder durch ein anderes visuelles Element ausgelöst werden können. Nicht selten kommt es vor, dass man einen Segue aus dem Programmcode heraus aufruft. Um einen solchen Segue zu erzeugen, zieht man ähnlich wie beim Erstellen eines Outlets mit gedrückter `Ctrl`- und linker Maustaste von einem UI-Element oder View Controller eine Linie zum nächsten View Controller, der dargestellt werden soll. Sollten Sie die Linie von einem Button aus starten, wird der Segue ausgelöst, sobald man diesen Button drückt. Startet die Linie von einem View Controller, so muss der Segue manuell über den Programmcode aufgerufen werden. Am leichtesten ist es, das gewünschte Element in der View-Hierarchie auszuwählen und von dort aus den gewünschten Segue zu erstellen. Damit wir einen Lauf aus unserer Laufübersicht starten können, haben wir bereits einen Plus-Button in der Navigation Bar hinzugefügt. Damit wir nun einen Übergang zwischen dem Master View Controller und dem RunTimer View Controller erzeugen können, ziehen wir in der View-Hierarchie des Storyboards eine Linie vom Add-Button zum RunTimer View Controller, wie in Abbildung 12-15 zu sehen ist.

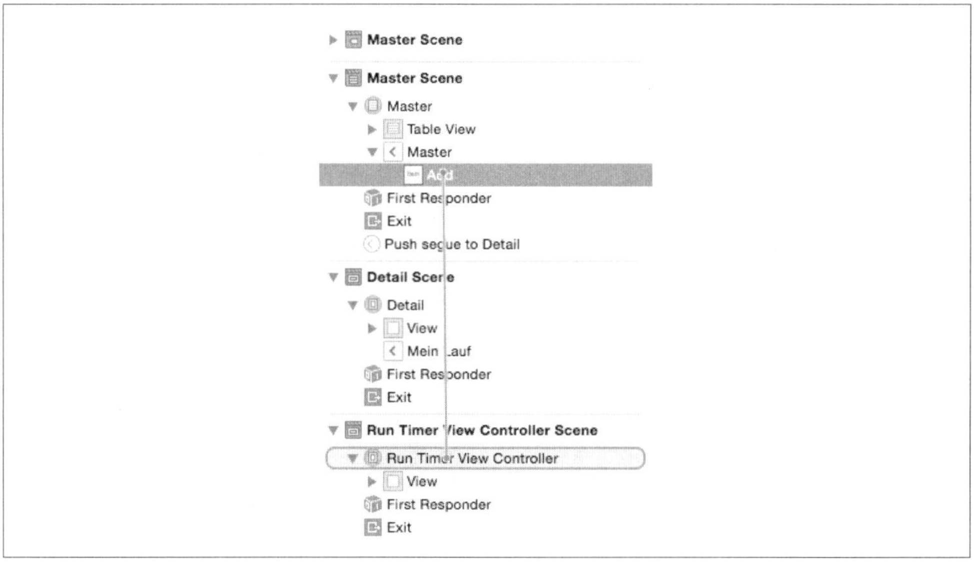

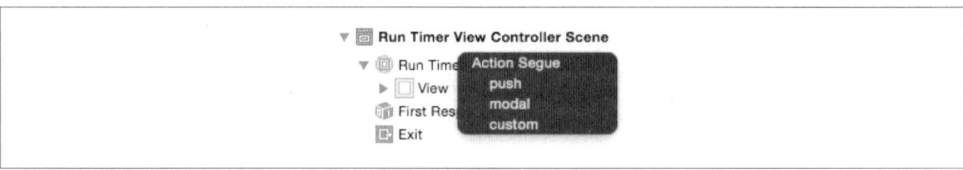

Abbildung 12-15: Erzeugen des Segues zwischen Master- und Run Timer View Controller

Sobald man die linke Maustaste loslässt, erscheint der kleine Dialog aus Abbildung 12-16. Mit diesem können wir die Art und Weise des Übergangs zum nächsten View Controller festlegen. Da wir den Run Timer auf unseren View Controller ablegen wollen, entscheiden wir uns für PUSH. Dies veranlasst den Navigation Controller dazu, einen Übergang zu gestalten, der den neuen View Controller von rechts hereinschiebt und den zuvor angezeigten View Controller nach links hinausschiebt. Dabei erscheint oben links in der Navigation Bar des neuen View Controllers ein Button, der zurück auf den alten Controller führt und auch dessen Namen trägt. Die Auswahl MODAL würde dazu führen, dass der View Controller als modales Fenster angezeigt wird. Die modale Darstellung kann man beeinflussen; in unserer App werden wir diesen Segue aber nicht verwenden und auch nicht weiter behandeln. Die Option REPLACE wird nur bei iPad-Projekten eingesetzt, die einen *UISplitViewController* nutzen, um den Inhalt des *Detail-* oder *Master View Controllers* auszutauschen.

 Auf dem iPhone 6+ ist auch eine Darstellung dieser Option mit dem *UISplitViewController* möglich. Dafür müssen aber die Autolayout-Funktionen und die Size Classes aktiviert sein.

Abbildung 12-16: Auswahl der Action eines Segues

Nachdem die Action festgelegt wurde, erscheint zwischen den beiden neu verbundenen View Controllern eine Linie. Deren Pfeil zeigt die Richtung von der Quelle zum Ziel an, und das Symbol in der Mitte stellt die Action dar, die vom Segue ausgeführt wird. Möchten Sie erfahren, von welchem Element der Segue ausgelöst wird, müssen Sie nur den gewünschten Segue anklicken. Das auslösende UI-Element wird dann im Storyboard hervorgehoben. Sowohl die Darstellung des Pfeils als auch die Hervorhebung zum Ursprung des Segues sehen Sie in Abbildung 12-17.

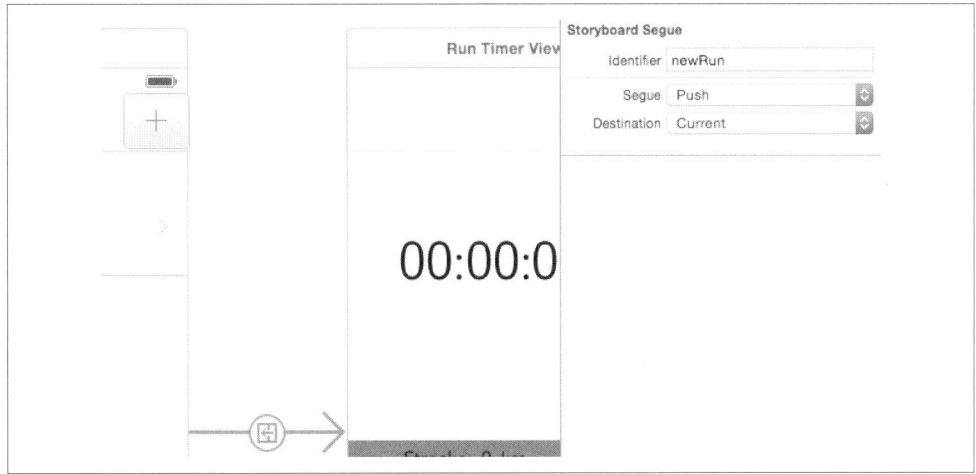

Abbildung 12-17: Erzeugter Segue mit Highlight des Elements, das diesen auslöst

Wir empfehlen, auch für nicht manuell ausgelöste Segues einen Namen zu definieren. Später kann man im Programmcode Segues abfangen und diese anhand des Namens identifizieren. Sie können den Segue selektieren und im Attribute Inspector den Namen im Feld IDENTIFIER eintragen. Für unseren gerade erstellten Segue lautet dieser »newRun«. Wenn wir später diesen Segue abfangen, übergeben wir dem Destination View Controller, in unserem Fall ist es der *RunTimerViewController*, unser Managed Object Context.

Zu guter Letzt benötigen wir noch einen Segue als Verbindung und Übergang zwischen unserem *RunTimer View Controller* und dem *Detail View Controller*. Diese Verbindung werden wir später nutzen, um nach dem Lauf direkt die Details des Laufes anzeigen zu können.

Hierfür ziehen wir wieder in unserer View-Hierarchie eine Linie von dem Button, um den Lauf zu beenden, zum Detail View Controller (siehe Abbildung 12-18). Als Action nutzen wir erneut PUSH. Wir geben dem Segue einen Namen und nennen ihn »showDetail«.

Wenn wir alles richtig gemacht haben, sollte unser View Controller so wie in Abbildung 12-19 aussehen, inklusive der Segues, die die View Controller miteinander verbindet. Beachten Sie bitte, dass wir die View Controller ein wenig umpositioniert haben, um die Segues besser darstellen zu können.

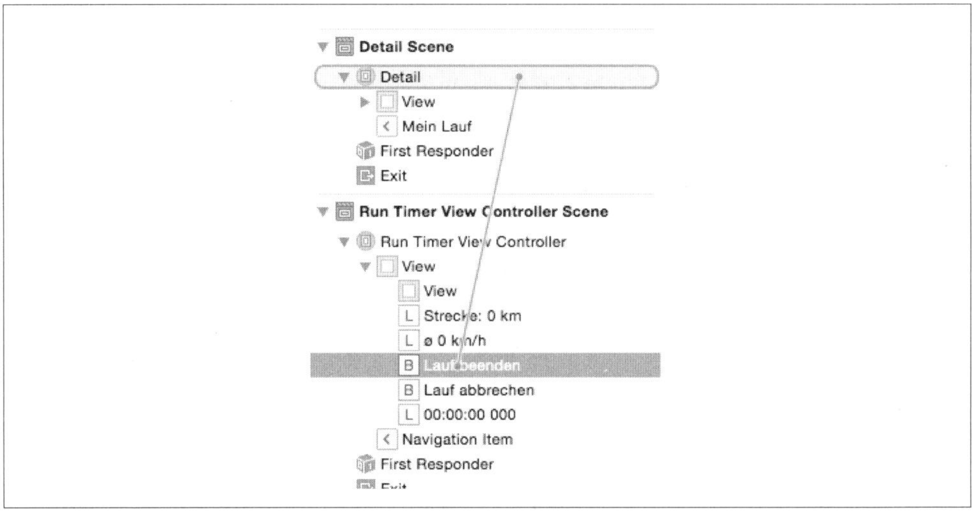

Abbildung 12-18: Segue zwischen dem Button und dem Detail View Controller erzeugen

Abbildung 12-19: Übersicht des fertigen Storyboards mit Segues

Es wird sicherlich häufiger Ärger mit dem Storyboard geben. Sollte die Fehlersuche erfolglos bleiben, können Sie den Zwischenstand, wie eingangs erwähnt, auch von unserem Blog herunterladen.

Nachdem wir die UI nach unseren Vorstellungen vorbereitet haben, können wir endlich den Programmcode modifizieren und erweitern, so dass wir bald erste Lauf- und Gehtests im Freien durchführen können.

Quellcode aufräumen

Zu Beginn dieses Kapitels haben wir das Datenmodell des Template-Projekts so stark verändert, dass das Programm jetzt nicht mehr kompilierbar ist. Dies war für uns auch vorerst nicht entscheidend, da wir prototypisch unsere UI und einen Workflow im Storyboard erstellen wollten. Damit wir unser Programm wieder starten können, werden wir seinen Programmcode ein wenig aufräumen und abändern, um ein gutes Grundgerüst für unsere Ideenumsetzung zu erhalten.

Wir öffnen zunächst die Datei *MasterViewController.swift*. In der Methode viewDid-Load() entfernen wir zuerst die folgenden zwei Zeilen, die einen HINZUFÜGEN-Button in der Navigation Bar der Laufübersicht erzeugen. Diesen haben wir mit unserem Storyboard schon selbst erzeugt.

```
let addButton = UIBarButtonItem(barButtonSystemItem: .Add, target: self, action:
"insertNewObject:")
self.navigationItem.rightBarButtonItem = addButton
```

Die Methode insertNewObject() können wir komplett entfernen, da wir sie im *RunTimerViewController* selbst implementieren werden. Als Nächstes entfernen wir in der Methode prepareForSegue() folgende Zeile:

```
(segue.destinationViewController as DetailViewController).detailItem = object
```

In der Datei *DetailViewController* fügen wir nach import UIKit die Zeile import MapKit ein.

Unsere App ist ab jetzt wieder kompilierbar, aber ein Start würde noch zu einem Absturz führen. Dies liegt daran, dass der *MainViewController*, der beim Start geladen wird, einen Fetch-Request mit den Entitätennamen und Attributen des alten Datenbankmodells ausführt. Da wir dieses aber geändert haben, kann Core Data mit dem Fetch-Request nichts anfangen und bricht das Programm mit einer Exception ab. Um dies zu verhindern, müssen wir unseren Code an die neuen Entitäten und Attribute anpassen.

Den Fetched Results Controller anpassen

Unsere Klasse *MainViewController* leitet sich von einem *UITableViewController* ab. Dieser beinhaltet einen Table View, der Zellen anzeigen kann. Diese Zellen haben einen Style, der verschiedene Attribute mit sich bringt. Möchte man hingegen sein eigenes Design verwenden, muss man eine Custom-Zelle benutzen, so wie wir dies bereits für unsere Laufübersicht getan haben.

Wie funktioniert ein Table View?

Damit ein Table View eine Zelle anzeigen kann, benötigt er zunächst einige Informationen. Unser *MainViewController* stellt hierfür einige Delegation-Methoden zur Verfügung, die vom *UITableView* angesprochen werden, wenn er Informationen zur Darstellung von Zellen benötigt. Dies kann z.B. die Abfrage der Höhe einer Zelle sein oder ein Methodenaufruf, der uns mitteilt, dass eine Zelle selektiert wurde. Diese Methoden werden von dem Protokoll *UITableViewDelegate* definiert. Die Daten werden über Methoden abgeholt, die in einem anderen Protokoll vom Table View definiert wurden. Dieses trägt den Namen *UITableViewDataSource*.

Das *UITableViewDataSource*-Protokoll fragt zunächst ab, wie viele Sektionen unser Table View hat. Danach fragt es, wie viele Zellen sich in jeder Sektion befinden. Sollten Daten vorhanden sein, wird eine Methode aufgerufen, die den Index Path der benötigten Zelle übergibt und eine Zelle zurückerwartet, die angezeigt werden kann. Der Index Path enthält hierfür die Property `row`, über die man erfahren kann, an welcher Position die Zelle aus einem Array oder einem anderen Container abgeholt werden soll. Der Wert ist als Index des benötigten Objekts zu verstehen und gehört selbstverständlich dem Datentyp *Int* an.

Wozu dient ein Fetched Result Controller?

Wie wir bereits gesagt haben, benötigen wir mindestens ein Array, das die Daten speichert, die später in den Zellen angezeigt werden sollen. Zur Anzeige übergibt uns der Table View einen Index, mit dem wir den entsprechenden Eintrag im Array identifizieren und zurückgeben. Neben einem Array gibt es viele andere Container-Typen, in denen Daten abgelegt werden können. Jedoch gibt es unter iOS mithilfe von Core Data weitere sehr ausgereifte Möglichkeiten, um die im Objektgraphen persistierten Daten strukturiert abzufragen. Ein *Fetch Result Controller* kann mit einem Fetch-Request Daten in einem von uns definierten *Managed Object Context* abfragen. Der Fetch-Request entscheidet dabei mithilfe des Entitätnamens, welche Daten abgeholt werden müssen. Dazu kann man bei Bedarf auch eine Sortierung vorgeben, Objekte mit einem Prädikat gezielt nach Kriterien filtern oder auch ein Limit für die abzuholenden Werte festlegen. Die Abfragemöglichkeiten entsprechen nicht nur denen einer klassischen Datenbank, sondern gehen weit über diese hinaus. Beispielsweise könnte unser Controller den Objektgraphen überwachen, um uns Änderungen mitzuteilen. Hierfür stellt der Fetched Result Controller ein Protokoll zur Verfügung, das wir implementieren können, um gezielt darüber informiert zu werden, welches Objekt sich geändert hat. Zusätzlich erhalten wir die Art der Veränderung, welche z.B. mitteilt, ob das Objekt gelöscht, verschoben, verändert oder neu erstellt wurde. Mit diesen Informationen können wir nun ganz gezielt Zellen in unserem Table View anhand des Index Path löschen, verändern, hinzufügen oder verschieben. All diese Funktionen werden von unserem Template zur Verfügung gestellt, damit wir uns selbst nicht darum kümmern müssen.

Zur weiteren Lektüre empfehlen wir die Delegation-Methoden im MasterViewController. Sehr interessant sind vor allem die Fetched-Result-Controller-Methoden am unteren Ende der Klasse.

Den Fetch-Request anpassen

Da unser Datenmodell nicht mehr passt, müssen wir den Fetch-Request für den *Fetch Result Controller* abändern. Dafür suchen wir die Computed Property var fetchedResultsController: NSFetchedResultsController {} in unserem Master View Controller. Nach wenigen Zeilen wird eine Konstante namens Entity deklariert. Bei dieser wird eine NSEntityDescription für den Entity-Namen Event erzeugt. Diesen ändern wir in den Namen Run ab, der unserer Entität für Läufe entspricht. Unsere Zeile sollte dann wie folgt aussehen:

```
NSEntityDescription.entityForName("Run", inManagedObjectContext: self.
managedObjectContext!)
```

Wenige Zeilen danach folgt die Definition eines Sort-Deskriptors, der eine Sortierung nach dem Attribut timeStamp definiert. Da wir kein Attribut timeStamp in unserer Entität Run haben, sondern dafür date nutzen, ändern wir dies entsprechend ab. Das Ergebnis dieser Änderung sollte dann NSSortDescriptor(key: "date", ascending: false) entsprechen.

Ab diesem Zeitpunkt kann unsere App wieder gestartet werden. Sie können bereits auf das Plus-Symbol drücken, was nach der Finalisierung unserer App den neuen Lauf starten wird, im Moment aber nur die vorbereitete Oberfläche anzeigt. Über den Button MASTER in der Navigation Bar kommen Sie auch auf die Übersicht zurück. Ein Druck auf den LAUF BEENDEN-Button kann jedoch zu einem Absturz führen, da auch diese Klasse noch nicht angepasst wurde.

 Der Fetch Result Controller cached seine Suchanfragen, daher sollten Sie den Simulator zurücksetzen, wenn Sie den Fetch Request anpassen. Es kann ggf. zu Abstürzen kommen wenn der Cache nicht mehr zum Datenmodell passt.

MOC übergeben und Core Data Framework einbinden

Bevor wir unsere Zellen im Master View Controller mit Daten füttern, benötigen wir zuerst einen Lauf, der gespeichert wird. Bevor dies aber möglich ist, müssen wir zuerst einige Veränderungen an unseren View Controllern vornehmen. Zuerst sorgen wir dafür, dass unser Managed Object Context (MOC) an alle View Controller übergeben wird, die diesen benötigen. Die beste Stelle, um dies zu tun, ist für uns die Methode **prepareForSegue()**, bei der wir gezielt prüfen können, ob der Segue **newRun** ausgeführt werden soll. Ist dies der Fall, setzen wir den MOC bei dem Destination View Controller, den wir in dem Segue-Objekt finden. Zuerst gehen wir in die Datei *RunTimerViewController.swift*. Da wir das Core Data Framework benutzen, müssen wir dieses zuerst importieren. Das ist in Swift spielend einfach mit dem Schlüsselwort **import**, gefolgt von dem Framework, das wir benötigen. Ganz oben in der Klasse, wo sich bereits der Import für UIKit befindet, fügen wir in der nächsten Zeile **import CoreData** hinzu. Für unser MOC-Objekt benötigen wir zusätzlich noch eine Property, die wir nach unseren Labels definieren. Wir ergänzen diese um die folgende Zeile:

```
var managedObjectContext: NSManagedObjectContext? = nil
```

Der Managed Object Context ist hier optional deklariert, da wir nicht garantieren können, dass bei der Instanziierung des View Controllers das Objekt gesetzt oder initialisiert werden kann.

Im Master View Controller müssen wir jetzt auch in der Methode **prepareForSegue()** dafür sorgen, dass der MOC gesetzt wird, sobald dieser ausgelöst wird. In dieser Methode befindet sich bereits eine Kontrollstruktur, die den Identifier eines Segues vergleicht. Wir ersetzen die Bedingung aber nicht einfach, da der »showDetail«-Segue von uns später benötigt wird, um den Detail View Controller eines abgeschlossenen Laufes anzuzeigen. Unsere angepasste Kontrollstruktur sollte wie folgt aussehen:

```
if segue.identifier == "showDetail" {
    if let indexPath = self.tableView.indexPathForSelectedRow() {
        let object = self.fetchedResultsController.objectAtIndexPath(indexPath)
            as NSManagedObject
    }
} else if segue.identifier == "newRun" {
    var vc = segue.destinationViewController as RunTimerViewController
    vc.managedObjectContext = managedObjectContext
}
```

Hier überprüfen wir in einer weiteren Verzweigung, ob der Identifier **"newRun"** entspricht. Trifft dies zu, extrahieren wir den Destination View Controller aus dem Segue und weisen ihn einer Variable zu. Da der Typ der Property destinationViewController von dem Segue-Objekt der Klasse *UIViewController* entspricht, weiß Swift zu diesem Zeitpunkt nicht, dass es sich um den *RunTimerViewController* handeln wird. Daher müssen wir beim Zuweisen der Variable einen Type Cast zu unserer gewünschten Klasse durchführen. Nach dem Cast können wir auf die Property managedObjectContext zugreifen und weisen dieser den Wert der gleichnamigen Property aus der *MainViewController*-Klasse zu.

Die Run-Entität erstellen und speichern

Sobald wir einen neuen Lauf auf unserer Laufübersicht erstellen, muss ein Managed Object der Entität Run erstellt werden. Sobald ein Lauf beendet wird, muss dieses gespeichert und bei einem Abbruch aus dem MOC gelöscht werden. Wir wechseln zunächst wieder in unsere *RunTimerViewController*-Klasse und erzeugen direkt unter unserer zuvor geschriebenen Property für den MOC eine Variable runItem vom Optional-Datentyp Run?. Für eine bessere Übersicht mit ein bis zwei Leerzeilen Abstand überschreiben wir die viewDidLoad()-Methode des *UIViewController*. Wir schreiben viewDidLoad und wählen diese Methode in der Auswahlliste der Autocompletion aus. Dabei wird gleich die passende Methodendeklaration zum Überschreiben der Methode aus der Vaterklasse eingefügt. Unser erster Befehl ist der Aufruf der viewDidLoad()-Methode in der Parent-Klasse.

Der UIViewController hat einen View Lifecycle, dessen Methoden Sie überschreiben können. Diese werden u.a. beim Erstellen eines View Controllers aufgerufen – vor der Anzeige, vor dem Verschwinden oder auch, wenn dieser gerade präsentiert wird. Hier folgt eine kleine Liste von Methoden, die dabei sehr häufig überschrieben werden:

```
viewDidLoad()
viewWillAppear(animated: Bool)
viewDidAppear(animated: Bool)
viewWillDisappear(animated: Bool)
viewDidDisappear(animated: Bool)
```

Danach erzeugen wir ein Managed Object mit der Entität Run. Dabei nutzen wir die statische Methode `insertNewObjectForEntityForName()`, die sich in der Klasse `NSEntityDescription` befindet. Dieser Methode übergeben wir zuerst den Namen der gewünschten Entität sowie unseren MOC. Dafür nutzen wir unseren in der Klasse gespeicherten MOC. Dieser muss unwrapped werden, da die Methode kein `NSManagedObject`-Optional wie von uns deklariert in der `RunTimerViewController`-Klasse akzeptiert. Als Rückgabewert erhalten wir ein `NSManagedObject`-Optional, das wir aber passend zu unserer erzeugten Core-Data-Klasse Run typecasten.

Unser vorläufiger Programmcode unterhalb der Property für den MOC sollte nun wie folgt aussehen:

```
var runItem: Run?

override func viewDidLoad() {
    super.viewDidLoad()
    runItem = NSEntityDescription.insertNewObjectForEntityForName("Run",
inManagedObjectContext: managedObjectContext!) as? Run;
}
```

In die Methode `endRunTouched()`, die wir beim Erstellen des UI erzeugt haben, fügen wir die folgenden Zeilen ein, die dafür sorgen, dass das `runItem` beim Beenden gespeichert wird:

```
var error: NSError? = nil
if !managedObjectContext!.save(&error) {
    NSLog("%@", error!)
}
```

Die Variable error vom Typ `NSError`-Optional wird dabei an die save()-Methode übergeben. Sollte das Speichern aus irgendeinem Grund fehlschlagen, wird die entsprechende Information in dem Error-Objekt abgelegt und kann von uns ausgewertet werden. Für unser Beispielprojekt geben wir einfach das Fehlerobjekt aus. Zu guter Letzt müssen wir noch dafür sorgen, dass das erzeugte Managed Object gelöscht wird, falls ein Lauf abgebrochen wird. Hierfür fügen wir ebenfalls die folgenden Zeilen in die Methode cancelRunTouched() ein:

```
managedObjectContext?.deleteObject(runItem!)
var error: NSError? = nil
```

```
if !managedObjectContext!.save(&error) {
    NSLog("%@", error!)
}
navigationController?.popViewControllerAnimated(true)
```

Der MOC stellt uns eine Methode deleteObject() zur Verfügung, der wir ein Managed Object übergeben, das gelöscht werden soll – in unserem Fall das von uns erzeugte **runItem**. Anschließend speichern wir das Ganze. Da unsere App einen Navigation Controller für die Navigation zwischen unseren View Controllern nutzt, müssen wir veranlassen, dass wir wieder auf unsere Laufübersicht kommen. Dafür rufen wir die Methode popViewController() der Property navigationController auf, die einen *UINavigation-Controller* enthält. Dieser Controller ist nur verfügbar, wenn unser View Controller von einem UINavigationController angezeigt und verwaltet wird. Vielleicht haben Sie sich bereits beim Erstellen des UI gefragt, warum wir sowohl einen Segue als auch eine Action für das Beenden des Laufes definiert haben. Dies hat den Vorteil, dass zuerst der Programmcode der Methode ausgeführt wird, was uns die Chance gibt, Aufräum- oder Speicherprozesse auszuführen, bevor der Segue uns auf den nächsten View Controller leitet. Natürlich könnten wir dies auch in die **prepareForSegue()**-Methode aufnehmen – beide Möglichkeiten zu kennen schadet aber mit Sicherheit nicht.

Bevor wir die letzte kleine Änderung durchführen und einen Produktivtest machen, öffnen wir die Klasse unserer Run-Entität, die sich in der *Run.swift*-Datei befindet. In dieser möchten wir dafür sorgen, dass für die Attribute date und time ein Wert festgelegt wird, sobald man ein Managed Object dieser Entität erstellt. Dies kann z. B. dann nützlich sein, wenn man keine optionalen Werte für diese Attribute erlaubt, wie wir es in unserem Modell tun. Wir möchten diese Daten erst zur Laufzeit definieren. Wir überschreiben hierfür die Methode awakeFromInsert des NSManagedObject. Wie auch beim Überschreiben der viewDidLoad nutzen wir die Autovervollständigung, um uns Tipparbeit zu ersparen. Diese Methode wird dann aufgerufen, sobald ein Objekt zum ersten Mal in einen Managed Object Context eingefügt wird. Das ist der perfekte Zeitpunkt für uns, um einigen Attributen Werte zuzuweisen. Dabei füllen wir das Attribut date und das Attribut time jeweils mit einem Objekt der Klasse NSDate, was die Attribute automatisch auf das aktuelle Datum setzt. Die fertige Methode für die Run-Klasse sieht dann wie folgt aus:

```
override func awakeFromInsert() {
    super.awakeFromInsert()
    date = NSDate()
    time = NSDate()
}
```

Sollten Sie die App jetzt starten, einen Lauf erstellen und auf BEENDEN drücken, stürzt die App warscheinlich noch ab oder zeigt ein falsches Verhalten bei der Darstellung von Objekten. Dies liegt daran, dass Zellen in unserer Laufübersicht mit Werten konfiguriert wurden, die in unserem Managed Object nicht existieren. Um dies zu vermeiden, öffnen wir erneut den Master View Controller. Suchen Sie die Methode **configureCell()**. In dieser löschen Sie die Zeile:

```
cell.textLabel.text = object.valueForKey("timeStamp")!.description
```

Hierdurch vermeiden wir den Aufruf von Attributen, die in unserem Modell nicht mehr existieren. Wir nutzen an dieser Stelle auch gleich die Chance, die Höhe unserer Table-View-Zelle festzulegen. Wir erinnern uns daran, dass wir beim Erstellen der UI zuvor einen Wert im Storyboard eingetragen haben, der aber nicht relevant für prototypische Zellen ist. Damit die Zelle die richtige Höhe annimmt, fügen wir die folgende Methode in unserem Main View Controller ein. Diese liefert beim Aufruf des Table View den Höhenwert der Zelle zurück.

```
override func tableView(tableView: UITableView, heightForRowAtIndexPath indexPath:
NSIndexPath) -> CGFloat {
        return 76.0
    }
```

Timer erstellen und Zeit formatieren

Sobald ein Lauf angelegt wird, müssen wir die Uhr unseres *RunTimerViewControllers* starten. Wir merken uns hierfür das Startdatum, das wir nutzen, um ständig die Stoppuhr der UI zu aktualisieren. Hierfür nutzen wir die Differenz der aktuellen Zeit vom Startdatum. Wir öffnen zunächst unseren RunTimerViewController. Wir benötigen zwei Variablen, wobei eine ein *unwrapped* NSDate-Optional und die andere ein *unwrapped* NSTimer-Optional sein wird. Wir deklarieren folgende Zeilen unter unserer runItem-Variable:

```
var runTimer: NSTimer!
var startTime: NSDate!
```

Ein NSTimer kann nach einem festgelegten Intervall eine von uns definierte Methode aufrufen. Dabei kann man sich auch entscheiden, dass dieser Aufruf regelmäßig mit dem Intervall wiederholt wird. Dies ist für uns natürlich sehr nützlich, weil wir regelmäßig die Zeitanzeige aktualisieren möchten. Wir definieren zuerst eine Methode, die von unserem Timer aufgerufen werden soll. Später benötigen wir auch eine Methode, um den Timer zu stoppen und zu löschen. Sollten wir dies nicht tun und der View Controller verschwindet, kann es sein, dass der Timer weiterhin läuft und eine Methode bei einem nicht mehr existenten View Controller aufruft. Dies führt unweigerlich zu einem Absturz der Applikation! Wir schreiben folgende Methoden in unseren RunTimerViewController, die wir gleich Stück für Stück befüllen:

```
func updateTimer() {

}

func cancelTimer() {

}
```

Zunächst sorgen wir aber dafür, dass sowohl die Startzeit als auch der Timer erstellt und in den jeweiligen Properties gespeichert werden. Wir überschreiben dazu die viewDidAppear()-Methode analog zum Vorgehen in der viewDidLoad()-Methode. Achten Sie dabei wieder darauf, dass Sie die `viewDidAppear()`-Methode der Vaterklasse aufrufen. Der vorläufige Programmcode der Methode sieht so aus:

```
override func viewDidAppear(animated: Bool) {
    super.viewDidAppear(animated)
    startTime = NSDate()
    runTimer = NSTimer.scheduledTimerWithTimeInterval(1.0/25.0, target:self, selector:
"updateTimer", userInfo: nil, repeats: true)
    runItem?.date = startTime

    var error: NSError? = nil
    if !managedObjectContext!.save(&error) {
        NSLog("%@", error!)
    }
}
```

Die Property `startTime` weisen wir das aktuelle Datum zu, weil sich das `NSDate()`-Objekt mit dem aktuellen Datum und der aktuellen Uhrzeit instanziiert. Danach erstellen wir einen Timer mithilfe der statischen Methode `scheduledTimerWithTimeInterval` der NSTimer-Klasse. Dabei erwartet diese als ersten Parameter das Aufrufintervall in Sekunden – wir entscheiden uns hier für 0,04 Sekunden. Als Nächstes müssen wir definieren, in welchem Objekt sich die aufzurufene Methode befindet. Dies ist in unserem Falle `self`, gefolgt von dem Namen der Methode `updateTimer` als String beim Parameter `selector`. Wir können optional noch Daten über den Parameter `userInfo` bei jedem Aufruf mitgeben. Da dies aber nicht nötig ist, unterbinden wir es durch die Übergabe von `nil`. Der letzte Parameter, `repeats`, sorgt bei der Übergabe von `true` dafür, dass der Timer mit unserem festgelegten Intervall immer wieder aufgerufen wird, bis wir den Timer stoppen.

Damit wir den Timer stoppen können, erweitern wir unsere zuvor definierte Methode `cancelTimer()` um folgende Zeilen Code, die wir aufrufen können, um den Timer zu beenden (unter anderen beim Abbruch des Laufes oder beim Beenden der App):

```
func cancelTimer() {
    runTimer.invalidate()
    runTimer = nil
}
```

Damit unsere Zeitanzeige die richtige Zeit präsentiert, benötigen wir für unsere `updateTimer()`-Methode die Berechnung der Differenz seit dem Start des Timers. Hierfür schreiben wir uns eine eigene Methode, die wir später auch wiederverwenden können:

```
func runnedTime() -> NSDate {
    let currentDate = NSDate()
    let elapsedTime = currentDate.timeIntervalSinceDate(startTime)
    return NSDate(timeIntervalSinceReferenceDate: elapsedTime)
}
```

Dazu implementieren wir die Methode `runnedTime()`, die ein `NSDate` zurückliefert. Da uns die Differenz interessiert, benötigen wir die aktuelle Zeit, die wir in `currentDate` speichern. Wir lassen uns dann die Differenz aus dem Datum `currentDate` zur `startTime` errechnen und speichern dieses Objekt in der Konstante `elapsedTime`. Diese liefert uns statt eines NSDate aber einen Double-Wert in Sekunden. Da wir aber ein NSDate für unsere spätere Formatierung benötigen, erstellen wir ein neues NSDate-Objekt, das mit dem Konstruktor timeIntervalSinceReferenceDate instanziiert wird und die Differenz in Sekunden entgegennimmt, um ein neues Datum zu errechnen.

Die updateTimer()-Methode erhält jetzt folgenden Programmcode zur Berechnung, Formatierung und Darstellung der Zeit:

```
func updateTimer() {
    // runnedTime()
    let time = runnedTime()
    // Zeit formatieren
    let dateFormatter = NSDateFormatter()
    dateFormatter.dateFormat = "HH:mm:ss SSS"
    // Zeitzone ignorieren
    dateFormatter.timeZone = NSTimeZone(forSecondsFromGMT: 0)
    // Label updaten
    runTimeLabel.text = dateFormatter.stringFromDate(time)
}
```

Zunächst rufen wir unsere gerade implementierte runnedTime()-Methode auf, um die Zeitdifferenz zu erhalten. Danach formatieren wir die Zeit mit einem NSDateFormatter(). Wir erstellen eine Instanz dieser Klasse und definieren in der Property dateFormat das gewünschte Format. In der Dokumentation des NSDateFormatter findet man einen entsprechenden Link für die verschiedenen Optionen des Platzhalters. Wir möchten mit unserem Platzhalter die Stunden im 24-Stunden-Format anzeigen, wobei die Minuten, Sekunden und Millisekunden jeweils durch einen Doppelpunkt getrennt werden sollen. Da iOS beim Formatieren Ihre aktuelle Zeitzone berücksichtigt, müssen wir dieses Verhalten unterbinden, indem wir die Zeitzone beim NSDateFormatter auf *GMT* stellen. Dazu instanziieren wir ein Objekt der NSTimeZone-Klasse mit dem Konstruktor forSecondsFromGMT mit dem Wert 0. Im Anschluss erzeugen wir unseren formatierten String, indem wir die Methode stringFromDate auf dem dateFormatter-Objekt aufrufen. Dabei übergeben wir als Parameter das zuvor berechnete Datum vom Methodenaufruf runnedTime().

Die Methode runnedTime() benötigen wir außerdem beim Beenden des Laufes. Bisher wird die Gesamtlaufzeit noch nicht beim Aufruf der Action endRunTouched() gespeichert. Wir fügen zu diesem Zweck die Zeile runItem?.time = runnedTime() über der Deklaration des NSError-Optional ein.

Den Aufruf der cancelTimer()-Methode fügen wir an das Ende der endRunTouched()- und der cancelRunTouched()-Methode an. Achten Sie aber bitte darauf, dass der Aufruf in der cancelRunTouched()-Methode vor der Zeile navigationController?.popViewController-Animated(true) erfolgt. Da wir jetzt die Zeit formatiert haben, ist es an der Zeit für einen weiteren Test. Die Stoppuhr sollte jetzt fleißig hochzählen, und die UI sollte sich mit dem neuen Zeitwert aktualisieren.

KAPITEL 13

Die App um GPS erweitern

Gerade dadurch, dass unsere Geräte heutzutage voller intelligenter Sensoren stecken, haben wir eine wahnsinnige Bandbreite an Möglichkeiten, unsere Umgebung zu erfassen. Eine der schönsten Möglichkeiten ist dabei die Erfassung der aktuellen Position. Besonders Freizeitaktivitäten oder die Fahrt von A nach B profitieren von der Möglichkeit, die eigene Position zu bestimmen. Auch unsere Beispiel-App kann durch diese Technologien profitieren, denn über eine spätere Visualisierung der gelaufenen Strecke in Ihrer App freut sich der Läufer oder Wanderer.

GPS-Koordinaten integrieren

Unsere App soll für den Benutzer nicht nur die Zeit, sondern auch den Weg messen, den er zurückgelegt hat. Mit diesen beiden Werten, die wir permanent bekommen, können wir unter anderem die zurückgelegte Strecke oder auch die Durchschnittsgeschwindigkeit errechnen und anzeigen.

Damit wir GPS-Daten nutzen können, müssen wir an unserem Projekt einige Änderungen durchführen, die Apple seit iOS 7 für Entwickler maximal unangenehm gestaltet hat. Was früher noch mit einem Aufruf erledigt war, ist heute umständlicher denn je. Zunächst müssen wir die Datei *Info.plist* in unserem Projekt finden. Diese Datei befindet sich normalerweise in dem Ordner *Supporting Files*. Die *Info.plist*-Datei ist eine Property List, die als Quellcode eine XML-Datei ist. In dieser Datei können wir Elemente vom Typ *Bool*, *String*, *Array* oder *Dictionary* erzeugen. Damit wir die aktuellen Koordinaten mit dem *CoreLocation Manager* erhalten, benötigen wir in dieser Datei einen neuen Eintrag. Dazu stellen Sie bitte sicher, dass kein Eintrag markiert ist. Klicken Sie dann mit der rechten Maustaste auf die weiße Fläche unterhalb der bereits bestehenden Dokumente oder auf den obersten Eintrag, Information Property List, und klicken Sie auf ADD ROW, wie in Abbildung 13-1 zu sehen ist.

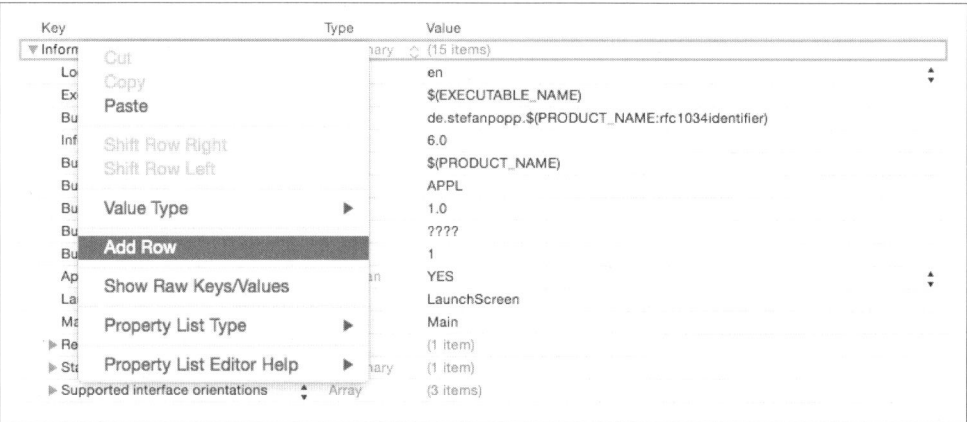

Abbildung 13-1: Hinzufügen einer Zeile in der »Info.plist«-Datei

Im Anschluss erscheint eine neue Zeile, und ein Dropdown-Menü mit einer Auswahl verschiedener Optionen wird sichtbar. Da unsere Option aber nicht vorhanden ist, tragen wir manuell den Schlüssel *NSLocationWhenInUseUsageDescription* ein. Der Typ muss auf *String* gestellt sein, und unter *Value* tragen wir einen Text ein, der angezeigt werden soll, sobald der Nutzer gefragt wird, ob er den Zugriff auf sein GPS erlauben möchte. Der fertige Eintrag sollte dem aus Abbildung 13-2 gleichen.

▼ Information Property List	Dictionary	(16 items)
NSLocationWhenInUseUsageDescription	String	Ich möchte dich tracken
Localization native development region	String	en
Executable file	String	$(EXECUTABLE_NAME)

Abbildung 13-2: Erstellter Eintrag in »Info.plist«, um GPS-Zugriff zu erhalten

Anschließend wechseln wir in den *RunTimerViewController* und fügen zu unseren Imports von Frameworks die Zeile `import CoreLocation` hinzu. Dies importiert alle wichtigen Klassen, um sowohl mit Koordinaten als auch mit Kompassdaten arbeiten zu können. Für unseren Lauf genügen aber die normalen Positionsdaten des Läufers.

Neben dem Import des Frameworks benötigen wir eine Property, in der wir unseren CoreLocation Location Manager speichern können. Da wir uns später zur Berechnung der zurückgelegten Strecke die letzte Position merken müssen, legen wir gleichzeitig auch eine Property für diese Position mit dem Namen `lastLocation` an. Eine weitere Property mit dem Namen `runnedMeters` vom Typ Double soll die zurückgelegte Strecke in Metern erhalten. Wir ergänzen unsere Properties der Klasse um die folgenden Zeilen:

```
var locationManager: CLLocationManager!
var lastLocation: CLLocation!
var runnedMeters: Double = 0.0
```

Wie man bei der Deklaration bereits erkennen kann, sind sowohl der Location Manager als auch die letzte Location als unwrapped Optionals definiert. Die runnedMeters werden standardmäßig mit 0.0 Meter initialisiert.

In unserer bereits überschriebenen viewDidLoad()-Methode werden wir nach dem Erstellen unserer Run-Entität den CLLocationManager instanziieren und konfigurieren. Hierzu fügen wir die folgenden Zeilen in die Methode ein:

```
locationManager = CLLocationManager()
locationManager.requestWhenInUseAuthorization()
locationManager.delegate = self
locationManager.distanceFilter = 10.0
locationManager.startUpdatingLocation()
```

Nachdem der Manager instanziiert wurde, wird er so konfiguriert, dass der Benutzer gefragt wird, ob er das Tracking erlaubt, sobald der Location Manager starten möchte. Da der Location Manager seine Daten via Delegation mitteilt, müssen wir diesem als Delegate-Objekt uns selbst übergeben. Der Distance Filter kann für die Genauigkeit des GPS-Signals genutzt werden. Für Testzwecke haben wir uns entschieden, dass Updates erst alle 10 Meter notwendig sind. Mit dem Aufruf der startUpdatingLocation()-Methode wird der Manager gestartet, und nach Erhalt der Benutzererlaubnis bekommen wir Daten vom GPS des iPhones.

Bereits nachdem wir uns selbst als Delegate beim locationManager hinterlegt haben, erzeugt Xcode einen Fehler, der uns darauf hinweist, dass wir nicht konform zu dem CLLocationManagerDelegate sind. Damit wir dies nachholen können, schreiben wir hinter die vererbte Klasse, durch ein Komma getrennt, den Protokollnamen, so dass unsere Klassendefinition wie folgt aussieht:

```
class RunTimerViewController: UIViewController, CLLocationManagerDelegate
```

Da einige von unseren Lesern die App nur im Simulator testen können, bietet Apple die Möglichkeit, die aktuelle Position zu simulieren. Dies werden wir auch demonstrieren, sobald unser Code so weit testbar ist, dass es sich auch für Sie lohnt, diese Option zu nutzen.

GPS-Koordinaten persistieren

Sobald der locationManager über die Delegation die Methode didUpdateLocation bei unserem RunTimerViewController aufruft, erzeugen wir eine neue Entität der Koordinate und persistieren diese mithilfe von Core Data. Dabei möchten wir natürlich sicherstellen, dass diese auch mit dem entsprechenden Lauf verbunden ist.

Zunächst integrieren wir die Methode aus Beispiel 13-1 in unseren *RunTimerViewController*, bevor wir uns diesen im Detail ansehen werden.

Beispiel 13-1: GPS-Koordinaten persistieren

```
func locationManager(manager: CLLocationManager!, didUpdateLocations locations: [AnyObject]!)
{
    //  Letzte Position aus locations extrahieren
    let location: CLLocation? = locations.last as? CLLocation
    // Abbrechen, wenn keine Location vorhanden ist
    if (location == nil) {
        return
    }
    // Neues Managed Object erstellen
    let coordinate: Coordinate = NSEntityDescription.
    insertNewObjectForEntityForName("Coordinate", inManagedObjectContext:
    managedObjectContext!) as Coordinate
    // Daten aus der Location dem Managed Object zuweisen
    coordinate.latitude = location!.coordinate.latitude
    coordinate.longitude = location!.coordinate.longitude
    coordinate.time = NSDate()
    coordinate.run = runItem!
    // MOC speichern
    var error: NSError? = nil
    if !managedObjectContext!.save(&error) {
        NSLog("%@", error!)
    }
    // Gelaufene Meter berechnen
    if (lastLocation != nil) {
        runnedMeters += location!.distanceFromLocation(lastLocation)
    }
    // Letzte Position merken
    lastLocation = location
}
```

Beim Aufruf der Methode wird ein Objective-C-Array übergeben, das beliebig viele Location-Objekte enthalten kann. Da dieses Array aber nicht zwangsläufig vorhanden ist, müssen wir dies zuerst prüfen. Dabei extrahieren wir schon gezielt das letzte Element aus dem Array, das wir bei Vorhandensein zu einem CLLocation-Objekt casten und dann der Konstante location zuweisen. Sollte dies fehlschlagen, springen wir direkt danach mit unserer Kontrollstruktur aus der Methode heraus.

Bei Erfolg erzeugen wir ein neues Managed Object, diesmal aber von der Entität Coordinate. Wir weisen dem neu erstellten Objekt dann Längen- und Breitengrade sowie einen Zeitstempel zu. Die Zuweisung des runItem stellt dabei die Beziehung zwischen den Koordinaten und dem Lauf her. Achten Sie bitte darauf, dass das Objekt nur unwrapped zugewiesen werden kann.

Im Anschluss rufen wir unsere bereits bekannte Speichermethode auf. Sicherlich könnten wir diese in eine eigene Methode auslagern und bei Bedarf aufrufen; zum Üben kann man es aber nicht oft genug schreiben.

Nachdem wir unser Managed Object gespeichert haben, überprüfen wir zunächst, ob bereits die Property lastLocation eine location enthält. Sollte dies der Fall sein, so berechnen wir die zurückgelegte Distanz zwischen der aktuellen und der letzten Position und speichern die Distanz in Metern in unserer Property runnedMeters.

Zu guter Letzt merken wir uns die aktuelle Position als lastLocation für das nächste Update des Location Managers.

Location Manager stoppen

Sollte unser Lauf beendet werden, so müssen wir auch dafür sorgen, dass der Location Manager (wie auch unser NSTimer() zuvor) keine Daten mehr an den sich schließenden View Controller schickt. Zu diesem Zweck erweitern wir unsere cancelTimer()-Funktion um die Zeile locationManager.stopUpdatingLocation(), bevor der Timer invalidiert und gelöscht wird. Dadurch werden keine weiteren Koordinaten-Updates an unsere Klasse gesendet.

Natürlich möchten wir beim Beenden auch noch die zurückgelegte Distanz speichern. Diese haben wir permanent mitberechnet, da wir sie später auch noch live während des Laufs anzeigen wollen. Beim Beenden des Laufes möchten wir diesen Wert in der endRun-Touched()-Action auch noch in unserem runItem speichern. Dafür fügen wir zwischen dem Speichern des Managed Objects und der Zuweisung der gelaufenen Zeit beim runItem die Zeile runItem?.distance = runnedMeters ein.

Sollten wir unsere App jetzt zum ersten Mal nach allen Änderungen starten, erhalten wir beim Starten des Laufs einen AlertView anzeigt, der uns darum bittet, das GPS-Tracking zu erlauben. Dabei wird die Nachricht angezeigt, die wir in der *Info.plist* eingetragen haben (siehe Abbildung 13-3).

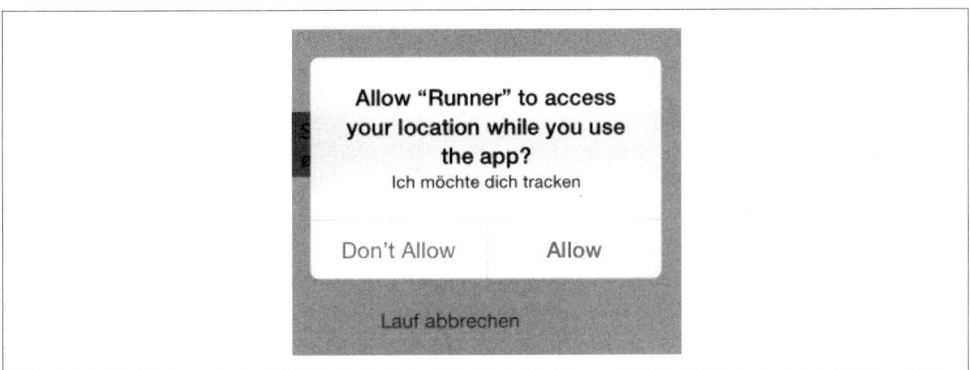

Abbildung 13-3: Bitte um Erlaubnis, die GPS-Daten auslesen zu dürfen

Sollten Sie den Dialog ohne GPS-Genehmigung schließen, müssen Sie die Berechtigung manuell über die Einstellungen unter iOS genehmigen, oder Sie löschen und installieren die App neu. Bei dem Simulator kann alternativ ein Reset durchgeführt werden.

Letzte Formatierungen des RunTimer View Controllers

Bevor wir uns dem *Detail View Controller* widmen, möchten wir noch die letzten Formatierungen des *RunTimer View Controllers* vornehmen. Hierfür fügen wir die folgenden Zeilen am Ende der updateTimer()-Methode ein:

```
// Werte berechnen
let metersInKm = runnedMeters / 1000.0
let timeInHours = time.timeIntervalSinceReferenceDate / 3600.0
let avgSpeed = runnedMeters / timeInHours
// Labels updaten
distanceLabel.text = String(format: "Strecke: %.2f km", metersInKm)
avgSpeedLabel.text = String(format: "ø %.2f km/h", avgSpeed)
```

Wir nehmen zuerst verschiedene Umrechnungen vor, die uns die gelaufenen Meter als Kilometer und die Durchschnittsgeschwindigkeit liefern, und setzen diese in ihre entsprechenden Label. Wir sorgen mit der Formatierung %.2f dafür, dass nur zwei Nachkommastellen der Double-Werte angezeigt werden. Sicherlich gibt es elegantere Möglichkeiten, Labels und deren Inhalte zu formatieren; der Einfachheit halber belassen wir es aber bei dieser simplen Lösung.

Den Back-Button ausblenden

Bisher befand sich oben links in der Navigation Bar noch ein Zurück-Button, der zur Laufübersicht führte. Da wir natürlich möchten, dass der Nutzer nur unsere definierten Buttons benutzt, müssen wir diesen ausblenden. Dafür überschreiben wir die viewWill-Appear()-Methode des RunTimeViewControllers und fügen in den Methodenrumpf die Zeile navigationItem.setHidesBackButton(true, animated: true) ein. Diese sorgt dafür, dass – wie im Methodenaufruf und Property-Namen sehr schön zu sehen ist – der Back-Button in der Navigation Bar ausgeblendet wird.

Sollte ein Lauf beendet werden, so muss dieser nach dem Speichern in einer überschriebenen prepareForSegue()-Methode von uns an den *Detail View Controller* übergeben werden. Wir öffnen hier zunächst den Detail View Controller. Wir fügen hier wie zuvor im RunTimer View Controller eine Property ein, die unser runItem als Run-Optional deklariert. Die Deklaration war var runItem: Run?. Zurück in unserem RunTimer View Controller überschreiben wir die Methode prepareForSegue(), und wie ursprünglich im Master View Controller überprüfen wir zunächst, um welchen Segue es sich handelt, und weisen dem Destination View Controller unseren Lauf zu. Die Methode sollte dann so wie in den folgenden Zeilen aussehen:

```
override func prepareForSegue(segue: UIStoryboardSegue, sender: AnyObject?) {
    if segue.identifier == "showDetail" {
        var vc = segue.destinationViewController as DetailViewController
        vc.runItem = runItem
    }
}
```

Damit haben wir unseren RunTimer View Controller so weit fertiggestellt, dass alle nötigen Daten gespeichert und für die Detail-Ansicht übergeben wurden. Nach einer kleinen Optimierung sind wir dann endlich in der Lage, MapKit einzubinden, um die gelaufene Strecke und zugehörige Daten in der Detailansicht zu präsentieren.

Die letzte Anpassung des RunTimer- und Master View Controllers

Spätestens jetzt sollten wir dafür sorgen, dass bei der Auswahl eines Laufes in der Laufübersicht der entsprechende Run beim Ausführen des showDetail-Segues in die Property runItem geschrieben wird. Wir wechseln dafür in den Master View Controller und suchen die Methode prepareForSegue(). Bei unserer Kontrollstruktur tauschen wir dann die Zeile

```
let object = self.fetchedResultsController.objectAtIndexPath(indexPath) as
NSManagedObject
```

gegen die folgenden Zeilen aus:

```
let object = self.fetchedResultsController.objectAtIndexPath(indexPath) as? Run
let vc = segue.destinationViewController as DetailViewController
vc.runItem = object
```

Der ursprüngliche Programmcode holte zwar das richtige Objekt ab, wir benötigen aber einen zusätzlichen Typecast auf die Klasse Run. Der Typecast liefert dabei ein Optional. Im Anschluss speichern wir den Ziel-View-Controller nach einem Typecast auf die Klasse DetailViewController in der Konstante vc. Der Property runItem des gecasteten View-Controller-Objektes, die sich in der Konstante vc befindet, weisen wir dann das aus Core Data abgeholte Run-Objekt zu. Mit diesem letzten wichtigen Schritt können später folgende Formatierungen und das Einzeichnen der Koordinaten im Map View mithilfe des Run-Objekts abgearbeitet werden.

Das MapKit Framework einbinden

Damit unsere gelaufene Strecke im *Detail View Controller* angezeigt werden kann, benötigen wir das *MapKit*. Dieses enthält unter anderem nützliche UI-Elemente zur Darstellung von Karten und weitere Elemente, wie einen Pin mit verschiedenen Informationen, Linien oder andere komplexe Elemente.

 Den aktuellen Stand des Projekts ab diesem Abschnitt können Sie wieder von unserem Blog herunterladen.

Zuerst öffnen wir durch einen Klick auf die Projektdatei (siehe Abbildung 13-4) die Projekteinstellungen. Dabei erhalten wir eine Übersicht der Build Targets in unserem

Projekt. Dies sind in unserem Fall RUNNER für die App und RUNNERTESTS für Unit-Tests. Wir klicken auf das Target RUNNER und wechseln auf den Tab BUILD PHASES. In diesem befindet sich ein Punkt namens LINK BINARY WITH LIBRARIES. Sollten wir externe Frameworks wie das MapKit anbinden, so werden diese hier eingefügt. Gegebenenfalls müssen Sie diesen Punkt aufklappen, denn wir benötigen den Plus-Button, um ein neues Framework hinzufügen zu können.

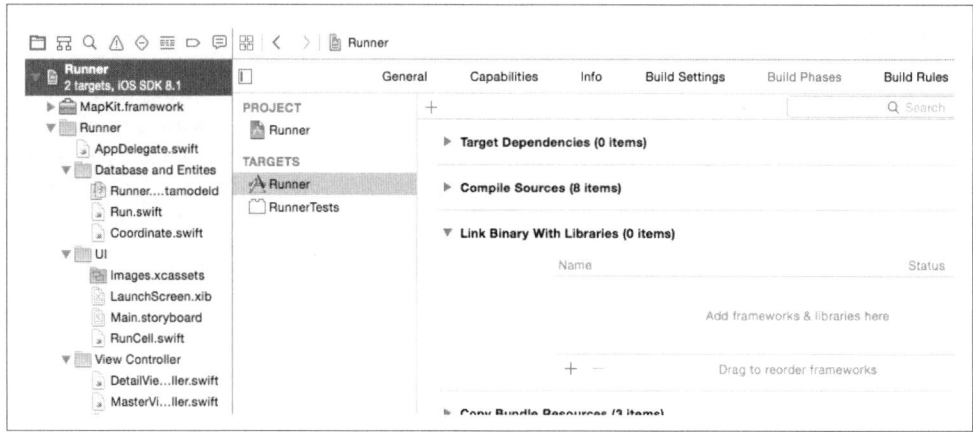

Abbildung 13-4: Projekteinstellungen anpassen

Sobald Sie auf den Button geklickt haben, öffnet sich ein modales Fenster mit einer Suchmaske wie in Abbildung 13-5. Hier befinden sich alle von Apple bereitgestellten Frameworks und Libraries, die Sie in Ihrem Projekt nutzen können. Scrollen Sie einmal durch die Liste, um einen kleinen Vorgeschmack auf Frameworks zu erhalten, die Sie in Zukunft einmal ausprobieren könnten. Wir geben den Namen »MapKit« ein oder durchsuchen die Liste nach diesem. Sobald wir es gefunden haben, fügen wir es durch einen Doppelklick zu unserem Projekt hinzu. Achten Sie bitte darauf, dass das Target auch tatsächlich die App *Runner* ist. Im Anschluss müsste in der Übersicht der verlinkten Frameworks das MapKit angezeigt werden.

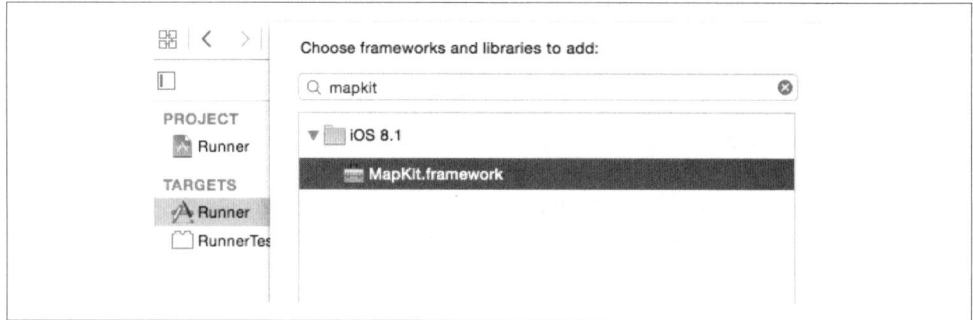

Abbildung 13-5: Auswahl des MapKit Frameworks

In den folgenden Schritten werden wir zunächst die restlichen Formatierungen der Labels erstellen, bevor wir die gelaufenen Koordinaten anzeigen und mit Linien verbinden.

Formatierung der Labels

Wie zuvor im RunTimer View Controller müssen wir auch in dem Detail View Controller die Labels mit den Daten aus dem runItem befüllen und formatieren. Dafür benutzen wir die configureView()-Methode, die in dem Template des Projekts bereits angelegt war. Bevor wir aber die Daten bereitstellen, überschreiben wir zunächst die viewWillAppear-Methode des View Controllers und fügen hierbei den Aufruf der Methode configure-View() hinzu. Den bisherigen Aufruf der configureView()-Methoden in der viewDid-Load() löschen wir anschließend. Unsere viewWillAppear()-Methode sollte jetzt so in unserer Klasse stehen:

```
override func viewWillAppear(animated: Bool) {
    super.viewWillAppear(animated)
    self.configureView()
}
```

Unser Formatierungscode unterscheidet sich nicht großartig von dem Code aus unserem RunTimer View Controller. Normalerweise bietet es sich an, diesen Code in einer anderen Klasse oder als einzelne Funktionen für beide Klassen bereitzustellen. Dabei könnte man mindestens die Berechnungen für die Durchschnittsgeschwindigkeit oder die Umrechnung von Metern in Kilometer auslagern. Unsere vorerst vollständige configure-View()-Methode sollte wie folgt aussehen:

```
func configureView() {
    if runItem == nil {
        return
    }
    // Datumsformate festlegen
    let runDateFormatter = NSDateFormatter()
    runDateFormatter.dateFormat = "EEEE, dd.MM.Y"
    let timeDateFormatter = NSDateFormatter()
    timeDateFormatter.dateFormat = "HH:mm:ss SSS"
    // Zeitzone ignorieren
    timeDateFormatter.timeZone = NSTimeZone(forSecondsFromGMT: 0)
    // Werte berechnen
    let runnedMeters = runItem!.distance.doubleValue
    let metersInKm = runnedMeters / 1000.0
    let timeInHours = runItem!.time.timeIntervalSinceReferenceDate / 3600.0
    let avgSpeed = runnedMeters / timeInHours
    // Labels updaten
    dateLabel.text = runDateFormatter.stringFromDate(runItem!.date)
    timeLabel.text = timeDateFormatter.stringFromDate(runItem!.time)
    distanceLabel.text = String(format: "Strecke: %.2f km", metersInKm)
    avgSpeedLabel.text = String(format: "ø %.2f km/h", avgSpeed)
}
```

Zuerst prüfen wir, ob das `runItem` vorhanden ist. Sollte dies nicht der Fall sein, springen wir aus der Methode heraus und zeigen die Standardwerte an, die wir im Storyboard definiert haben. Im Anschluss erzeugen wir zwei `NSDateFormatter` und setzen ein Format fest, das das Datum des Laufes darstellen soll, und eines, das unsere gestoppte Laufzeit formatiert. Danach berechnen wir wieder unsere gelaufenen Meter und die Durchschnittsgeschwindigkeit. Zu guter Letzt formatieren wir unsere Texte und setzen die erzeugten Strings bei den Text-Properties unserer Labels. Unsere Formatierung ist damit abgeschlossen, und wir können unserem Map View beibringen, die gelaufene Strecke anzuzeigen.

Overlays im MapKit realisieren

Um in unserer App die Strecken darzustellen, benötigen wir eine Möglichkeit, in den MapView zu zeichnen. Das MapKit bietet dafür eine Vielzahl von Möglichkeiten. Da wir aber nur Linien benötigen, reicht uns ein `MKPolyline`-Objekt, das wir als Overlay dem Map View übergeben können. Dafür initialisieren wir das `MKPolyline`-Objekt mit einem Array an Koordinaten, die aus unserem `runItem` kommen. Wir erinnern uns, dass die Koordinaten über eine Beziehung mit dem Lauf bereits verbunden sind. Leider benötigt `MKPolyline` im Moment noch ein C-Array an `CLLocationCoordinate2D`-Strukturen zum Instanziieren. Mit Objective-C stellt dies kein großes Problem dar, und auch in Swift kann man C-Arrays erstellen. Die Arbeit mit Pointern und dynamischer Speicherreservierung ist aber auch in Swift mit Vorsicht zu genießen.

Koordinatenpaare erzeugen und Pins platzieren

In unserem Detail View Controller benötigen wir für die Anzeige des Overlays zunächst eine Property, die wir mit der Zeile `var polyOverlay: MKPolyline?` deklarieren und unter die Property `runItem` setzen. Danach schreiben wir am Ende unserer `configureView()`-Methode die folgenden Zeilen, die nach dem Setzen der Labels platziert werden sollten (siehe Beispiel 13-2).

Beispiel 13-2: Koordinatenpaare erzeugen und Pins platzieren

```
// Elementanzahl ermitteln
let coordinatesCount = runItem!.coordinates.count
// Benötigten Speicher reservieren
var polyCoordinates = UnsafeMutablePointer<CLLocationCoordinate2D>.alloc(coordinatesCount)
// Jede Koordinate iterieren
for var i = 0; i < coordinatesCount; i++ {
    // Koordinate an Position i aus runItem holen
    let coordinate = runItem!.coordinates[i] as Coordinate
    // Latitude/Longitude auslesen
    let latitude = coordinate.latitude.doubleValue
    let longitude = coordinate.longitude.doubleValue
    // Koordinatenpaar erzeugen
    polyCoordinates[i] = CLLocationCoordinate2DMake(latitude, longitude)
```

Beispiel 13-2: Koordinatenpaare erzeugen und Pins platzieren (Fortsetzung)

```
    // Ein Pin pro Koordinate erzeugen
    let pinAnnotation = MKPointAnnotation()
    pinAnnotation.coordinate = polyCoordinates[i]
    pinAnnotation.title = "Swift ist super!"
    // Pin auf dem MapView hinzufügen
    runOverviewMap.addAnnotation(pinAnnotation)
}
// Overlay mit Koordinate erzeugen
polyOverlay = MKPolyline(coordinates: polyCoordinates, count: coordinatesCount)
// Overlay der Map hinzufügen
runOverviewMap.addOverlay(polyOverlay)
// Map View Zoom einstellen
runOverviewMap.setVisibleMapRect(polyOverlay!.boundingMapRect, animated: true)
// Erzeugte Koordinatenpaare löschen
polyCoordinates.dealloc(coordinatesCount)
```

Zuerst ermitteln wir die Anzahl der Koordinaten, die bei einem Lauf aufgezeichnet wurden. Danach erstellen wir ein C-Array mit der Größe eines CLLocationCoordinate2D-Elements, multipliziert mit der Anzahl der Koordinaten, die unser Lauf hat. Die folgende for-Schleife nutzen wir, um mithilfe eines Coordinate-Objekts einen Pin und eine Koordinate für unsere MKPolyline zu erzeugen. Anhand des aktuellen Index, der in i gespeichert ist, extrahieren wir das Coordinate-Objekt aus dem NSOrderedSet, das in unserem runItem die Property coordinates ist. Das Managed Object, das wir dabei erhalten, casten wir zu einem Objekt, das unserer Entität Coordinate entspricht. Anschließend erzeugen wir zwei Konstanten, die den Längen- und Breitengrad enthalten.

Im nächsten Schritt erzeugen wir ein Koordinatenpaar mit einer Hilfsmethode, die uns ein CLLocationCoordinate2D-Element zurückliefert. Diese Struktur speichern wir jetzt in unserem C-Array an der Position, an der sich unsere Koordinate auch im NSOrderedSet der Coordinates befand. Damit wir unsere Ausgabe besser nachvollziehen können, erzeugen wir für jede Koordinate einen Pin mit einem Titel und fügen diesen direkt zu unserer Karte über das Outlet runOverviewMap hinzu. Nachdem die Schleife durchgelaufen ist, erzeugen wir unser MKPolyline-Objekt mit dem jetzt befüllten C-Array polyCoordinates und übergeben auch die Anzahl der Elemente, die sich in diesem Array befinden. Das Objekt, das hierdurch erzeugt wird, speichern wir in unserer Property polyOverlay, die wir im Anschluss über die Methode addOverlay der Property runOverviewMap hinzufügen.

Als kleine Optimierung rufen wir noch die Methode setVisibleMapRect bei der Property runOverviewMap auf. Als Parameter übergeben wir eine Property, die sich in unserem polyOverlay befindet und berechnet, wie viel Fläche unsere Nadeln und Linien benötigen. Daraufhin wird die Karte entsprechend der Koordinaten bestmöglich zu dem Ausschnitt aller Linien und Stecknadeln zentriert und gezoomt. Nachdem wir alle Daten verarbeitet haben, müssen wir unbedingt den Speicher des von uns erzeugten C-Arrays wieder freigeben. Sollten wir dies nicht tun, wird das zwangsläufig zu einem Memory Leak führen, da der Speicher nicht mehr freigegeben wird.

Würden wir unsere App jetzt starten, einen Lauf aufzeichnen und GPS-Positionen simulieren oder erzeugen, würden wir im Moment nur die Nadeln sehen. Bevor wir die Positionen simulieren und die Linien einzeichnen, müssen wir zunächst das Delegation-Objekt für den MapView hinterlegen.

MapKit-Delegation und Linien einzeichnen

Damit unser `MKPolyline`-Overlay angezeigt wird, müssen wir zunächst eine Methode aus dem `MKMapViewDelegate`-Protokoll implementieren. In dieser konfigurieren wir einen Renderer, der die Linien zeichnen soll. Zunächst fügen wir aber in der Klassendeklaration unserer `DetailViewController`-Klasse das Protokoll hinter die Klasse `UIViewController` ein, wodurch sich die folgende neue Deklaration ergibt:

```
class DetailViewController: UIViewController, MKMapViewDelegate {
```

In der `viewDidLoad()`-Methode fügen wir als Nächstes die Zeile `runOverviewMap.delegate = self` vor dem Aufruf der `configureView()`-Methode ein.

Abbildung 13-6: Delegate über das Storyboard beim View Controller festlegen

Sie können dies auch über das Storyboard lösen. Ziehen Sie dafür einfach vom Map View eine Linie, wie Sie dies auch bei den Outlets tun. Das Ziel ist im Storyboard der View Controller selbst (siehe Abbildung 13-6). Dabei erscheint eine Auswahlbox, in der Sie den Wert *Delegate* selektieren können (siehe Abbildung 13-7). Exemplarisch möchten wir uns aber in unserem Beispielprojekt stattdessen programmatisch als Delegate-Objekt dem MapView zuweisen.

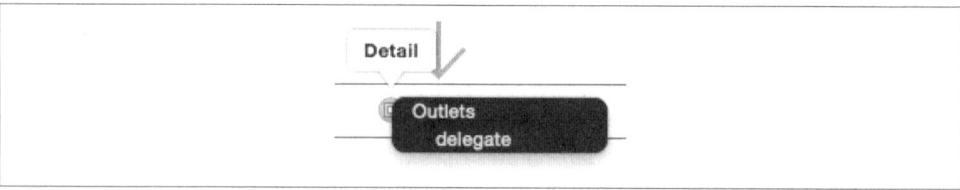

Abbildung 13-7: Auswahlbox zum Setzen des Delegate

Nachdem unser Delegate gesetzt ist, fügen wir folgende Methode in unsere DetailView-Controller-Klasse am Ende ein.

```
func mapView(mapView: MKMapView!, rendererForOverlay overlay: MKOverlay!) ->
  MKOverlayRenderer! {
    // Entspricht der Overlay einem MKPolyline-Objekt?
    if overlay is MKPolyline {
        // Renderer erzeugen
        var polylineRenderer = MKPolylineRenderer(overlay: overlay)
        // Farbe der Linie festlegen
        polylineRenderer.strokeColor = UIColor.redColor()
        // Dicke der Linie festlegen
        polylineRenderer.lineWidth = 2
        // Rückgabe des Renderers
        return polylineRenderer
    }
    return nil
}
```

Diese Methode wird vom Map View aufgerufen, sobald dieser initialisiert oder ein neuer Overlay hinzugefügt wird. Wir haben hier die Möglichkeit, einen Renderer zu definieren, der in unserem Fall für den Instanztyp MKPolyline Linien zeichnen soll. Wir prüfen daher zunächst, ob das eingehende Objekt der Klasse entspricht, die wir verändern möchten. Sollte dies der Fall sein, instanziieren wir einen MKPolyLineRenderer, der den Overlay als Parameter bekommt und damit alle Koordinateninformationen. Damit die Linien unserem Geschmack entsprechen, setzen wir jetzt noch die Farbe auf Rot. Die Property strokeColor erwartet dabei ein UIColor-Objekt, das wir auch mithilfe einer statischen Methode erzeugen. Die Methode redColor() liefert dabei ein fertig instanziiertes Objekt zurück. Anschließend weisen wir der zu zeichnenden Linie eine größere Dicke zu. Als Letztes geben wir den Renderer an den MapView zurück, der dann die Linien darstellt. Wir geben nur dann den Wert nil zurück, wenn der Overlay nicht einem MKPolyline-Objekt entspricht. Als Verbesserung könnte man an dieser Stelle die Instanz, die wir zuvor erstellt haben, als Property speichern und anstelle der Datentypüberprüfung benutzen. Dies wäre in Hinblick auf später weiter hinzugefügte MKPolyline-Overlays empfehlenswert.

Navigation korrigieren

Wenn wir im Moment einen Lauf starten, haben wir ein großes Problem. Sobald wir ihn normal beenden, kommen wir auf den *Detail View Controller*. Da wir einen *Navigation Controller* benutzen, wird ein Zurück-Button angezeigt, der aber nicht auf die Laufübersicht zeigt, sondern auf den gerade beendeten Timer. Das kann natürlich dazu führen, dass der Läufer die Stoppuhr wieder startet und der Lauf fortgesetzt wird. Unser Ziel ist es daher, den Benutzer auf die Laufübersicht zurückzuführen, wenn er auf den Zurück-Button drückt. Zu diesem Zweck passen wir die viewWillAppear()-Methode des Detail View Controllers noch ein wenig an. Dazu fügen wir zunächst die folgenden Zeilen direkt nach dem Aufruf von configureView() ein:

```
if navigationController?.viewControllers.count < 3 {
    return;
}
let backButton = UIBarButtonItem(title: "Meine Läufe", style: .Plain, target: self,
action: "backToOverviewTouched")
navigationItem.leftBarButtonItem = backButton;
```

Wenn wir die Funktionsweise des Navigation Controllers im Detail anschauen, erkennen wir, dass dieser einen Haupt-View-Controller hat, auch *Root View Controller* genannt. Dieser ist der Ursprung einer View-Controller-Hierarchie, die man sich als Stapel vorstellen kann: Sobald man neue View Controller mit der Push-Methode anzeigt, wird der neue Controller oben auf diesen Stapel gelegt und über allen anderen direkt präsentiert. Wird der View Controller dann verlassen, wie z.B. über den Back-Button, wird dieser von dem Stapel wieder heruntergenommen, und der darunter liegende Controller wird wieder angezeigt. Dies ist so lange der Fall, bis man wieder beim Root View Controller angekommen ist. In unserer App ist dies der Main View Controller. Wie Sie in Abbildung 13-8 sehen können, haben wir zwei Stapel. Der linke Stapel entspricht dem Zustand, wenn man die Details von einem Lauf anschaut, der im Main View Controller ausgewählt wurde. Der rechte Stapel ist der Main View Controller, bei dem ein Lauf gestartet wurde, der jetzt beendet ist, und die Lauf-Details anzeigt.

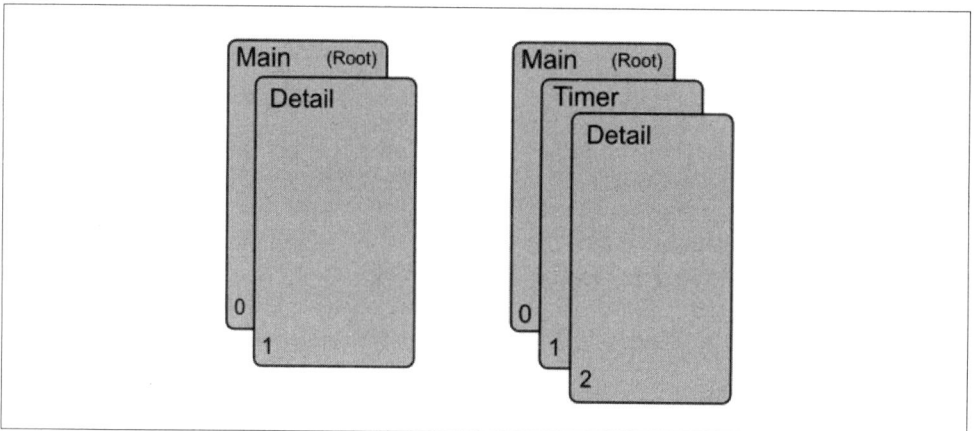

Abbildung 13-8: View Hierarchie unserer App aus Sicht des Navigation Controllers

Da wir weiterhin den Zurück-Button brauchen, wenn der linke Fall zutrifft, fragen wir den Navigation Controller ab, wie viele Elemente im Moment auf dem Stapel liegen. Sollten dies nur zwei sein, gehen wir davon aus, dass es sich um den linken Stapel handeln muss, und wir zeigen den Button an. Sollten es mehr als zwei Elemente sein, überschreiben wir den Button mit einem selbst erzeugten, der eine Methode aufruft, die dafür sorgen wird, dass wir zurück auf die Laufübersicht kommen.

Das ist keine Lösung, die man produktiv nutzen sollte, denn sobald ein neuer View Controller eingefügt wird, müsste man die Überprüfung anpassen. Eine Möglichkeit wäre es, über den Segue, der den Detail View Controller anzeigt, ein Flag oder eine Methode beim Destination View Controller aufzurufen, die darüber informiert, welcher View Controller der Ursprung war. Damit könnte man gezielt entscheiden, ob der Button angezeigt werden soll oder nicht.

Damit unser selbst erzeugter Back-Button funktioniert, müssen wir noch die Methode implementieren, die laut unserer Deklaration aufgerufen werden soll. Betrachten wir noch kurz das Erstellen des UIButton()-Objekts. Der erste Parameter definiert einen Titel, der in der Navigation Bar angezeigt werden soll. Der zweite definiert einen Stil, der darüber entscheidet, in welcher Form der Button angezeigt werden soll. Im Normalfall ist dies Plain. Die letzten zwei Parameter definieren das Ziel bei einem Touch-Event. Das Target ist das Objekt, das das Event empfängt, und die Action ist die Methode, die aufgerufen werden soll. Dabei schreibt man den Methodennamen einfach als String. Dies führt leider aber auch zu einem großen Nachteil bei einem möglichen Refactoring, da dieser String wahrscheinlich ignoriert werden wird. Zu guter Letzt weisen wir unseren eigenen Button der Navigation Bar in dem Detail View Controller zu. Damit wird der automatisch vom Navigation Controller erzeugte Button überschrieben. Abschließend müssen wir noch die folgende Methode in unseren Detail View Controller einfügen:

```
func backToOverviewTouched() {
    navigationController?.popToRootViewControllerAnimated(true)
}
```

Diese Methode sorgt beim Aufruf dafür, dass man direkt zurück zum Root View Controller springt. Wenn wir uns an den rechten Stapel erinnern, würden wir also direkt von View Controller 2 zurück auf View Controller 0 springen. Damit umgehen wir auch das Problem, dass die Uhr erneut gestartet werden würde. Nachdem wir unseren Code vervollständigt haben, ist das Projekt abgeschlossen, und wir können Stück für Stück Verbesserungen implementieren, die unsere Kunden oder Nutzer wünschen. Zuvor sollte man die App aber noch einmal ausgiebig testen.

Das Projekt in seiner jetzigen Form können Sie ebenfalls von unserer Internetseite herunterladen.

Positionen im Simulator simulieren

Ob Sie es glauben oder nicht, aber nicht jeder iOS-Entwickler hat auch ein Gerät zur Hand, auf dem er seinen Code testen kann. Zum Glück ist der Simulator reich an Funktionen, so dass man bis auf wenige Spezialfälle kein echtes Gerät benötigt. Sogar für unsere App gibt es die Möglichkeit, ein GPS-Signal vorzutäuschen und eine Position einzustellen. Dafür gibt es zwei verschiedene Möglichkeiten. Wenn wir unsere App starten, können wir im iOS-Simulator-Menü DEBUG den Punkt LOCATION wählen. In diesem befinden sich einige vordefinierte Orte und auch Strecken, die mehrere Positionen hintereinander melden, wie in Abbildung 13-9 zu sehen ist.

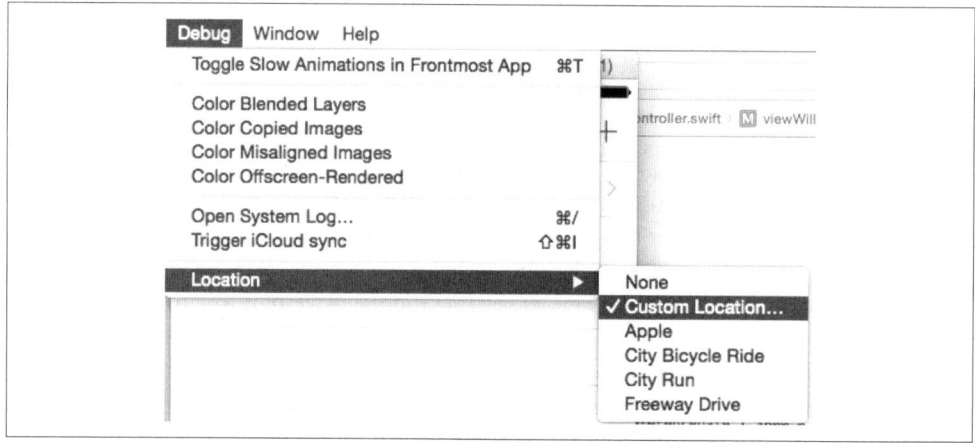

Abbildung 13-9: Auswahl des Standortes mithilfe des Simulators

Eine andere Variante, die wir selbst bevorzugen, besteht darin, die Position über ein Menü einzustellen, das sich in Xcode befindet. Dieses Menü funktioniert auch, wenn Sie die App auf einem richtigen Gerät testen, denn dafür wurde es gedacht. Dankbarerweise hat Apple diesen Button auch mit dem Simulator verdrahtet. Der Button selbst befindet sich (wie in Abbildung 13-10 zu sehen ist) am untersten Rand von Xcode selbst. Sobald Sie auf diesen klicken, können Sie verschiedenste Standorte anklicken, was dazu führt, dass diese Position die App unmittelbar als Update erreicht. Starten Sie doch einfach einen Lauf, und klicken Sie verschiedene Standorte durch. Nicht nur die zurückgelegte Distanz und die Durchschnittsgeschwindigkeit steigen – sogar die Karte, die nach dem Lauf angezeigt wird, zeigt jetzt fleißig Standorte und Linien an.

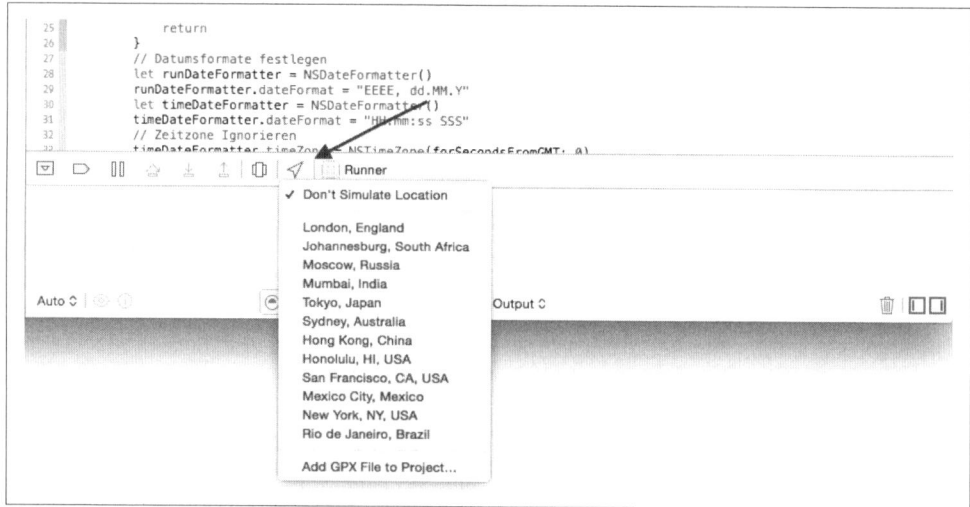

Abbildung 13-10: Aktuellen Standort über Xcode festlegen

 Für einen richtigen Lauf sollten Sie die Pins auf dem Map View deaktivieren. Entfernen Sie dazu einfach im Detail View Controller die folgende Codezeile in der `configureView()`-Methode:

```
runOverviewMap.addAnnotation(pinAnnotation)
```

Lust auf mehr?

Nachdem wir alles angepasst haben, damit unsere App lauffähig ist, fehlt nur noch eine Anpassung des Main View Controllers. Bisher ist nämlich unsere Zelle, die einen Lauf anzeigt, noch nicht mit Daten gefüllt. Wir haben dies bewusst ausgelassen, damit Sie selbst einmal probieren können, die Daten zu formatieren und die entsprechenden Properties der Zelle zu beschreiben. Als kleine Einstiegshilfe verraten wir noch so viel: Öffnen Sie Ihren Main View Controller, suchen Sie die Methode `configureCell()`, ersetzen Sie den Inhalt durch folgenden Code, und probieren Sie zunächst, das Datum eines Laufes anzuzeigen. Die entsprechenden `NSDateFormatter`-Vorlagen finden Sie in den Klassen, die Sie bereits angelegt und verändert haben.

```
let runCell = cell as RunCell
let object = self.fetchedResultsController.objectAtIndexPath(indexPath) as Run
// runCell.dateLabel.text = "Fang mit mir an :)"
```

Sie haben noch nicht genug? Bisher hat die Navigation Bar der Laufübersicht immer noch den Titel *Master*. Probieren Sie doch einmal, diesen in *Meine Läufe* umzubenennen. Viel Erfolg!

Abschließendes

Nachdem Sie sich durch dieses und das vorangegangene Kapitel gekämpft haben, sollten Sie einen Eindruck davon bekommen haben, wie man eine einfache App programmiert. Sicherlich haben Sie das Gefühl, dass das alles viel und kompliziert ist. Mit etwas Übung und dem Wissen, wie die UIKit-API von Apple funktioniert, können Sie aber mit wenig Aufwand große Ziele erreichen. Swift selbst zu beherrschen wird aber in der App-Entwicklung für Sie eine leichtere Übung sein, denn die wahre Schwierigkeit besteht darin, Apples Frameworks, Konzepte und allgemeine Umsetzungsprozesse kennenzulernen und anzuwenden.

Den kompletten Programmcode sowie Zwischenstände der Lektionen können Sie von unserer Internetseite *http://www.swiftbuch.de* herunterladen.

KAPITEL 14

Wie geht es weiter?

Wer über dieses Buch hinaus Hilfe, Anregungen oder Ideen für die Entwicklung mit Swift, Xcode oder iOS benötigt, kann sich freuen, denn es gibt hierfür zahlreiche Möglichkeiten. Über die gute alte Suchmaschinenabfrage zur Problemlösung wird man immer wieder auf bekannte Tutorialseiten, Foren und Blogs treffen, die häufig mehr als einen Weg zum Ziel anbieten. Neben der deutschen Anlaufstelle für Informationen und Tutorials zu Swift – *http://www.swift-blog.de* – finden sich zahlreiche Ergebnisse, die verwandte Tags tragen. So gibt es z. B. auf *Stackoverflow* mehr als 75.000 Artikel zum Thema Xcode, > 15.000 zum Thema Swift und rund 300.000 zum Thema iOS (Stand Ende 2014).

Verwenden Sie bei der Suchmaschinen-Suche stets Schlüsselwörter, die eindeutig auf das gewünschte Thema verweisen, wie z. B. *iOS*, *Xcode* oder Apple *Swift*.

Neben den Suchmaschinen und Hilfeplattformen finden sich auch zahlreiche Chatrooms auf dem IRC-Server *irc.freenode.net*. Erwähnenswert wären z. B.

- #macdev
- #iOSdev
- #iphonedev
- #ipaddev
- #swift-lang

Achten Sie darauf, dass besonders in solchen Chatrooms Etikette sehr ernst genommen wird. Versuchen Sie Ihre Fragen stets freundlich, ausführlich und deutlich erklärt zu stellen, so dass die hilfsbereiten User Ihnen eine bestmögliche Antwort liefern können.

Da Swift aufgrund seines jungen Alters noch keine nenneswerte Literartur aufweisen kann, können wir hier nur auf das eBook von Apple und diverse Internetseiten bzw.

Blogs verweisen. Darüber hinaus gibt es bereits jetzt sehr viele interessante Swift-Artikel, -Projekte und -Erweiterungen.

- *http://www.weheartswift.com/*

  Eine sehr ambitionierte englischsprachige Seite mit vielen Informationen rund um Swift und iOS8. Hier finden Sie sehr viele hilfreiche Artikel und Tutorials sowie Links zu vorhandenen GitHub-Projekten.

- *http://www.reddit.com/r/swift/*

  Die *reddit*-Seite zum Thema Swift mit vielen hilfreichen Forenartikeln, Rankings und eigenem Wiki.

- *https://github.com/trending?l=swift*

  Selbstverständlich finden Sie auch über Github unzählige Projekte, die Sie sowohl einbinden als auch als Lerninspiration verwenden können. Da diese überwiegend Open Source sind, können Sie diese getrost in eigene Anwendungen übernehmen und Anpassungen vornehmen. Hier finden Sie eine Auflistung der aktuell beliebtesten Projekte.

Dies ist nur ein kleiner Überblick über das durchaus riesige Angebot an Swift-Material. Wenn Sie Lust auf mehr haben, dann finden Sie auf *https://swift.zeef.com/robin.eggenkamp* eine sehr schöne Zusammenfassung an Artikeln, Tutorials und vielem vielem mehr. Auf *Swift-Blog.de* veröffentlichen wir ebenfalls von Zeit zu Zeit Artikel und Links zu interessanten Projekten und Nachrichten rund um Swift.

Wir persönlich können nur immer wieder empfehlen, sich an der Entwicklung von Open Source oder kleinen Hacker-Projekten zu beteiligen oder auch selbst solche ins Leben zu rufen. Nicht nur können Sie Ihre Tools, Widgets und Helper öffentlich anbieten, sondern auch erleben, wie diese wachsen und stetig verbessert werden, denn die Community ist hier aktiv wie nie zuvor.

iOS- und OS X-Programmierung

Mit Swift alleine ist es leider nicht getan. Gerade wenn man eine eigene App bauen möchte, benötigt man Frameworks, mit deren Hilfe man auf den verschiedenen Plattformen entwickeln kann. Apple selbst stellt unzählige *Programming Guides* zur Verfügung, um einen Einstieg in diesen Dschungel von Tausenden APIs zu bekommen. Sehr empfehlenswert ist hierbei der *iOS Programming Guide*, den Sie mit Hilfe von *Google* ohne Weiteres finden können. Dieser unterteilt sich in viele einzelne kleine Guides, die alle wichtigen Aspekte der App-Entwicklung abdecken. Zum Zeitpunkt der Erstellung dieses Buches sind diese Guides aber noch alle mit Objective-C erklärt. Es bleibt zu hoffen, dass Apple die Guides zumindestens um Swift-Beispiele erweitert. Auch wir sind bestrebt, neben unseren Swift Video- und Text-Tutorials verschiedene Aspekte der App-Entwicklung abzudecken. Schauen Sie einfach von Zeit zu Zeit auf unserem Blog vorbei, um neueste Informationen zu diesen Tutorials zu erhalten.

Abschließendes

Wir sind jetzt am Ende unserer Reise angelangt. Wir hoffen, Ihnen einen guten Einblick in Swift ermöglicht zu haben. Swift selbst wird, sofern Apple alles richtig macht, eine langlebige und zukunftsträchtige Programmsprache sein. Sicherlich wird unter der Führung Chris Lattners auch in der Zukunft sehr viel Spannendes rund um Swift passieren, und wir können es kaum erwarten, Ihnen alles davon zu berichten!

An dieser Stellen möchten wir uns bei Ihnen für Ihre Geduld und Zeit bedanken. Es würde uns freuen, wenn Ihnen dieses Buch geholfen hat, Swift ein wenig oder vielleicht ein bisschen mehr zu lieben und zu schätzen.

Ihr Stefan Popp und Ralf Peters

Index

Symbole

@autoclosure 174
@IBAction 127, 208
@IBOutlet 69, 127, 208
@objc 127
&-Zeichen 83

A

Abbruchbedingung 49
Access Control 122
Action 67, 70
Add Entity 196
anonyme Funktionen 171
AnyObject 140
App Store 7
AppDelegate 60
AppKit 144
Apple-ID 7
ARC 115
ARM 5
Array 129
as?-Operator 138, 139, 163
as-Operator 138, 139, 163
Associated Type 189
Associated Values 92
Attribute Inspector 63, 64
Aufzählungen 89
Ausrufezeichen-Operator 144
Autocompletion 7
Automatic Reference Counting 115

B

Benannte Parameter 80
Boolesche Ausdrücke 39

break 44, 45, 49
Breakpoint-Navigator 16
Breakpoints 16
Breakpoints deaktivieren 21
Bundle Identifier 58
Button 69

C

CamelCase 69
case 89
Cast 138
Check-Operator 139
class 106, 148
CLLocationCoordinate2D 233
Closures 171
Cocoa 5
Cocoa Touch Framework 5
Cocoa-API 140
Codeblock 40
Collections 50
CollectionType 188
Comparable 188
Computed Properties 102
Computed Type Property 98
Connection Outlet 69
contains 184
continue 49
Convenience Initializer 112
Convenience-Konstruktor 112
Core Data 195
count 130
Create NSManagedObject Subclass 199
Currying 177
Custom Table View Cell 202

D

Datentyp 32
Datentyp überprüfen 139
Datentypen 73
Debugging-Konsole 18
Debug-Navigator 15
Default Access Level 124
Default Case 44
Default-Werte 108
deinit 115
Deklaration 32
Deklaration anzeigen 24
dekrementieren 48
Delegation 153
Delete Rule 198
Designated Initializer 112
Designierter Konstruktor 112
Destruktor 114
Dictionaries 131
didSet 104
Discard Sign 46
Dokumentation anzeigen 24
Dokumentation herunterladen 10
Double 75
do-while 51
do-while-Schleife 51
Downcasting 139
Download 7
dynamic binding 3

E

Editor 16
else 41
else if 41
Entität 196
Entitäten und Relations 195
Enum 89
enum 89
enumerate() 130
Enumerator 89
Equatable 188
Escapen 37
Exceptional Breakpoint 16
extension 165
Extensions 164

F

Failable-Konstruktor 113
fallthrough 45

false 39
Fehler-Navigator 15
Fetched Results Controller 213
Fetch-Request 215
filter 179
Float 75
Floating Point 75
for-condition-increment 48
for-condition-increment-Schleife 48
for-each 50
for-in-Schleife 48, 50
for-Schleife 48
Fragezeichen-Operator 143
func 78
Function Type 172
Funktion als Datentyp 134
Funktion als Rückgabewert 136
funktionale Programmierung 176
Funktionen 77, 78
Funktionsparameter 79

G

GCC 1
Generics 185
Geräte- und Targetauswahl 19
get 102
Getter 102
Git-Versionskontrolle 59
GPS 223
Grundrechenarten 76

H

Half-Open-Range-Operator 50
Hello World 31
Hilfe 24

I

IDE 7
Identitätsoperatoren 42
if-Kontrollstruktur 40
Image.xcassets 60
Images.xcassets 12
immutable 133
import 77, 123
increment 48
Info.plist 13
init() 100, 108
Initial Starting Point 61
inkrementieren 48

Inkrementoperator 48
innere Funktion 137
inout 83, 97
Insertion Sort 186
Installation 7
Instanz 116
instanziieren 96
Int 74
Integer 74
Interface Builder 12, 60
internal 123
Inverse-Eintrag 197
iOS 5
iPhone SDK 5
is-Operator 137, 139, 163
Iteratoren 48

J

Jump Bar 23

K

keys 133
Key-Value 131
Klammersetzung 76
Klasse 106
Klassenhierarchie 121
Kommentare 34
Konsole 18
Konsolenausgabe 31
Konstante Properties 111
Konstanten 33
Konstruktoren 99, 108, 152
Kontrollstruktur 39
Kopierverhalten 97

L

Label 62
Labeled Statements 51
Lambda-Ausdruck 171, 189
lazy 115, 180
Lazy Evaluation 179
Lazy Properties 115
LazyCollection 180
LazySequence 180
let 33
Liniennummerierung 9
Literale 129
LLVM 1
locationManager 225

Logische Operatoren 53
Log-Navigator 16

M

Main.storyboard 12
Managed Object Context 195
map 176, 178
MapKit Framework 229
Mathematische Funktionen 77
max 74
max() 77
merge 176
Methoden 95, 148
min 74
min() 77
MKMapViewDelegate 234
MKPolyline Objekt 232
MOC 195
Model Data Inspector 197
Monaden 177
Mutability 131
mutable 131, 133
mutating 103, 151
Mutating Methods 103

N

Nachkommastellen 75
Nachkommastellendarstellung 37
Nebeneffekte 175
Nested Functions 137
Newline 35
nil 94, 113, 143
Not-Operator 55
NSArray 140
NSManaged 199
NSSet 140
NULL 143
Nullable Types 142

O

Object Library 61
Objective-C 2
Objektgraph 195
objektorientierte Programmierung 116
Objektorientierung 116
Oder-Operator 54, 175
Oder-Verknüpfung 54
One-To-Many-Beziehung 198
Open Quickly 21

Operatoren 40
Operatoren überladen 167
Operatorenrangfolge 169
Option Type 142
Optional Binding 144
Optional Chaining 145
Optionale Methoden und Properties 160
Optionale Parameter 81
Optionals 94, 142
Organization Name 58
Outlet 67
override 119

P

partielle Anwendung 177
Pascal Case 69
Persistierung 195
Playground 27
Playground erstellen 27
Playground-Ausgabe 29, 31
Playgrounds 4
Pointer 3
postfix 169
prefix 169
prepareForSegue() 215
print() 35
Printable 188
println() 30, 31
private 123
Programming Guide 25
Projekt erstellen 57, 194
Projekt-Navigator 11
Properties 95, 150
Property Observers 104
Protokolle 147
Provisioning-Profile 10
public 123

Q

Query 145
Quick Help 25

R

Range-Operator 45
Ranges 50
Raw Values 93
Rechenoperatoren 76
reduce 176, 179
Relationship erstellen 197

Release Notes 25
REPL 4, 29
Report-Navigator 16
required 121
reverse 180, 182
Rückgabewert 80
Runtime 3

S

saveContext 195
Schemes verwalten 20
Schleifen 47
Schleifenindex 48
Schriften&Farben einstellen 9
Scope 40
SDK 12
Segues erstellen 209
self 98, 101, 109
Sequences 50
SequenceType 50
set 102
Setter 102
Shortcuts 20
Sichtbarkeit von Funktionen 122
Sign Bit 74
Simulator 64
Simulator auswählen 65
Single View Application 58
Size Inspector 64
Sliceable 188
sort 182
sorted 182, 183
Sortieren und Suchen 182
Speicheradresse ausgeben 19
Split-View-Modus 68
Sprachdesign 3
Spracheigenschaften 3
Sprunganweisungen 51
SQLite 195
Standardwerte 108
static 98, 107, 148
Statische Variablen 98
Stored Properties 102
Storyboard 60
String 32
String-Interpolation 36
Strings formatieren 36
Strings verbinden 36
Strings vergleichen 42
struct 95

Strukturen 94
Subscripts 141
Such-Navigator 14
super 118
switch 43
switch-case 44
Symbol-Navigator 13

T

Tabs erstellen 21
Target 12, 123
Test-Navigator 15
Text Field 69
Trichtereffekt 120
true 39
Tuple Case 46
Tuples 46, 84
Type Aliases 87
Type Casting 137
type inferring 4
typealias 87, 189
Typinferenz 32

U

UIButton 69
UIKit 144
UILabel 62
UInt 75
UITextField 69
Und-Verknüpfung 53
Ungleich-Operator 42
Unicode-Zeichen 33
Unit-Test 15
Universal App 58
Unterstrich 109
Unwrapping 144
Utilities-Bereich 63
Utility-Fenster 19

V

Value Binding 46
Value Types 89
values 133
var 32
Variable Capturing 174
Variable Parameteranzahl 86
Variablen 32
Variadic 86
Vererbung 116
Vergleiche 39
Verknüpfungsoperatoren 40
verschachtelte Kommentare 34
verzögerte Auswertung 179
Void · 135
Vorzeichen 74

W

where 189
Where Clause 47
while 51
while-Schleife 51
Willkommensfenster 21, 27
willSet 104
WWDC 2014 1

X

xcdatamodeld 195
Xcode 7
Xcode-Einstellungen 9, 11
xcrun 29

Z

Zahlen 73
Zeilennummern 9
Zugangskontrolle 122
Zugangslevel 124
zusammengesetzter Zuweisungsoperator 76

Über die Autoren

Das Buch wurde von Stefan Popp und Ralf Peters aus München geschrieben. Beide Autoren verfügen über mehrjährige Entwicklungserfahrung mit iOS und Objective-C und sind passionierte Software-Entwickler.

Stefan Popp

Stefan Popp ist freiberuflicher Softwareentwickler, Fachbuchautor, Trainer und Berater aus dem Münchner Umland. Als passionierter IT- und Apple-Profi hat Popp unzählige IT-Projekte in verschiedensten Branchen erfolgreich umsetzen und unterstützen können. Neben seiner Tätigkeit als Entwickler und Fachberater für Konzerne und Unternehmen – wie u.a. der BMW AG – schult und bildet Popp gezielt Personal und Mitarbeiter in Deutschland aus. Nicht zuletzt seinen langjährigen Erfahrungen und Kenntnissen verdankt er es, als Fachbuchautor das erste Swift Buch im deutschen Markt im O'Reilly Verlag veröffentlichen zu können.

Ralf Peters

Ralf Peters ist Softwareentwickler – speziell im Bereich iOS/OS X –, Fachbuchautor und Internet-Trainer. Als begeisterter Apple-Fan und Hardware-Bastler ist er in verschiedenen Projekten sowohl beruflich als auch privat tätig und schneidert u.a. iOS Applikationen auf Kundenwünsche zu. Neben seiner beruflichen Tätigkeit betreibt er zusammen mit Stefan Popp den ersten deutschen Swift-Blog, in dem er mit Hilfe seiner Erfahrung Einsteigern und Fortgeschrittenen durch kostenlose Tutorials und Videos Wissen vermittelt.

Kolophon

Das Tier auf dem Einband von *Durchstarten mit Swift* ist der Mauersegler (Apus apus). Er ist eine Vogelart aus der Familie der Segler. Der Mauersegler ist ein Langstreckenzieher. Er hält sich hauptsächlich von Mai bis Anfang August zur Brutzeit in Mitteleuropa auf. Seine Winterquartiere liegen in Afrika, vor allem südlich des Äquators.

Außerhalb der Brutzeit halten sie sich höchstwahrscheinlich ohne Unterbrechung über mehrere Monate in der Luft auf. Im Hochsommer sind die Vögel im Luftraum über den Städten mit ihren schrillen Rufen sehr auffällig. Bei ihren Flugmanövern können sie im Sturzflug Geschwindigkeiten von mehr als 200 km/h erreichen.

Der Mauersegler ist die einzige Seglerart, die in Mitteleuropa eine ausgedehnte Verbreitung aufweist. Im deutschsprachigen Raum gibt es zahlreiche regionale Namen für den Vogel, sehr verbreitet ist hierbei *Spyre*.

In Mitteleuropa brütet der Mauersegler hauptsächlich an mehrgeschossigen Steinbauten, darunter Wohnhäuser, Kirchtürme, Fabrikgebäude oder Bahnhöfe.

Die Umschlagabbildung stammt aus *Johnson's Natural History*. Die Schriftart auf dem Einband ist Adobe ITC Garamond. Die Schriftart für den Text ist Linotype Birka. Die Schrift für die Überschriften heißt Adobe Myriad Condensed, und als Schriftart für den Code haben wir TheSans Mono Condensed von LucasFont verwendet.